Aime à tout casser !

Du même auteur

Aux éditions Philippe Rey

L'Évangile selon saint Loubard (repris chez Points)
L'Évangile, une parole invincible (repris chez Points)
Rallumez le feu! (repris au Livre de Poche)
Et si on parlait de tes mômes?
Réussis ta vie!
Mes plus belles prières
Ose l'amour!
Face à la souffrance
Lutte et aime, là où tu es! (repris chez Points)
La magie des animaux
Apprends à pardonner
Cœur de prêtre, cœur de feu (repris chez Points)
La vieillesse, un émerveillement
Petit guide de prière
Éveilleur d'espérance
Le couple
Occupe-toi des autres!
Vagabond de la bonne nouvelle (repris chez Points)
Le Bonheur
Nos fragilités
Jésus, un regard d'amour
L'humilité
La nuit s'approche, l'aube va arriver

Aux éditions Stock (repris au Livre de Poche)

Un prêtre chez les loubards
La rue est mon église
Des jeunes y entrent, des fauves en sortent
L'Espérance aux mains nues
Aventurier de l'Amour
Avec mon aube et mes santiags
Les petits pas de l'Amour
Jusqu'au bout!
Dieu mon premier Amour
Des loups dans la Bergerie
Dealer d'Amour
Passeurs de l'impossible
Ma religion, c'est l'Amour
Kamikaze de l'espérance
Et si je me confessais

Aux éditions Salvator (repris chez J'ai Lu)

Cris de jeunes

Aux éditions des Béatitudes

Chemin de croix
Le plus bel album de famille: le rosaire
Les mystères lumineux du rosaire

Aux éditions du Livre ouvert

La violence… un appel?
Lutte, prie et aime

Aux éditions Coccinelle (bandes dessinées)

Aimer à tout casser
Des loups à Faucon

Guy Gilbert

Aime à tout casser !

Philippe Rey

Si tu veux m'écrire, fais-le par le biais de mon éditeur.

Si tu savais comme tu m'aides en me critiquant ou en m'engueulant. Ma plume alors s'enrichit.

Merci.

Ton frère

7, rue Rougemont - 75009 Paris

www.philippe-rey.fr

Introduction

J'aime vivre dans notre temps, même si l'époque est de plus en plus dure. On échange moins bien qu'avant, on est troublé par des politiques hasardeuses, aux périls multiples, on ne sait que penser d'une Europe qui se construit péniblement. Le chômage et la pauvreté gagnent du terrain.

Les guerres d'Irak, de Syrie, de Libye, de Centrafrique emplissent la une de nos médias. Pendant ce temps-là, en Europe, cette année, le climat a été tellement instable que notre course au soleil a été frénétique et pénible.

Le mal et la morosité semblent s'installer partout.

Face à cela, notre temps manque de silence, de réflexion, d'introspection. Alors que c'est justement le moment de créer des liens, d'échanger tous azimuts, de déceler les lueurs d'espoir qui pourraient s'infiltrer à travers les mauvaises nouvelles.

Nous vivons un temps qui nous appelle à combattre, à lutter. À ne pas baisser les bras.

Nous avons en nous des forces insoupçonnées. Pour les trouver, cherchons le beau, le bon, le noble sans nous lasser.

Nous savons bien que sans l'amour nous ne sommes rien. C'est là un cadeau du ciel. L'amour qu'on porte et qu'on reçoit, c'est la seule lumière qui nous provoque, nous fait vivre, nous dynamise.

Oui, « aimer à tout casser » donne un sens à toute vie, suscite l'espérance pour aujourd'hui et pour demain. Quelle que soit notre religion, et même si nous refusons de croire à Celui qui est Amour.

Athée, chrétien ou membre d'une autre religion, puisses-tu trouver dans ces pages un souffle d'espérance, une raison de vivre.

Va de chapitre en chapitre. Zappe celui où tu ne trouves pas ton trip, cherche un autre qui te confortera. Trouve surtout l'essentiel qui, le livre fini, te permettra, j'espère, de me dire que j'ai eu raison de l'écrire.

I

Au jour le jour

1

Cultivons la joie

Elle donne davantage qu'elle ne prend

La joie apparaît d'abord sous forme de plaisirs immédiats : au printemps, voir les fleurs s'épanouir sur le bord des routes, respirer une rose délicatement odorante ou contempler un paysage... Écouter le chant des oiseaux dans les arbres ou sur le toit, le roucoulement d'un pigeon devant ma fenêtre... Tiens ! une jolie carte postale dans ma boîte... Ces moments, nous en éprouvons une multitude dans nos journées : ils ne dépendent que de notre regard.

La vraie joie n'est pas qu'une sensation épidermique, un bien-être psychologique. Elle consiste à demeurer dans la vérité, la bonté et la beauté, et donne plus qu'elle ne prend.

Le plaisir est bruyant, un peu brouillon, il s'agite comme des vaguelettes sur la mer. La joie est claire et forte, stable comme une plante d'eau sur un étang. Le plaisir est passager. La joie authentique est une bénédiction, elle a quelque chose de divin, quelque chose d'éternel parce qu'elle vient d'en haut.

Décentrons-nous

Je me souviens d'avoir lu, au séminaire, cette phrase dans l'Évangile : « Soyez toujours joyeux ! » « Mais comment peut-on être toujours joyeux, me demandais-je, quand on a des problèmes, des soucis, des chagrins ? » Maintenant, j'ai la réponse. Je sais que la joie se crée dans l'allégement, dans la pauvreté matérielle mais aussi grâce à la richesse spirituelle, à la prière.

Pour reconnaître l'action de Dieu dans sa vie, il faut se décentrer de ses soucis personnels. Nous sommes trop imbibés de nos problèmes intérieurs, de questions sur notre avenir, celui de nos enfants, sur notre travail qui prend une place considérable. Notre culture consumériste nous rend très malheureux car il nous en faut toujours plus, et plus encore, sans cesse les nouveaux modèles : c'est la tyrannie de la mode.

Il est urgent de prendre nos distances.

À Faucon, la communauté fait réunion après le repas du soir pour « solder » la journée, régler les comptes, partir léger pour la nuit et repartir à neuf le matin. Un moment unique. Retenir les bons moments le soir venu, éliminer le gras. Ça aide à faire passer tout ce qui coince et se cumule dans nos corps fragiles.

Vivons la grâce du temps présent ! Cette théologie des vingt-quatre heures, je la cultive comme de l'or dans ma vie. Je me fous de demain. Hier, c'est passé. J'ai à vivre pleinement l'amour et j'ai vingt-quatre heures pour le faire. À chaque jour suffit sa peine.

Cultiver des pensées positives

Vivre dans la joie est un programme de vie chrétienne, de témoins de la résurrection du Christ. Évitez de trop lire la presse à sensation. Pour les médias, une mauvaise nouvelle est une bonne nouvelle. Regarder le journal télévisé une fois par jour, ça suffit. Et laissez-vous attirer par ce qui est simple.

Si vous méditez le matin, je vous donne un petit « truc » perso : je note sur un Post-it une phrase que j'ai lue dans l'Évangile et je la mets au milieu de mon paquet de tabac (vous pouvez aussi bien le mettre à côté de votre bâton de rouge à lèvres). Si vous fumez six cigarettes par jour, ou si vous vous refaites une beauté six fois par jour, vous serez obligé de regarder cette phrase six fois dans la journée.

Mémorisez une seule phrase de l'Évangile et gardez-la, par exemple : « Dieu est amour. »

> *Nous pouvons devenir contagieux de la joie, notamment de la bonne nouvelle de l'Évangile.*
>
> Madeleine Delbrêl

Nous avons un fruit précieux de la vie, meilleur que tous les jardins de clémentines ou de roses, avec l'Esprit saint – qui est à cultiver et à cueillir.

Essayez de rencontrer des êtres pétants de joie, ce sont des rayons laser qui vous illumineront. Vous ferez l'expérience que le partage de cette joie, loin de vous appauvrir, dilatera votre cœur. Vous serez alors les nouveaux évangélisateurs par la joie.

Vous pouvez demander à la Vierge Marie de prier pour vous et de vous aider à vivre cette joie. Si vous êtes branchés sur le Christ, vous serez toujours dans la joie.

L'huile de la joie profonde

Dernièrement, le pape François a demandé aux chrétiens de ne pas rester fermés sur eux-mêmes : « Sans la joie de la beauté, le travail pour le bien devient une laborieuse recherche de l'efficacité pour l'efficacité, comme on le voit chez de nombreux activistes débordés. On dirait même qu'ils cachent la réalité derrière un linceul de chiffres au lieu de l'oindre de l'huile de la joie profonde qui transforme les cœurs, un à un, depuis l'intérieur. »

> *La vraie joie est d'abord intérieure, elle est reconnaissante, elle est action de grâce.*
>
> Frère Roger de Taizé

Le premier miracle que le Seigneur a fait, c'est de transformer l'eau en un vin superbe. Il a commencé par la fête. Il n'a pas débuté en disant à un mort : « Allez, lève-toi ! » Non, il a créé du pinard ! Le Seigneur avait le sens de la joie.

Fréquenter par la lecture les saints et les témoins, c'est extraordinaire. On peut dire que la joie de l'Évangile remplit le cœur de tous ceux qui rencontrent Jésus. La vie des saints est une mélodie merveilleuse. Elle peut insuffler de l'inspiration et apporter beaucoup de confort dans notre vie. Vous pouvez écouter des chants de louange dans votre voiture. Vous pouvez, en faisant vos courses, fredonner un « Alléluia ».

Dans la souffrance et le deuil

Vous pouvez tomber, bien sûr. Mais vous serez capable de vous relever, c'est certain, en restant proche du Christ grâce à une foi intense, cultivée tous les jours. La confiance naîtra, elle ne fera que croître et fructifier.

Il est si beau d'entendre Jésus nous dire : « Soyez dans la joie et l'allégresse, car votre récompense sera grande dans les cieux. »

Paul Claudel ne disait-il pas que nous n'avons d'autre devoir que la joie ? La joie dont parle Jésus est celle que l'on éprouve au milieu des insultes, des calomnies et des persécutions. Si vous vivez dans la souffrance, dans les difficultés de toutes sortes, vous devez garder la joie, c'est ce qu'il nous dit. Comment pouvons-nous comprendre cela ?

Comment, dans les souffrances et les deuils, pouvons-nous garder la joie ? Sans doute parce que la faim de bonheur est inscrite dans nos gènes, parce que notre soif d'amour est inextinguible.

Est-ce que la foi peut transcender la douleur ? J'ai vu des gens mourir, terriblement angoissés. Mais j'ai aussi vu des gens mourir avec un sourire. Ils savaient qu'ils allaient entrer dans le paradis de l'amour.

Samuel, vingt-quatre ans, met fin à ses jours. Le drame laisse la mère à peine vivante. Mais la présence de Jésus est plus forte que la mort. Elle dit elle-même : « J'ai fait l'expérience de sa rencontre à trente ans. Mais ce n'est qu'à la mort de Samuel que j'ai ressenti ce lien éternel. » Elle répétait alors sans cesse, comme un mantra : « Jésus ».

Un autre mec, Éric, m'a dit : « On m'avait annoncé que la maladie dont je souffrais était mortelle dans 5 % des cas. J'étais relié à des machines, je ne pouvais plus bouger, mais c'est pourtant dans cette situation que j'ai vécu le dharma, l'enseignement de Bouddha. En moi tout était exactement à sa place. J'étais dans une joie profonde. Je me suis dit : "Si je suis comme cela au moment de ma mort, je n'aurai pas passé mon temps en vain." »

La joie intérieure réside au plus intime de l'âme. On peut aussi bien la posséder dans une obscure prison que dans un palais.

Sainte Thérèse de Lisieux

Moi, je pense que la joie que j'ai connue sur terre est grande, malgré d'innombrables souffrances. Car je continue à penser que le Seigneur est à mes côtés, au-dessus de moi, devant moi et derrière moi. Je vis une joie intense, même si je ne souris pas à chaque seconde.

Ne cachez pas votre joie!

Que le message joyeux de votre Bible soit marqué sur votre visage.

J'aime beaucoup la diatribe de Georges Bernanos : « Lorsque vous sortez du confessionnal, vous êtes en état de grâce. Eh bien, que voulez-vous, il n'y paraît pas beaucoup! Nous nous demandons ce que vous faites de la grâce de Dieu. Ne devrait-elle pas rayonner de vous? »

L'Église occidentale manque souvent de joie. Au cours des eucharisties que je fais, je vois parfois des assemblées débordantes de joie où les fidèles chantent à gorge déployée, et d'autres fois des assemblées mornes, qui murmurent à peine les chants.

Chaque fois que les gens chantent, je les salue et je les remercie.

Paul VI a écrit dans ses notes de retraite : « Dieu est amour, telle est la vérité. C'est ce que nous enseigne aussi l'Évangile. Je crois en un Dieu tout-puissant. Je suis aimé par Dieu. Joie, joie, larmes de joie. »

Les dix commandements de la joie

1. La joie à Dieu demanderas,
Chaque matin fidèlement.
2. Calme et sourire montreras,
Même en cas de désagrément.
3. En ton cœur, tu te rediras :
« Dieu qui m'aime est toujours présent. »
4. Sans cesse, tu t'appliqueras
À voir le bon côté des gens.
5. La tristesse tu banniras
De toi impitoyablement.
6. Plainte et critique éviteras;
Il n'est rien de plus déprimant.

7. À ton travail, tu t'emploieras
D'un cœur joyeux allègrement.
8. Aux visiteurs réserveras
Un accueil toujours bienveillant.
9. Les souffrants réconforteras
En t'oubliant totalement.
10. En répandant partout la joie,
Tu l'auras pour toi sûrement.

Gaston Courtois

2

Le sacrement de l'amitié

Une main qui traverse tous les barreaux

Un jour, un jeune prisonnier avec qui je correspondais m'écrivit : « Guy, ne signe plus "Ton frère" mais "Ton ami". »

Depuis que je vis avec des jeunes en danger, je connais la valeur inouïe de l'amitié, ce lien que le cardinal Duval appelait le « huitième sacrement ».

« Tu es mon Dieu ! »

Quand on tente l'évangélisation directe, le peuple de la rue se braque. Au début de mon ministère, comme je disais à un jeune loubard que Dieu était amour, il me répondit de façon cinglante : « C'est Dieu-Amour qui a créé mes parents ? Ces parents qui m'ont enfermé dans un placard où je n'avais à manger qu'un peu de riz mouillé… Alors ton Dieu-Amour… »

Je l'ai pris en pleine gueule, mais j'ai toujours gardé cette réplique dans mon cœur. Côtoyer ces jeunes, c'est vivre dans une dimension spéciale. Le sacrement de l'amitié est le seul auquel ils sont attachés. Quand ils n'ont eu aucune preuve d'amour dans leur vie, c'est rare qu'ils aient la foi, sauf miracle.

Il n'empêche qu'ils ont la « religion de l'amitié »… Comme tout bon curé, je baptise, et je baptise volontiers les enfants de mes loubards en ne sondant pas trop la réalité religieuse des parents. Je leur explique bien que, au-delà de l'amitié qu'ils me portent, les trois personnes de la Trinité vont envahir leur gosse et former un élément très précieux pour sa future croissance spirituelle. Ils le croient sans bien le comprendre. Mais je sais toutefois qu'ils connaissent souvent Dieu mieux que quiconque, par la croix, la souffrance qu'ils ont endurée très jeunes.

Un jour, un de mes anciens voulait absolument que je baptise son gosse. Je le fais et lorsque, pendant la cérémonie, je lui demande au micro pourquoi il veut ce sacrement, je l'entends crier :

« Parce que, Guy, tu es mon Dieu ! »

Les vieilles sautent en l'air.

« Mais enfin, Manolo, je ne suis que le serviteur de Dieu ! Pas Dieu !

– Non, tu es mon Dieu, parce que tu m'as appris des valeurs très importantes. Et je les transmettrai à mes enfants. »

C'était évidemment bien exagéré de me « déifier » ainsi, mais j'ai compris surtout à quel point notre attention et nos actes sont importants pour ces jeunes.

> *Qui trouve un ami, trouve un trésor.*
>
> Proverbe latin

Sacrement de l'amour-amitié

À la messe de Faucon, vient qui veut. Mais le nombre de plus en plus grand des ouailles très contrastées – orthodoxes, protestants, athées, bouddhistes et musulmans – qui emplissent la chapelle m'a conduit à inventer un geste qui, à l'intérieur du « sacrement de l'amour », l'eucharistie, est pour moi le « sacrement de l'amitié ».

Saisis par la dimension familiale et priante de la cérémonie, tous ces « paroissiens » s'approchent de l'autel pour recevoir la communion. Impossible, évidemment, de leur donner l'hostie dont ils ne reconnaissent pas la divinité. Un pain non consacré, spécialement préparé et offert par le boulanger du village, me permet de faire participer ceux et celles qui désirent communier fraternellement avec l'assistance chrétienne.

Après la communion je passe donc dans les allées, avec les enfants de chœur, pour distribuer le pain de l'amitié.

La main tendue des petits, ravis et qui ont toujours les crocs, est un très beau moment. Pas moins émouvant est le geste de l'adulte recevant ce pain de l'amitié grâce auquel il sent qu'il n'est pas un étranger dans notre communauté.

Petit poème porte-bonheur

Pour apprendre la valeur d'une année, demande à l'étudiant qui a raté un examen.
Pour apprendre la valeur d'un mois, demande à la mère qui a mis un enfant au monde trop tôt.
Pour apprendre la valeur d'une semaine, demande à l'éditeur d'un journal hebdomadaire.
Pour apprendre la valeur d'une heure, demande aux fiancés qui attendent de se revoir.
Pour apprendre la valeur d'une minute, demande à celui qui a raté son train, son bus ou son avion.
Pour apprendre la valeur d'une seconde, demande à celui qui a perdu quelqu'un dans un accident.
Pour apprendre la valeur d'une milliseconde, demande à celui qui a gagné une médaille d'argent aux jeux Olympiques.
Le temps n'attend personne.
Rassemble tous les instants qu'il te reste, et ils seront de grande valeur.
Partage ces instants avec une personne de choix et ils deviendront encore plus précieux.

Côte à côte

Notre pays manque sérieusement de relations humaines. Il classe dans des cases, il colle des étiquettes : le SDF, le taulard, le handicapé… C'est l'un des péchés capitaux de notre temps. Le jour où l'on comprendra que chaque humain est une lumière, alors on cassera toutes les barrières.

Un marginal a une histoire souvent disloquée. Quand il nous permet d'entrer dans son aventure humaine, une formidable soudure peut s'opérer avec lui. À nous, à ses côtés, de l'aider à trouver le chemin de l'espérance. Ce chemin passe par une solidarité sans faille et surtout par l'amitié. L'amitié qui sauve de tout, qui sauve tout.

Dans des vies aussi extraordinaires, c'est la seule issue.

Un loubard en prison écrivait à son copain : « Si je peux te donner un conseil : n'agis pas avec brutalité avec les mecs qui sont comme moi. Pour nous, les “voyous”, comme ils disent, la tendresse et l'amitié sont les deux choses qui, si elles sont bien données, peuvent faire de nous ce qu'on veut. Par la douceur, avec des mecs comme moi, on arrive à tout. Ne l'oublie pas ! »

Cœur à cœur

Pour vivre l'amitié et l'amour de Dieu, nous avons un immense besoin de dialogue avec Lui, un perpétuel besoin de nous retirer de la foule, de nous libérer de nos tâches habituelles. Dieu nous a placés dans le temps pour vivre et Il a un besoin urgent de notre temps. C'est le temps de l'amitié, le temps où nous pouvons la Lui exprimer, spécialement dans le silence. Pour cultiver sans cesse cet amour, à toute heure du jour et de la nuit, nous pouvons nous consacrer à ce « cœur à cœur » avec Dieu, comme disait sainte Thérèse de Lisieux. Nous nous branchons directement sur Lui. C'est une ascèse qui permet d'entrer dans le « Priez sans cesse » de Jésus.

Un de ses merveilleux talents était l'amitié

Quand nous lisons l'Évangile, nous sommes frappés par les amitiés du Christ : Marthe et Marie, Lazare, Marie-Madeleine la pécheresse, son bien-aimé Jean sont de grands amis de Jésus.

Quand il apprit que Lazare était mort, il se mit à pleurer. Il avait des amis humains. Même si ces derniers, et surtout ses disciples, étaient passablement bouchés.

Sa plus grande réussite fut son talent de miséricorde. Tout l'Évangile est bourré de pardons. Le Christ pardonne et appelle au pardon. Il ne juge pas et, au nom de l'amour, il pardonne. Il demande également à la victime de pardonner, au bourreau de demander pardon. Il sait que, si la victime le fait, elle se libérera du poids de sa haine. Coup double. Le bourreau se sent absous et peut changer. La victime, elle, évite de se torturer la rate et le gésier en ressassant sans cesse sa rancœur. Ça lui évite aussi l'absorption de multiples médocs qui, c'est connu, enrichissent les pharmaciens et les laboratoires pharmaceutiques en endormant le mal sournois qui ronge l'intérieur.

La joie de l'amitié

Et un adolescent dit, parlez-nous de l'Amitié. Et il répondit, disant : Votre ami est la réponse à vos besoins.

Il est votre champ que vous ensemencez avec amour et moissonnez avec reconnaissance. Et il est votre table et votre foyer.

Car vous venez à lui avec votre faim et vous le recherchez pour la paix. Lorsque votre ami révèle sa pensée, ne craignez pas le « non » de votre propre esprit, ni ne refusez le « oui ».

Et lorsqu'il est silencieux votre cœur ne cesse d'écouter son cœur. Car en Amitié, toutes pensées, tous désirs, toutes attentes naissent sans paroles et se partagent dans une joie muette.

Lorsque vous vous séparez de votre ami, vous ne vous affligez pas. Car ce que vous aimez le plus en lui peut être clair en son absence, de même que pour l'ascensionniste la montagne est plus nette vue de la plaine.

Et qu'il n'y ait pas de but dans l'amitié sinon l'approfondissement de l'esprit. Car l'amour qui cherche autre chose que la révélation de son propre mystère n'est pas de l'amour mais un filet jeté : et seul l'inutile est pris.

Khalil Gibran

3

Le travail, parlons-en

Partageons-le, humanisons-le

Le muguet est associé à la fête du Travail, c'est le parfum du travail. Mais méfiez-vous, le travail (comme l'argent), peut être très toxique, un poison mortel même. Il doit être une source d'humanisation et de socialisation. En tant que chrétiens, nous devons nous rappeler qu'il n'est pas un absolu.

La compétition internationale et la crise qui poussent à réduire les coûts partout dans les entreprises, dans les services publics, font des ravages dans le monde du travail.

De grandes souffrances s'abattent sur notre société : chômage de masse, conditions de travail très difficiles, personnel pressurisé, insécurité de l'emploi...

L'angoisse du chômage

Le chômage peut engendrer les mêmes pathologies sociales et psychologiques que l'infirmité. La sensation d'être devenu un semi-humain, de glisser du centre de son groupe social à sa banlieue.

Gagner le Smic en faisant un travail à la con, je ne pense pas que ce soit le bonheur ! Mais être actif, c'est toujours mieux que le chômage. Celui qui travaille a au moins le sentiment d'être productif, utile à la société.

Pensez à tous ces pères et mères de famille qui voient fondre leurs indemnités de chômage, qui voient s'approcher l'échéance terrifiante de la fin de droits, avec l'angoisse de ne plus pouvoir faire vivre ceux qui dépendent d'eux, sans aucune perspective de boulot à l'horizon. Tant de gens s'entendent dire qu'ils sont trop vieux, trop chers, trop peu qualifiés… De plus en plus d'anciens ouvriers se suicident.

On existe en société par son travail, c'est ainsi qu'on obtient la reconnaissance des autres. Dès qu'on rencontre quelqu'un, la première question qu'on nous pose est : « Qu'est-ce que vous faites comme métier ? » Vous imaginez un chômeur à qui cela est demandé tous les jours !

Notre pape François a dit : « Il y a des banques en déroute et ça fait la une de tous les journaux mais quand un homme crève de faim, tout le monde s'en fout. »

Je récuse ce monde où l'argent et les biens sont l'essentiel. Ce monde où l'homme n'est plus que l'objet du travail, et non le sujet du travail. Je trouve par exemple que les révolutions au Brésil sont justifiées. Ces gens disent : « On construit des stades monumentaux pour la Coupe du Monde mais nous n'avons pas d'emplois, plus de revenus suffisants pour vivre. Y en a assez qu'un ticket de métro coûte toujours plus cher. »

> *L'oisiveté est comme la rouille ; elle use plus que le travail.*
> Benjamin Franklin

Soyez des serviteurs

Nous avons besoin de directeurs d'usines, de managers et de cadres pour organiser les activités économiques, c'est entendu. Mais il faut qu'ils soient d'abord serviteurs. C'est à eux que je m'adresse en priorité.

Vous qui allez rejoindre votre bureau, soyez le serviteur de vos employés. Cessez d'être des chefs, petits ou grands, flambeurs ou arrogants, regardant à peine ceux qui bossent pour vous. Pensez que le plus grand de l'usine est celui qui vide votre poubelle très tôt le matin. Si vous êtes chrétien et que vous adoptiez ce point de vue, alors vous aurez un autre regard et une autre influence sur le monde.

Moins j'ai de besoins personnels, plus je peux m'occuper des besoins des autres. S'appauvrir, c'est s'enrichir au service des autres. Si nous sommes encombrés par nos biens, nous ne pouvons plus nous préoccuper d'autrui. S'il est un choix que les parents ne pèsent pas assez, c'est bien celui de l'évolution de leur carrière par rapport aux conséquences sur leurs enfants.

À une époque ouverte à tous les vents culturels, moraux et spirituels, si vous prenez le temps, vos enfants seront riches. En leur montrant patiemment du doigt, dès leur plus jeune âge, les dérives dangereuses, vous leur permettrez de comprendre qu'on ne peut pas tout vivre ni tout faire. C'est là que se situent votre combat et votre responsabilité d'aujourd'hui. Heureux, le couple qui n'a pas peur de refuser de « grimper dans l'échelle sociale », de renoncer à un salaire plus important… pour rester présent auprès de ses enfants.

Fête du Travail

Je pense à tous ceux qui se lèvent le matin de bonne heure. Les trains bondés, le RER bondé, le métro bondé, les périphériques bondés… À certaines stations, le métro passe deux fois avant que les gens amassés sur le quai puissent espérer s'y entasser. Le soir, on les retrouve à moitié endormis sur la banquette. Sur ces visages, les cernes se sont un peu plus creusés…

D'un autre côté, je vois sur des bancs ou aux comptoirs des bistrots ceux qui n'ont pas de travail. Le chômage est l'une des pires plaies de notre temps. Nous connaissons le drame actuel des jeunes sans emploi. Il n'y a rien de plus pénible que de voir l'un d'eux, sortant de l'adolescence et entrant sans travail dans le monde adulte, sans même l'espoir d'en trouver un. Il risque la marginalisation sociale, voire l'exclusion. Si l'emploi vient à manquer, sa dignité est atteinte.

Le travail a été fait pour l'homme, et non pas l'homme pour le travail.

Jdan Noritiov

Partager le travail

À nous d'inventer un nouveau type de société qui refuse de se laisser engloutir par la course à la production. Peut-être alors naîtra l'espoir, pas forcément de l'égalité, mais au moins de la répartition des tâches en fonction du désir et de la capacité de chacun. Si nous avons un salaire suffisant dans le foyer, pourquoi ne pas mieux partager le travail ?

Je connais un couple de vieux bourgeois qui ont donné la possibilité de travailler à deux jeunes chômeurs. Ils ont monté une petite entreprise pour l'entretien et la rénovation des propriétés du village. Créer deux emplois, c'est rien et c'est beaucoup à la fois ! La retraite des ancêtres est belle quand ils voient ces deux jeunes soigner les jardins de la commune !

Et ces parents de deux enfants, habitants d'un petit village ! Lui gagne 2000 euros. Quand un fleuriste propose à sa femme, qui a déjà exercé ce métier, de le seconder dans son magasin, elle décline l'offre en disant : « Je préfère que vous choisissiez une personne qui en aura plus besoin que moi... » En passant devant le magasin de fleurs quelques semaines plus tard, elle se réjouit d'y voir travailler une jeune fille.

Gagner plus pour consommer plus ?

J'ai aimé cette phrase d'André Vingt-Trois dans les médias : « Jésus-Christ n'est pas mort sur la Croix pour développer les grandes surfaces. » Il dit que l'« idéologie consumériste et individualiste est en contradiction directe avec les orientations de l'Évangile ». Le pape François a exprimé la même chose : « Qu'il est méprisable celui qui amasse, celui qui a un cœur si petit, si égoïste, et qui ne pense qu'à emporter une mise qu'il devra laisser derrière lui après sa mort ! Parce que personne n'emporte rien dans la tombe. Je n'ai jamais vu de camion de déménagement derrière un cortège funèbre ! »

Le droit au repos

Les employés sont payés double quand ils travaillent un dimanche, fort bien ; mais c'est empiéter sur un temps dont la valeur est inestimable. Dieu lui-même, qui ne reculait vraiment pas devant la tâche, s'est reposé au septième jour. Il nous a indiqué une occupation très fertile : ne rien faire.

Le repos est un droit. Un droit pour avoir le temps de s'occuper de soi et de sa famille. Un temps culturel, social et religieux. Ce serait bien de bâtir des chapelles dans les grands magasins qui veulent ouvrir le dimanche. Les gens pourraient ainsi aller à la messe, ou tout simplement prier !

Illusions perdues

74 % des Français se considèrent heureux au travail. Le matin, 98 % d'entre eux disent bonjour à l'ensemble de leur service. Ils aiment beaucoup la pause-café (64 % des répondants). Certains deviennent amis, voire tombent amoureux au travail. Le soir, ils sont 79 % à saluer tous leurs collègues en partant du bureau…

Jolis pourcentages… mais pourtant dans de nombreuses entreprises des salariés tombent en dépression. Les désillusions sont fréquentes. Combien d'entre vous sont soumis à des impératifs parfois inatteignables ? Rapidité, productivité, rentabilité : prise dans ce tourbillon, la personne court après le temps. Se faisant, elle se déconnecte de son corps et de ses émotions. Nombreux sont ceux et celles qui avouent ne pas s'être aperçus qu'ils souffraient horriblement.

Un signal d'alarme : l'impossibilité de penser. Si vous êtes sans cesse dans l'anxiété, c'est que quelque chose commence à vous échapper. Il faut voir un médecin, demander un changement de poste ou une nouvelle orientation.

« Aime ton prochain comme toi-même »

Le devoir de chaque chrétien est d'alerter ses collègues ou son chef si un ou une camarade est en souffrance… L'Évangile doit être pour lui une source d'inspiration : « Aime ton prochain comme toi-même », « Comment aimerais-je être traité ? » Cela signifie soutenir ses collègues et, pour les chefs, aider leurs employés à s'approprier les changements, leur donner du temps, veiller à ce qu'ils gardent une vie privée.

Parfois, certains ont décidé de quitter la capitale où ils étouffaient et sont partis à la campagne. Ils vivent peut-être plus modestement, mais ils sont heureux d'avoir retrouvé leurs racines profondes.

« Aime-toi toi-même »

Nous naissons avec certains dons. Les parents savent repérer le caractère défini de l'enfant qui naît. Un petit peut refuser très tôt de partager ses jouets. Un autre, plus généreux, les donnera tous. Untel est très mélomane. Voyez celui-là dans la salle à manger faire toutes sortes de cabrioles : il est doué pour la gymnastique. Ce sont des capacités innées.

Nous savons mal quels dons extraordinaires nous possédons. Si nous les connaissions, nos vies seraient différentes. Il y a tant de dons cachés et tant de vies manquées : des vies où le don principal ne s'est pas dégagé.

Nous avons tendance à croire que tout est joué à partir du moment où nous sommes entrés dans l'âge adulte, alors que même à quatre-vingts ans nous avons encore la capacité de changer. Nous sommes faits d'ombres et de lumières, de lacunes et de dérives, à cause de notre sacré caractère, à cause de notre putain de tempérament.

Nous devons donc nous farcir ce paquet d'obstacles-là quand nous voulons nous améliorer, ou lorsque les autres nous demandent de changer.

Peut-on se changer? Il y a des conditions pour y parvenir. Le premier élément capital pour évoluer est le regard de l'autre sur nous : un regard d'amour, de miséricorde, de force, de confiance, de discernement...

Le regard d'autrui et l'amour de soi.

> *J'aime ce qui est dans le travail l'occasion de se découvrir soi-même.*
>
> Joseph Conrad

Trouver sa voie

Tout aussi capital que le regard de l'autre, l'amour de soi-même est indispensable si nous voulons nous changer. Je pense que l'on peut y arriver.

On peut trouver sa voie, ses idéaux à n'importe quel âge. C'est à treize ans que j'ai décidé d'être prêtre. Ce choix me fait cheminer encore, à soixante-dix-neuf ans, avec autant d'entrain et de joie qu'au début. Ne méprisez surtout pas ce que disent vos enfants. Au début, certes ils veulent tous être flics, pompiers, aviateurs, rarement curés; mais n'oubliez jamais que leurs idées sont plus sérieuses qu'il n'y paraît.

À la ferme de Provence, je me souviens, quand Thomas est arrivé, il marchait à quatre pattes à cause de son pied bot. Il était insupportable, mais passait beaucoup de son temps à regarder les pierres. Il avait un don pour les pierres, les observait, les collectait, les triait et les amassait dans les quatre coins de sa piaule. Il n'est pas devenu géologue. Mais son attrait pour les pierres nous assurait des accalmies, malgré un tempérament particulièrement difficile.

Je prends l'exemple d'un PDG. Il brasse des affaires et des millions. Il embauche des collaborateurs performants, il garde les moins chiants, il licencie les moins bons. Insensible et intransigeant, il fait marcher son business. Et d'un seul coup, il s'aperçoit qu'il est le dernier des cons : « Cette performance de merde, où m'amène-t-elle ? » Le type découvre que sa vie n'a pas de sens à ses yeux.

Lorsqu'un événement imprévisible arrive, on peut changer brutalement, radicalement. Un accident, une maladie peut modifier complètement le cours d'une vie. En bien comme en mal.

Le travail qui vous plaît

Quand je demande aux jeunes délinquants dont nous nous occupons : « Qu'est-ce que tu veux faire comme travail ? », au début ils me répondent : « Rien ! » Ils n'ont envie de rien, en dehors peut-être de s'amuser à voler des portables et de considérer votre porte-monnaie comme le sien. Au bout de quelques mois, j'entends des phrases telles que : « Je voudrais être menuisier, maçon… »

Nous les aidons à faire des stages, qui finissent par leur plaire. C'est en développant la solidarité et la fraternité enseignées par l'Évangile qu'il sera possible de dépasser la crise économique et le chômage actuel, si durs.

Ce n'est pas en gagnant plus d'argent qu'on devient heureux. Je me souviens d'un jeune qui adorait travailler le bois mais qui souffrait et se plaignait sans cesse que sa paie ne soit pas plus importante. Quant à son patron, un chic type, mais petit artisan, il ne pouvait vraiment pas l'augmenter. Un jour, je conseillai au jeune de ne pas seulement couper et raboter son bois, mais de le sculpter. Pour la même paie, il a fait ce travail supplémentaire, et sa vie est devenue formidable!

Je me souviens aussi de ce collège de filles assez friquées où j'étais intervenu. Je leur avais lancé : « Surtout, choisissez le métier que vous aimez! » Cinq ans plus tard, l'une de ces jeunes filles m'écrit : « Après ta conférence, Guy, j'ai dit à mon père : "Je veux être éducatrice. Je ne veux pas être ingénieur." Mais lui ne pouvait l'admettre. "Tu préfères la 2 CV à la Rolls? À quoi ont servi les études qu'on t'a payées?..." Nous nous sommes crié dessus jusqu'à minuit. Au final, je suis devenue éducatrice et je suis très très heureuse. Ce que tu nous avais dit m'avait donné la force de dire "non" à mon père. »

« Misez sur les grands idéaux, sur les grandes visions, lance le pape François à la jeunesse. Nous, chrétiens, nous ne sommes pas choisis par le Seigneur pour de petites bricoles, allez toujours au-delà, vers les grandes choses. Jeunes, jouez votre vie pour de grands idéaux! »

La vie comme un tricot

Dieu nous donne la laine et les aiguilles
Il nous dit : « Tricote de ton mieux, une maille à la fois. »

Une maille est une journée sur l'aiguille du temps.
Dans un mois : 30 ou 31 mailles
Dans dix ans : 3 650 mailles.

Quelques-unes seront à l'endroit
D'autres seront à l'envers.
Quelques-unes tu échapperas
Mais tu pourras les reprendre.
Par contre, d'autres mailles tu manqueras
et elles seront perdues à jamais.

La laine que Dieu te donne pour tricoter ta vie
est de toutes les couleurs :
Rose comme tes joies
Noire comme tes peines
Grise comme tes doutes
Verte comme tes espérances
Bleue comme tes désirs
Rouge comme tes amours.

Seigneur, donne-moi le courage
De terminer mon tricot…
Afin qu'un jour tu le trouves digne
De faire partie de l'exposition éternelle
Des travaux des hommes.

Fernande Latraverse

4

Comment les jeunes vivent-ils la famille ?

Les éduquer par l'exemple

Je me demande comment était Jésus quand il était jeune. Piquait-il dans le portefeuille de Joseph ? Sa fugue, à douze ans, montre que c'est un sacré lascar. Trois jours après, Joseph et Marie le retrouvent et lui demandent ce qu'il fait là. Sa mère lui dit : « "Mon enfant, pourquoi nous as-tu fait cela ? Vois ! Ton père et moi, fort en peine, nous te cherchions."

« Et il leur dit : "Pourquoi me cherchiez-vous ? Ne saviez-vous pas que je dois être auprès de mon Père ?"

« Et il redescendit avec eux et vint à Nazareth, raconte saint Luc. Il leur était soumis. Et sa mère observait toutes ces choses dans son cœur. »

Évidemment Marie et Joseph n'y pouvaient rien comprendre.

Je crois entendre l'une des multiples confessions que me font des parents largués par le comportement de leur ado dépressif et muet, ou dépassés par ses connaissances en informatique qui les laissent pantois.

Le visage d'Alain

Les couples se confient à nous, les prêtres. Ce n'est pas parce que nous ne vivons pas avec une femme que nous ne pouvons pas les comprendre. Si je ne connais pas bien les gosses petits, de l'âge de leur naissance à treize ans, je n'ignore rien des difficultés à élever un enfant à partir de son adolescence. Quand quelqu'un me dit : « T'as pas d'enfant, alors tu fermes ta gueule », je la ramène doublement. « Je me trimballe des problèmes d'ados depuis quarante-neuf ans ! », je lui réponds. Le premier drame de ma vie, ce fut la rencontre avec Alain, ce môme qui mangeait dans la gamelle du chien. Après le chien. À chaque visage de gosse que je vois, c'est celui d'Alain qui me revient.

Un synode pour la famille

Le pape François a convoqué la troisième Assemblée générale extraordinaire du synode des évêques, qui aura lieu en octobre 2014 sur le thème : « Les défis pastoraux de la famille dans le contexte de l'évangélisation. »

À cet effet, le pape a envoyé des questionnaires dans le monde entier. Parmi les questions du synode, j'en note quelques-unes :

– *Là où l'enseignement de l'Église est connu, est-il intégralement accepté ? Des difficultés se vérifient-elles dans sa mise en pratique ? Lesquelles ?*

Il faut reconnaître qu'au niveau de la sexualité elle n'est pas très bien acceptée par des jeunes manipulés par les pubs, les émissions de radio, les films, les revues et Internet. Tout cela affaiblit ce que la sexualité a de beau et de sublime. Les chrétiens refusent de plus en plus que l'Église s'introduise dans leur chambre à coucher, d'où une perte importante de crédibilité auprès des couples.

Devant tant de bouleversements, l'Église tente de maintenir une logique morale et spirituelle. Nous devons chercher et nous interroger sans fin. Et bûcher sans cesse pour améliorer notre regard vis-à-vis de l'autre.

– Si des baptisés non pratiquants ou ceux qui se déclarent non croyants demandent la célébration du mariage, comment affronter les défis pastoraux qui en découlent?

Le pape François a déjà fait, à ce propos, des choses exceptionnelles comme baptiser une femme enceinte abandonnée par son mec. Il a aussi baptisé le gosse de parents qui n'étaient pas mariés religieusement.

– Durant ces dernières dizaines d'années, quelles sont les nouvelles expériences concernant la préparation au mariage? Comment a-t-on cherché à stimuler le devoir d'évangélisation des époux et de la famille? Comment promouvoir la conscience de la famille comme «Église domestique»?

C'est une question très importante. L'Église demande un an pour le mariage. Je vois des jeunes, pas très chrétiens, aller en pastorale. Ils ne comprennent rien. Je pense que les couples qui veulent se marier à l'église doivent être préparés par des personnes bien au fait de leurs problèmes. J'ai ainsi vu des couples qui avaient en grande partie perdu leur foi la retrouver grâce à des prêtres et des laïcs bien formés.

– Dans tous ces cas, comment les baptisés vivent-ils leur situation irrégulière? En sont-ils conscients? Manifestent-ils simplement de l'indifférence? Se sentent-ils écartés et vivent-ils avec souffrance l'impossibilité de recevoir les sacrements?

Je connais une famille dont les parents, divorcés, voulaient préparer la communion de leur enfant. C'était très bien, mais il y eut un décalage formidable le jour de la cérémonie. Le fils communiait, pas ses parents. La mère en a souffert et n'a pas continué le catéchisme du gosse.

Si on divorce pour aller vers un autre, c'est sûr qu'il y aura un moment de pénitence. Mais notre Dieu est un dieu de miséricorde.

Il est dieu de pardon. J'espère que les divorcés pourront un jour accéder aux sacrements de pénitence et de l'eucharistie. Déjà, en Allemagne, le président de la conférence épiscopale a déclaré que les divorcés pouvaient communier à condition de demander pardon avant, alors qu'au même moment la Congrégation pour la doctrine de la foi, au Vatican, continue d'affirmer le contraire.

Il serait intéressant de clarifier la position de l'Église. Il faudrait qu'il y ait une volonté commune de miséricorde.

« Notre travail éducatif, a dit le pape François, doit tendre à une certaine harmonie : l'harmonie de tous les enfants qui nous sont confiés, leur harmonie intérieure, celle de leur personnalité. C'est en travaillant à la façon des artisans, imitant ainsi Dieu, en modelant la vie de ces enfants, que nous pourrons atteindre cette harmonie. Et les sauver de dissonances toujours obscures. L'harmonie, elle, est lumineuse, et la lumière, clarté. L'harmonie d'un cœur qui croît et que nous accompagnons sur ce chemin éducatif est ce qu'il faut atteindre. »

Sécurité : le mot clef

Qu'est-ce qu'une famille apporte à un jeune ? La « sécurité ». La plupart des jeunes que nous accueillons à Faucon ont manqué dans leur famille de cette chose essentielle : une sécurité psychologique et spirituelle. Donner un certain nombre de repères, voilà le rôle fondamental de la famille.

La crise de l'adolescence correspond souvent à une crise du couple parental, une crise parfois sévère qui met en cause la vie professionnelle et personnelle. Si les parents n'ont pas eux-mêmes de structure fondamentale forte, le jeune va basculer dans l'insécurité alors qu'il est en recherche identitaire. Mais il ne s'agit pas non plus que les parents s'accrochent à leur enfant pour sauver leur couple !

Comment des parents peu sereins pourraient-ils s'occuper d'adolescents s'ils ne sont pas plus en paix que lui ?

Ce n'est pas de biens dont manque le jeune mais de bien.

> *Quand tout va bien on peut compter sur les autres, quand tout va mal on ne peut compter souvent que sur sa famille.*
>
> Proverbe chinois

Congé parental

Jamais on ne retrouve le temps que l'on n'a pas donné à ses enfants quand ils étaient petits ou adolescents.

La seule espérance, c'est que le couple puisse prendre du temps pour ses enfants. Voiture, chien de race et tout le bordel, on s'en fout. Il est plus important que les parents soient présents, par exemple pendant l'adolescence de leurs enfants.

Je me souviens de ces propos que m'avait tenus un sous-directeur de supermarché : « On m'a proposé de passer directeur, me dit-il. J'ai refusé. J'aurais eu une meilleure paye mais j'aurais vu mes gosses une heure ou deux heures de moins par jour. » Je fus très touché de cette décision. Les enfants vont certes à l'école quand les parents travaillent. Mais l'éducation, c'est autre chose que l'école. L'école apporte l'instruction. L'éducation vient des parents.

Chaque jour je reçois un mail de parents se plaignant de leur ado qui se montre agressif, qui fume son shit, qui rentre saoul de certaines soirées, qui parfois les traite de tous les noms. Et je lance cette idée que le congé parental devrait non seulement être rallongé après la naissance de l'enfant, mais qu'il devrait y avoir un capital temps que chaque parent pourrait prendre librement selon les besoins de la famille, par exemple à l'adolescence. C'est vers treize-quinze ans que les jeunes rejettent sur leurs parents les manques d'amour, les fautes d'inattention de leur part.

Homme ou femme, soyez adulte

Quand on m'interroge sur le comportement à adopter avec ses enfants, je réponds invariablement : « Soyez un adulte. » Être père ou être mère, c'est d'abord être un homme et une femme qui se tient droit, qui a une colonne vertébrale. Car n'oubliez pas qu'on éduque toujours les jeunes par l'exemple.

Les enfants demandent beaucoup trop de choses de nos jours. Ils doivent sentir une opposition pour apprendre à bien vivre plus tard. On ne peut pas exiger de jeunes de onze-quatorze ans qu'ils se gèrent seuls, qu'ils comprennent où se situe leur véritable intérêt. Ils se jettent sur le superficiel : portable, Internet, télévision, jeux vidéo... Il faut les éduquer savamment, leur dire et leur démontrer par sa propre vie que l'essentiel n'est pas là.

À Faucon, je reçois des jeunes qui ont été martyrisés ou à qui personne n'a jamais tenu tête. Pendant des mois, ils sont désorientés et « offusqués » par notre détermination qu'ils prennent pour des « atteintes à leur liberté ». Ils ont beau nous insulter, on tient bon.

Un jour, un jeune avait refusé de faire la vaisselle. Il avait été cantonné à la cuisine tandis que tous ses camarades étaient allés se coucher. L'éducateur avait fait descendre deux matelas, un pour lui et un autre pour le jeune. À 6 heures du matin, le jeune a fait la vaisselle ! L'éducateur n'avait pas cédé.

Ne lâchez jamais !

> *La vie de famille requiert une force, une persévérance, un oubli de soi dont le bonheur de ses membres est le fruit.*
>
> Anonyme

Attention aux phrases pernicieuses

Dire à son gosse : « Tu resteras un cancre, tu seras toujours un nul » est catastrophique. Il peut s'identifier à vie à cette phrase.

De même qu'il risque d'être longtemps bloqué dans une matière si, en classe, un prof maladroit l'a humilié devant tout le monde.

Dire à un jeune qu'il est définitivement un cancre revient à le pousser à ne plus rien faire. Je vois trop souvent des parents qui ne cessent de reprocher à leur enfant ses médiocres résultats scolaires. En le dévalorisant, ils ne font que l'écraser un peu plus.

Savez-vous que 75 % des discussions en famille tournent autour des résultats scolaires ? Apprenez à parler d'autre chose avec eux, à leur redonner confiance en les valorisant là où ils sont forts.

Il en est de même des « incivilités ». La plupart du temps, les adolescents sont peu disposés à respecter les règles de conduite et manquent d'estime personnelle. Alors, quand ils ont le désir de prouver à leur famille qu'ils peuvent changer, il ne faut pas rater le coche et veiller à les encourager.

Si vous leur rabâchez : « De toute façon, t'es un gosse à problèmes », ils s'identifieront à votre parole. Mais si vous les regardez et leur assurez qu'ils peuvent faire quelque chose d'extraordinaire, ils sortiront du champ du malheur pour passer à l'espérance.

Il est des phrases assenées en toute innocence qui peuvent blesser ou tuer. Elles sont définitives, stigmatisantes, alors qu'elles ne sont en soi qu'une réaction à une certaine attitude à un moment donné, ou même parfois n'expriment que des contre-vérités.

Celui qui est perdu, ou qui se sent perdu, est incapable de croire que quelque chose de bon et de beau peut sortir de lui.

Le respect de la parole donnée

Pour leur éducation, la sanction est importante et surtout il faut la tenir jusqu'au bout : elle sécurise et responsabilise le jeune. Il y a des règles établies qui doivent être respectées, et ici la fonction du père est importante.

Les enfants ont besoin du respect de la parole donnée.

Je dis toujours à nos jeunes : « T'es tellement meilleur que les conneries que tu fais ! » L'histoire de l'enfant prodigue est la plus belle image de l'amour de Dieu. Il vous faut, vous les pères, la vivre à fond. Toujours tendre les bras pour attendre votre fils, être ouverts à la réconciliation profonde.

Bûchez l'égalité d'humeur !

L'ennuyeux, lorsqu'on se met en colère contre son enfant, c'est qu'on double sa fureur, car on est également en colère contre soi. On est furieux d'avoir un peu perdu les pédales.

Pour acquérir de la douceur, il faut maîtriser l'égalité d'humeur. Au séminaire, j'ai été frappé par cette découverte. On nous disait souvent : « Ayez l'égalité d'humeur ! » Qui peut résister à la douceur joyeuse d'un être ? Pensez à une personne de votre entourage qui en est douée. Voyez combien elle est apaisante, comme elle crée l'harmonie, comme elle unit et appelle à faire de même. Ma mère en était l'incarnation. Jamais elle ne nous aurait frappés.

La voir pleurer était la pire de nos punitions.

Oh oui ! Et c'est ainsi que je comprendrai, plus tard, l'immense handicap de mes jeunes qui n'ont souvent connu qu'un géniteur ou qu'une génitrice absents, indifférents ou bourreaux.

Trop aimer, c'est mal aimer

Mais attention ! Ne les maternez pas trop.

OK, vous aimez votre enfant, mais ne l'étouffez pas sous vos démonstrations infinies d'amour, vos peurs de le perdre, votre contrôle et vos commentaires sur toutes ses actions, ses paroles, ses vêtements, ses amis… À force, l'enfant ne grandira pas. Il restera avec ses petits choix de gosse, son horizon limité, ses colères soudaines, ses caprices et ses peurs.

Trop aimer, c'est mal aimer.

Un autre regard

J'ai passé des heures à dire à des familles qui se coltinaient un prétendu gosse à problèmes : « Il n'existe pas pour lui-même ! En le rabaissant, vous le mettez sur la route de la délinquance. Changez votre regard et vous aurez la joie de le voir changer aussi. »

L'important est que vous lui disiez : « Tu existes à mes yeux. Je vais t'apprendre à vouloir et à pouvoir. Tout est possible avec ce que tu es. »

Je disais un jour à un jeune particulièrement difficile : « Tu as un grand avenir devant toi !

– Tu te fous de ma gueule ! J'ai quinze ans. J'ai loupé l'école depuis l'âge de dix ans… »

Croire en eux, espérer jusqu'au bout, les aimer avec force. Ils ne résistent jamais à la chaleur fraternelle de l'adulte. Même si les plus désespérés ne comprennent pas qu'on puisse les aimer comme ils sont. Dans le meilleur, dans leurs dons. Dans leur formidable capacité à créer et à bouffer le monde.

Dire à un jeune : « Je crois en toi » est très important. Bien sûr, il ne respectera pas toutes les consignes, souvent involontairement, mais on le reprendra.

N'ayez pas peur de dire à vos jeunes que vous avez confiance en l'avenir, quand ils se sentent un peu perdus dans cette drôle d'époque.

Aimer, c'est s'efforcer de voir ce qu'il y a de meilleur au fond de chaque être et l'aider à en prendre conscience. Il n'est rien de plus fort. Seul le regard bienveillant de celles et ceux qui nous connaissent nous appelle à ne pas désespérer de nous-même.

> *Il n'existe aucune faute comparable à la colère. Et pas de courage comparable à la patience.*
>
> Nagarjuna, grand maître
> et philosophe bouddhiste

Prière de l'adolescent à l'adulte

Je ne saurais trop conseiller aux parents d'écouter leur enfant. C'est ce temps, cette disponibilité qui en feront des êtres confiants en l'adulte. Parents, tendez l'oreille à votre adolescent qui pourrait vous lancer cette prière :

Quand je te demande d'être écouté, quand je te demande de m'écouter et que tu commences à me donner des conseils, je ne me sens pas entendu.

Quand je te demande de m'écouter et que tu me poses des questions, quand tu argumentes, quand tu tentes de m'expliquer ce que je ressens ou devrais ne pas ressentir, je me sens agressé.

Quand je te demande de m'écouter et que tu t'empares de ce que je dis pour tenter de résoudre ce que tu crois être mon problème, aussi étrange que cela puisse paraître, je me sens encore plus en perdition.

Quand je te demande à toi, adulte, ton écoute, je te demande d'être là, au présent, dans cet instant si fragile où je me cherche dans une parole parfois maladroite, inquiétante, injuste ou chaotique. J'ai besoin de ton oreille, de ta tolérance, de ta patience pour me dire que je compte pour toi.

Oui, simplement m'écouter sans explication ou accusation, sans dépossession de ma parole. Écoute, écoute-moi. Tout ce que je te demande, c'est de m'écouter. Simplement accueillir ce que je tente de te dire et de me dire. Ne m'interromps pas dans mon murmure, n'aie pas peur de mes tâtonnements, de mes imprécations, de mes contradictions.

Par ton écoute, je tente de dire ma différence, mes hésitations, j'essaie de me faire entendre, surtout de moi-même. J'accède ainsi à une parole propre, celle dont j'ai longtemps été dépossédé.

Oh non, je n'ai pas besoin de conseils. Je peux agir par moi-même et aussi me tromper. Je ne suis pas impuissant, parfois seulement démuni, découragé, hésitant. Si tu veux agir pour moi sans moi, tu contribues à ma peur, tu accentues mon inadéquation et tu renforces ma dépendance.

Quand je me sens écouté, je peux enfin m'entendre.

Quand je me sens écouté, alors j'établis des ponts, des passerelles entre mon histoire et mes histoires. Je relie des événements de ma vie, des situations, des rencontres ou des émotions pour en faire la trame de mes interrogations. Pour tisser ainsi l'écoute de ma vie. Oui, ton écoute est passionnante. S'il te plaît, écoute et entends-moi.

Et si tu veux parler à ton tour, attends juste un instant que je puisse terminer, et alors je t'écouterai à mon tour.

Priez

Priez avec vos enfants ! Ils ont un sens prodigieux du spirituel, même s'ils l'égarent à l'adolescence. Je suis pour que les enfants, y compris les petits, aillent à la messe.

Quand à l'église, en pleine homélie, il y en a un qui braille sa race, je lance : « Ça y est, je suis très content ! Il m'approuve ! »

Je ne demande jamais au parent de sortir avec l'enfant. C'est très beau de voir toute la famille réunie, c'est magnifique : ceux qui braillent, ceux qui montent à l'autel…

Comme le pape François donnait un enseignement sur les valeurs familiales, un petit garçon de sept ans s'est avancé sur la tribune où il se tenait et lui a tiré sa soutane. Le gamin a refusé de rejoindre l'assemblée et a tenu à rester auprès de François, le serrant dans ses bras, jouant avec son crucifix, avant d'aller s'asseoir, à son invitation, sur le fauteuil blanc du souverain pontife.

Le pape a souri, évidemment. Les gardes du corps n'ont pas sauté sur le gosse. François, à ce moment précis, a montré un aspect extraordinaire de la présence divine par les enfants.

5

Devoirs de vacances

Prends du temps pour te ressourcer

Vous travaillez comme des damnés pendant onze mois. Et d'un seul coup arrive la période des vacances.

« *Vacances… nouveaux horizons!* » Des pubs d'enfer vous poussent à élargir votre quotidien : mas et plages de rêve, mer bleu d'azur, chalets fleuris, îles lointaines… Les prix s'alignent, somptueux. Il y en a pour toutes les fortunes. Évidemment, ces réclames ont oublié les allocataires du RSA, les exclus, mis aux oubliettes, les femmes seules, les anciens calfeutrés dans leurs quelques mètres carrés et les jeunes de banlieue qui rament dur et rêveraient eux aussi de s'évader.

Je vous vois d'ici foncer sur l'A6, dès l'aube, les poches bourrées de vos économies de l'année (les vacances ne vident pas que la tête, elles vident surtout le porte-monnaie), pare-chocs contre pare-chocs, pile devant le tuyau d'échappement du prédécesseur, englués, empestés mais heureux puisque les pubs vous l'ont seriné. Et l'été 2014, vous vous êtes trouvés avec 900 kilomètres de bouchons.

Vous ne pouvez vous passer de cette transhumance, elle fait partie de vos vacances où, espérant vous « oxygéner », vous exportez votre pollution citadine, à ras le bitume.

Je vous vois perdus, roulant à fond la caisse sur cette piste encombrée de tas de ferraille agglutinés, puants, pétaradants.

Je vous vois arriver épuisés sur la Côte d'Azur. Vous vous jetez dans les vagues, ou plutôt dans une eau « vaguement » polluée. Sur la plage, vous bronzez à dix centimètres les uns des autres.

Heureusement, votre iPhone diffuse une musique de casserole qui vous permet de ne pas entendre le bruit des vagues que l'on devine derrière ce parking où la vue se limite. Et puis vous rentrez à l'hôtel où vous critiquez la composition du menu…

Je vous vois faire la queue dans des fast-foods pour manger cette même malbouffe que vous expédiez en râlant, dans le court espace-temps que votre employeur octroyait à votre estomac quelques jours auparavant.

Je vous vois faire la queue interminablement au remonte-pente.

Je vois vos yeux et vos oreilles emplis de pubs, loin du chant des oiseaux et du vent dans les arbres.

Votre vision de la nature est limitée au parking, au macadam surchargé, aux chambres d'hôtel bruyantes et aux paysages traversés, consommés à toute vitesse.

Vous vous indignez contre les prix, vous ragez dans les embouteillages, vous dormez peu et mangez trop : des vacances superbes, quoi ! Rien de tel, en tout cas, pour vous réconcilier avec le travail !

Surtout les mères de famille, pour lesquelles retourner à la maison fait office de repos…

La vacance des grandes valeurs n'enlève rien à la valeur des grandes vacances.

Henri Weber

Devoirs de vacances

Si je devais te donner des devoirs de vacances, ce serait de redonner un rythme humain à ta vie et à ton corps malmené pendant onze mois de l'année.

N'envisage pas des vacances extravagantes et chères. Ton planning est chargé toute l'année, alors planifie-le « cool ».

En vacances, évacue les réveils obligés, les journées éreintantes (sauf s'il s'agit de partir en refuge de haute montagne)... Évite d'amener Internet et de trimballer tout le bordel de smartphones, de tablettes, de réseaux wifi et autres trucs technologiques. Consacre-toi à tes gosses, prends le temps de faire de splendides châteaux de sable que tu verras, ravi, s'effondrer à la marée montante. Sors du carcan de cette vie.

Peux-tu imaginer un gîte en pleine nature où te blottir avec ta famille ? Peux-tu rêver de marches solitaires au cœur des forêts ? Peux-tu envisager de faire deux kilomètres à pied sur une petite route de campagne pour aller chez l'épicier du village et rapporter du pain de campagne et du fromage de chèvre acheté à ce jeune couple qui vit dans la montagne ? Peux-tu concevoir d'ouvrir un bon livre ? Peux-tu espérer te perdre dans les yeux de ta femme que tu oublies si souvent de regarder ?

Perds-toi dans la montagne, perds-toi dans la forêt, perds-toi dans les yeux de ta compagne et de tes enfants, perds-toi sur cette petite route de campagne. Perds-toi suffisamment longtemps pour te retrouver et retrouver l'autre.

Le temps pour prier et méditer

Évite de mettre Dieu en vacances ! Loin du capharnaüm des villes où Il réside également, tu auras plus de facilité à Le rejoindre. Le calme de la nature t'aidera dans ta randonnée vers Lui. Donne à ton Dieu un bout de ton temps. Tu as besoin de spiritualiser ton corps. C'est autre chose que de te donner une musculature d'athlète en absorbant des protéines et en faisant le hamster dans une salle de gym. Même si tu n'es pas croyant, rien ne t'empêche de faire un peu de culture « métaphysique ».

Accro au silence

Apprivoise le silence. Mes jeunes sont intrigués par le fait que je puisse prendre deux journées de silence absolu tous les dix jours. Une fois, l'un d'eux me dit : « Moi aussi, Guy, je vais prendre du silence. » Je l'ai vu partir avec son sac à dos. On avait l'impression qu'il allait en expédition à l'Annapurna ! Deux heures après, il revenait.

« Guy, me dit-il, ce silence, ça me tue ! »

Quelques mois plus tard, à force d'entraînement, il réussissait à passer une journée entière dans la forêt.

Tout est fait pour que votre gosse et vous-même ayez peur du silence. Ces valeurs spirituelles et morales, pour les découvrir, il faut se mettre en appétit. À partir du moment où tu seras accro au silence, tu deviendras, c'est sûr, un mec ou une gonzesse de grande valeur. Plus ton enfant incubera jeune le silence, plus riche il sera. Et s'il garde la montagne et la forêt dans son cœur, en revenant de vacances, alors il sera un militant du silence.

Qui suis-je ? Où vais-je ?

Mettez le bruit en vacances. Le silence porte, en lui-même, une force incroyable. Celle qui permet de s'interroger sur soi. Les questions « Qui suis-je ? », « Où vais-je ? », « Qu'est-ce qui me pousse à agir ? », on peut les biffer toute une vie en courant après toutes sortes de marottes, sauf après soi-même, en refusant de se donner des réponses à ces questions vitales.

Peut-être avons-nous peur de ces réponses, justement à cause de l'engagement qu'elles peuvent susciter, et des virages à prendre qu'elles peuvent nous indiquer.

Un homme d'affaires m'interpelle un jour : « Tu as de la chance, Guy, de pouvoir prendre quarante-huit heures tous les dix jours pour faire silence. Moi, avec mon travail, ma femme et mes trois gosses, j'ai jamais pu ! »

Ma réponse a jailli : « Parce que tu fais la bêtise de ne jamais t'arrêter en prenant prétexte de ton boulot, de ta femme et de tes gosses. Ma vie à moi est aussi torrentielle, si ce n'est plus, que la tienne. Si je n'avais pas comme ascèse ces heures absolument consacrées à moi-même et à Dieu, je manquerais l'essentiel de ce que je veux vivre. Je n'aurais jamais entendu les appels de Dieu dans ma vie concrète. Je n'aurais jamais pu deviner, derrière l'événement, Dieu qui fait signe.

« Seuls le silence et la prière ont pu me le faire comprendre.

« Mais pour cela, il a fallu que je m'arrête et que je m'isole de multiples fois. »

> *Si j'étais médecin, je prescrirais des vacances à tous les patients qui considèrent que leur travail est important.*
>
> Bertrand Russell

Vacances saccagées ou gagnées

Si tu apportes tes documents, ton ordinateur et de multiples classeurs pour bosser,

alors tes vacances seront saccagées pour toi et tes proches.

Si tu préfères être près des grandes villes pour ne pas manquer de respirer la bonne odeur du gazole, d'entendre le bruit qui te manque et de vibrer avec la foule où tu aimes te perdre, alors tes vacances seront saccagées.

Si tu préfères les plages surpeuplées au risque de devoir te battre pour quelques centimètres carrés de sable, si tu veux bronzer désespérément et nager dans une mer apparemment limpide, dans laquelle des foules de gosses pissent allégrement,
alors tes vacances seront saccagées.

Mais si tu choisis un coin de montagne, un site superbe où seules les cloches des vaches encombrent délicieusement tes oreilles,
alors tes vacances seront gagnées.

Si tu marches, cours, escalades ou nages : vas-y doux au départ. Tes muscles de citadin sont rouillés ! Détends-les, apprivoise-les pour ne pas rester couché deux jours après ton arrivée,
alors tes vacances seront gagnées.

Enfin, si tu râles sur tout : les prix, le service, les transports et les quelques incommodités estivales, c'est que tu te fous de celui ou de celle qui te sert. Il est là pour toi, respecte-le,
alors son gagne-pain gardera la bonne odeur de ton passage.

Perds ton temps…

Notre monde est fou. Tout va trop vite. Pas seulement les transports et l'informatique. On ne mange même plus, on bouffe dans de la « restauration rapide ». On ne parle plus, on cause, on jacasse, on n'a même plus le temps de se taire.

Les couples n'ont pas non plus le temps de s'écouter. Une information-marchandise chasse la précédente. Nous sommes des clients butineurs.

On ne regarde pas, on zappe. On ne vit pas, on survit.

Les vacances sont le moment privilégié pour le dialogue avec vos enfants.

Je répète inlassablement : « Quand ils sont dans le nid, c'est le temps du dialogue. » Il faut donc être assez disponible pour aller à l'essentiel. Dialoguer n'est pas forcément parler. Des gestes, des regards, un moment de sport ensemble, des instants de détente suffisent.

Il est très difficile de goûter quoi que ce soit si nous ne prenons pas le temps de la lenteur. Refusez la précipitation, gardez le temps pour vous, conservez-le jalousement ! Je vois souvent des gens rentrant bronzés de vacances, mais les yeux cernés. Leurs vacances les ont crevés !

Ils ont dépensé tant d'énergie inutile.

Un morceau de joie, de paix, de détente et de partage

Merci, Seigneur, de me donner la joie d'être en vacances.
Donne au moins quelques miettes de cette joie
À ceux qui ne peuvent en prendre,
Parce qu'ils sont malades, handicapés ou trop pauvres, ou trop occupés.
Donne-moi la grâce de porter, partout où je passe, le souffle léger de ta paix
Comme la brise du soir qui vient de la mer
Et qui nous repose de la chaleur des jours.
Donne-moi la grâce d'apporter, partout où je passe,
Un brin d'amitié, comme un brin de muguet,
Un sourire au passant inconnu,
Un regard à celui qui est tout seul et qui attend…
Donne-moi la grâce de savoir redécouvrir
Ceux qui vivent à mes côtés et que je ne sais plus voir
Parce qu'ils font « partie des meubles » !
Que je sache les regarder avec émerveillement
Parce que toi tu les aimes et qu'ils sont tes enfants.
Donne-moi la grâce d'être serviable et chaleureux

Pour mes voisins de quartier ou de camping,
Et que mon « bonjour » ne soit pas une parole distraite.
Rappelle-moi de regarder le serveur, ou la personne qui nous sert,
Rappelle-moi de lui dire merci
Et peut-être parfois de l'interroger sur le travail dur qu'elle fait l'été.
C'est chouette quand vous lui dites :
« Alors, c'est bien ici ? C'est pas trop dur le service ? »
Plutôt que de prendre sans remercier la tasse de café qu'elle vous tend.
Si possible remplis-moi de Toi, mon ami, mon Seigneur,
Tu es toujours auprès de moi-même lorsque je l'oublie,
Parce que Toi, tu ne peux pas cesser de m'aimer.
Au cœur même de la liberté,
Au cœur de ce temps de vacances qui devrait être rempli de Toi.
Merci, Seigneur, de nous donner la joie d'être en vacances.
Donne-moi quelques miettes de cette joie
Et fais-moi penser, Seigneur, à ceux qui ne pourront pas vivre cela.
Je t'en supplie, Seigneur, fais-moi passer de bonnes vacances.
Aide-moi à les partager avec quelqu'un que je connais et qui ne pourra pas y aller.
Fais que je prenne du temps pour ma femme ou mon homme et mes enfants.
Fais que je ne m'embarrasse pas des gadgets de geek qui vont me couper de mes enfants.
Fais que ce moment de vacances soit un morceau de joie, de paix, de détente,
Et de partage.

Extrait de la revue *Le Lien*, juillet-août 2010,
paroisses de Buc, Jouy

6

Téléphone portable et nouvelles technologies

Apprendre à les gérer sainement

Lorsqu'un jeune nous est confié par le juge, parmi les règles de vie que nous lui imposons, il y a le temps d'usage du portable. Nous lui disons lorsqu'il arrive à Faucon : « Tu as droit à deux heures de portable par semaine. » Il est arrivé que des jeunes que l'on devait prendre en charge y renoncent en apprenant cette règle !

Le doudou de leur adolescence

75 % des jeunes interrogés avouent dormir avec le téléphone près de leur oreiller. Rares sont ceux qui savent doser le temps passé sur leur portable. Certains disent « se sentir nu » sans lui. La plupart développent des symptômes de grande dépendance, et ne dorment pas assez. Résultats scolaires en baisse, relations tendues avec leurs parents…

Le nombre de SMS échangés est délirant, surtout la nuit. Et à force d'écrire en « langage SMS », certains élèves négligent un peu plus leur grammaire.

Une utilisation intensive du téléphone cellulaire provoque des maux de tête, troubles auditifs, pertes de mémoire, bourdonnements d'oreilles, raideur de la nuque et au niveau des épaules.

Nous savons qu'au-delà de 50 minutes d'utilisation d'un portable la consommation de sucre augmente dans la zone cérébrale située en regard de l'antenne du téléphone, augmentant le risque de tumeur au cerveau.

Cela me navre de voir, dans le train, des gamins de six ou sept ans munis d'un portable, les parents à côté. Avec ces engins, ils peuvent non seulement téléphoner, mais aussi écouter de la musique au timbre métallique. L'une des pires saloperies dont on oublie aujourd'hui de protéger les gosses est bien ce bruit infernal qui bouche leurs oreilles et vide leur vie.

> *Il ne peut y avoir de progrès véritable qu'intérieur. Le progrès matériel est un néant malgré ses merveilles.*
>
> Julien Green

Dire les choses en face

Ce portable nous coupe très souvent de notre relation avec les autres. Dès que cette mode a été lancée, les gens se sont mis à raconter très fort des trucs de rien du tout. Ils ont envahi tous les espaces : métro, train, café, même la rue… Je me souviens d'avoir entendu, dans un aéroport, un type qui s'en prenait à sa femme, braillant dans le combiné en arpentant les couloirs. Excédé, je lui avais dit : « Ce que tu dis à ta femme est extrêmement passionnant… mais pour une engueulade, va plutôt dans les W-C ! » Il est important de se voir, de s'aimer, de s'engueuler directement. Se dire les choses en face, c'est beaucoup mieux.

Cette technologie nous atteint tous. Il faut les dons du Saint-Esprit pour lui résister, parmi lesquels je citerai :

– la sagesse : savoir ne pas être envahi par le portable;

– la gestion saine, c'est-à-dire courte. Elle me permet en cas d'urgence d'être informé. Mes coéquipiers n'ont plus à s'arracher les cheveux pour me joindre ;

– l'intelligence : prendre le temps d'écouter l'autre ;

– le conseil : savoir arrêter une conversation insipide. Le portable, c'est aussi l'occasion de constater les futilités verbales qui peuplent nos journées ;

– la force : réaliser tout ce que Dieu nous demande, pour utiliser son portable à bon escient

> *Le progrès aujourd'hui consiste à courir et non plus à croître.*
>
> Gustave Thibon

Coupez tout !

80 % des parents dînent avec leurs enfants le soir ; c'est bien, mais dans quelles conditions ? Coupez la télé, fermez Internet, mettez en veille le portable et tout le bordel. Coupez tout ! C'est le moment de convivialité !

Je suis reçu un jour dans une famille de six enfants. Au moment du souper, je leur demande des nouvelles d'un de leurs fils :

« Vincent ?

– Oui…

– Où est Vincent ? Il est en voyage scolaire ?

– Non, il est dans sa chambre à regarder Internet », me répond la mère.

Atterré, je monte voir l'ado et je lui dis que sa mère ne lui apportera rien à manger, et que je ne mangerai pas non plus, tant qu'il ne sera pas descendu.

Vincent se décide finalement à se joindre à nous.

« C'est un miracle ! s'exclame la mère, bras au ciel.

– C'est un miracle que tu aurais pu commencer lorsqu'il avait dix ou onze ans», lui ai-je répondu.

Il est temps de prôner un «art de vivre ensemble». Il faut chercher l'une des sources des nombreuses incivilités de notre siècle dans la «communication virtuelle». L'homme n'est plus là. Autrefois, on ne pouvait pas échapper à son lieu d'habitation et à son entourage. Aujourd'hui, l'individu fuit dans des territoires virtuels.

Il se promène parmi ses semblables sans les voir. Et il n'y a rien de plus terrible que de se juxtaposer sans faire attention à l'autre.

«Ce que je vois dans vos pays dits développés ne pourrait exister chez nous, me disait un ami du Bénin. Humainement parlant, vous êtes très pauvres. Vous ne savez pas vous parler.»

Ne perdez jamais le fil avec Dieu

Nous assistons à des victoires importantes sur le plan matériel, à des conquêtes techniques sidérantes, mais elles sacrifient l'humain. De plus, la vitesse et la multiplicité de l'information dépassent notre capacité de réflexion et de jugement, et ne permettent pas une expression mesurée et correcte de nous-même. L'environnement de la communication, au lieu de nous aider à grandir, nous désoriente. Le désir de numérique finit par nous isoler de notre prochain, de nos plus proches voisins. Sans oublier ceux qui, pour diverses raisons, n'ont pas accès aux médias sociaux.

La morale chrétienne doit être vécue, dite et proclamée. Elle passe parfois pour rétrograde, mais en l'occurrence nous sommes confrontés au problème de la survie de l'humanité. Si l'on zappe les autres, si on les entend sans les écouter, rien ne se produit entre les êtres. Écouter vraiment l'autre, c'est écouter Dieu profondément. Ce regard du chrétien vis-à-vis de l'autre est une prière illimitée.

Ce diable de portable me conduit à méditer sur le mystère de la communication avec Dieu. Dieu ne nous suit pas comme une ombre, Dieu est au-dedans de nous. Dieu est branché 24 heures sur 24 sur nous. Il nous devance même. Il ne raccroche jamais. Il n'est jamais aux abonnés absents. Il est là.

Il écoute. Il veille.

On n'appuie sur aucune touche. On se branche direct. C'est super. Et c'est gratuit. Il répond par une grâce précise, un éclair de joie, un moment de paix.

Je l'interpelle très souvent dans la journée : « Seigneur, aide-moi. » Et je sais que le Seigneur est présent, je le sens.

Ne perdez jamais le fil avec Dieu.

> *Quand je vois tous ces gens qui se promènent ou mangent en téléphonant, tout en gardant un œil sur la Bourse, ça me paraît l'image même de la barbarie.*
>
> Fabrice Luchini

Litanie nocturne

Que je sois chez moi ou en voyage, mon portable est allumé quatorze heures par jour. Je me couche à 4 heures du matin, quand les moines et les moniales se lèvent pour prendre ma relève et celle de tant d'autres ! Je confie à Dieu le peuple turbulent que j'assume, puis je dors comme un lézard. Quatorze heures de téléphone ouvert par jour avant de me coucher : à 4 heures, je ferme mon portable jusqu'au lendemain 14 heures.

Après minuit, ce sont eux, adultes désespérés ou mourants, qui m'appellent. Ils connaissent mes horaires nocturnes. Des cris de solitude, d'angoisse de malades voyant la mort s'approcher et hurlant leur souffrance dans la nuit.

En général ils ont rompu toute attache familiale ou amicale, car dans leur déroute ils ont coupé les ponts. Je suis souvent le seul interlocuteur qui leur reste. J'accepte de l'être parce que je connais leur cœur, leur destin, leur enfance terrible qui revient à la surface. Leurs amours manquées. Leurs gosses éparpillés. La maladie qui les dévore. « J'en peux plus », voilà leur litanie nocturne.

Le Christ devinait tout par avance, il avait la possibilité d'accorder une écoute avant même, souvent, de guérir son interlocuteur. Je n'ai pas cette chance, alors il faut que je m'accroche.

Parfois désespérément. Longuement.

Qu'un ancien m'appelle à 3 heures du matin pour me demander de mes nouvelles, c'est un miracle. C'est un sourire de Dieu, que j'apprécie beaucoup.

Mon portable serait un cauchemar si chaque jour je ne le confiais pas à Dieu. Je suis persuadé que, cinq minutes avant ma mort, des mecs m'appelleront encore pour me demander de les aider.

Je leur dis déjà, en me marrant : « De là-haut, si telle est ma place, je veillerai au grain. Mais je vous en supplie, j'ai assez bossé sur terre pour ne pas avoir un portable céleste bourré chaque jour de messages. Si Dieu a un compte en banque bien garni, sollicitez-Le. Et Il vous donnera ce que vous Lui demanderez : un discernement qui ne doit pas baisser sa garde, une énergie sans faille, un amour le plus gratuit possible et une espérance invincible. Tout le reste arrivera naturellement si vous possédez l'amour et l'écoute profonde de ceux que vous côtoyez. »

7

Les voisins

Pratiquons l'ingérence fraternelle

Un type apprend un jour qu'une femme de son immeuble est morte dans l'isolement le plus total – personne ne la connaissait ! Atanase Périfan, puisque c'est de lui qu'il s'agit, se dit que cela ne pouvait plus durer. D'où l'idée de créer une « Fête des voisins » qui aurait lieu chaque 1er juin.

Depuis 1999, cette fête remporte une grande adhésion. « J'étais sur le point de déménager pour la cinquième fois en dix ans pour chercher un milieu de vie plus chaleureux », témoignait une personne. « Finalement j'ai décidé de rester après avoir participé à une Fête des voisins. Fini l'anonymat. Des liens s'étaient enfin noués. »

Cette fête est devenue l'un des événements les plus populaires en France. Relayée par les mairies, elle se diffuse et s'enracine maintenant dans une vingtaine de pays.

Faire le premier pas (sur la Lune… et sur la Terre)

Je me fiche qu'on ait débarqué sur la Lune, si on n'est pas capable de rencontrer les gens de son immeuble. Il est commode de discuter avec quelqu'un sur Internet à 5 000 kilomètres, ou de compter des centaines d'« amis » sur Facebook ; mais il est beaucoup plus difficile d'aller sonner chez son voisin. L'aventure commence toujours près de chez soi.

D'après un sondage, 60 % d'entre nous seraient prêts à rencontrer leurs voisins et à leur rendre de petits services. Alors pourquoi ne le faisons-nous pas ? C'est que semble-t-il on n'ose pas, tout simplement : par timidité, par crainte ou par habitude de rester « entre soi ». Alors que la Bible déclare qu'il y a tant de bonheur à donner, plus encore qu'à recevoir. Vous devez vous efforcer de faire connaissance avec les gens qui vous entourent, ne serait-ce qu'échanger un sourire ; un sourire s'accompagne souvent d'un petit mot... et de petits mots en petits mots naît une « foule de petits services », et de franches accolades.

Sublime parole

Les raisons que nous nous donnons de ne pas aider notre voisin sont toujours bonnes. J'aime bien cette « sublime parole » de Nasr Eddin Hodja, sage de l'islam qui savait faire surgir la vérité de l'absurde :

« Nasr Eddin, peux-tu me prêter ta corde à linge ? lui demande un voisin.

– Tu n'as vraiment pas de chance, lui répond le Hodja, je viens juste de m'en servir pour mettre à sécher de la farine.

– Par Allah ! Tu prétends faire sécher de la farine sur une corde à linge ?

– Tu n'es qu'un ignorant. Tu ne sais pas encore que lorsqu'on n'a pas envie de prêter sa corde à linge, on est capable de faire sécher n'importe quoi dessus ? »

> *Bien en sa maison qui de ses voisins est aimé.*
>
> Proverbe français

Changer notre regard sur l'autre

« Ce gars-là ne vaut pas la corde pour le pendre », lançons-nous. Et nous buvons du petit-lait.

Nous lui envoyons même un ou deux procureurs pour le charger un peu plus. Quant à nous, nous nous bardons de l'aide d'avocats, le meilleur d'entre eux se révélant être nous-même. Il a toujours la grâce de détecter ce qui nous honore le plus, nos intentions pures comme une source, nos valeurs indiscutables et notre innocence jamais prise en défaut…

Je ne bifferai pas le moindre mot de ce portrait, parce qu'il est d'abord le mien, et qu'il ressemble étrangement au vôtre…

Quand il m'arrive de rencontrer l'antiportrait de ce que je viens d'esquisser, je contemple cette perfection humaine, ce trésor caché que je cherche depuis si longtemps à trouver.

Quel combat quotidien pour porter sur l'autre un regard d'amour bienveillant ! Quelle lutte pour chercher toujours chez l'autre, sans estomper ses défauts, l'être de lumière enfoui dans un magma peu alléchant, parfois repoussant ! Quelle joie de voir des yeux s'illuminer quand on repère la part de cristal dans un être et qu'on la lui révèle ! Quel chemin d'allégresse quand on découvre, au travers des sentiers escarpés longeant une terre aride, la prairie fraîche piquée de fleurs odoriférantes !

Sainte Thérèse de l'Enfant-Jésus a merveilleusement décrit le chemin de la charité parfaite. Il consiste d'abord à supporter les défauts des autres – le seul moyen étant de bien connaître les siens d'abord.

« Ensuite, dit sainte Thérèse, s'étonner de leurs faiblesses. » Ce qui sous-entend un *a priori* favorable à l'autre, d'où notre étonnement quand on le découvre faible. « S'édifier des plus petits actes de vertu qu'on leur voit pratiquer », termine la sainte. Ces trois points sont le secret de la charité parfaite. Alors la paix viendra…

Le Christ est à côté de nous

À notre époque, chacun s'accroche à ses signes de richesse, de classe ou de confession religieuse alors qu'« aller chez l'autre » est le seul moyen de vivre la même recherche qui nous hante : Dieu, l'Amour. Aimez le plus pauvre en amour, celui ou celle que tout le monde évite. Penchez-vous sur le dernier des hommes. Priez pour les hommes de mauvaise volonté. Si vous allez vers l'étranger que vous ne « sentez pas », vous ferez avancer le monde à pas de géant.

Parler du Christ, c'est parler de l'amour, de l'amitié, de la joie, de la douceur, de la charité et donc de réunions entre « voisins ». Parler du Christ, c'est renforcer le lien social parce qu'il permet d'entrer en relation avec des handicapés, des vieux, des isolés.

Cette personne à qui, d'habitude, vous dites à peine bonjour, prenez donc le temps de la regarder.

L'une des choses que nous apprend l'Évangile, c'est que nous ne reconnaissons pas le Christ, alors qu'il est à côté de nous. Il est notre voisin et nous ne le voyons pas. Si nous avions la capacité de reconnaître le Christ dans l'autre, quel qu'il soit, dans quel monde extraordinaire vivrions-nous !

Comme on cancane dans l'Église ! Comme on cancane, nous, les chrétiens ! On commence de façon bien élevée : « Bon, je ne veux dire du mal de personne, mais il me semble que… » Et on finit par amocher son prochain ! [Les cancans] sont comme les bonbons au miel, non ? On en prend un et on dit : « Ah, que c'est bon ! » Et puis un autre, un autre, un autre, et à la fin, on a mal au ventre ! Le cancanage est doux au début et ensuite, il détruit l'âme.

Pape François

Devoir d'ingérence fraternelle

Comme on aime juger ses voisins ! On pense souvent vivre mieux qu'eux, on leur trouve des tas de défauts. Il est vrai que les incivilités sont difficiles à supporter. Dans l'immeuble où je vis, il y a ceux qui jettent par terre des pelures d'orange, des mégots, des papiers et toutes sortes de détritus. Sans compter le bruit qu'ils font, les fêtes qui durent parfois toute la nuit... Mille incivilités nous griffent quotidiennement. Ce ne sont certes ni des crimes ni des délits – mais elles se multiplient, nous obligent à nous retrancher derrière notre porte et à mettre du coton dans nos oreilles.

Certains voisins s'engueulent ou même se battent. Ne dites jamais : « Je m'en fous pas mal, c'est leur problème. » Ils n'attendent peut-être que vous pour rompre leur isolement intenable. Apportez-leur du réconfort, selon le temps dont vous disposez et vos moyens. Ce sera l'une des multiples occasions que vous saisirez pour entrer en contact avec eux.

Essayez.

Dans le noir, l'espérance brille encore plus fort.

Faites de l'ingérence fraternelle un devoir. Soyez pour eux une sacrée étoile.

Aller voir mes voisins

Si vous voulez parler des pays lointains
Où l'on meurt de misère et de faim
Des enfants du Biafra et des petits Indiens
À deux pas de chez moi allez voir mes voisins

Vous ne trouverez pas leur nom dans le bottin
Moussa, Mohamed et Salem
Et vous aurez du mal à trouver le chemin
À deux pas de chez moi allez voir mes voisins

La concierge me dit qu'ils ne sont bons à rien
Qu'ils n'ont pas les manières des chrétiens
Qu'ils respirent notre air et mangent notre pain
À deux pas de chez moi allez voir mes voisins

C'est vrai que nos grands-pères étaient des gens de bien
Qu'ils avaient des manières de chrétiens
Quand ils ont pris la terre d'Afrique aux Africains
À deux pas de chez moi allez voir mes voisins

Ils ont fait de ces hommes vos grands-pères et les miens
Des balayeurs et des fantassins
Et si le pain est cher leur vie ne coûte rien
À deux pas de chez moi allez voir mes voisins

Aux concours de misère leurs taudis valent bien
New Delhi, Calcutta ou Harlem
C'est aussi pittoresque mais c'est beaucoup moins loin
À deux pas de chez moi allez voir mes voisins

Vous les voyez traîner de Montrouge à Pantin
Pourtant ils pourraient bien un matin
Venir vous réveiller vous qui dormez si bien
À deux pas de chez moi allez voir mes voisins

Si vous voulez parler de ces pays lointains
Où l'on meurt de misère et de faim
Des enfants du Biafra et des petits Indiens
À deux pas de chez moi allez voir mes voisins

À deux pas de chez toi, va donc voir tes voisins

Catherine Le Forestier

Apprivoiser, s'apprivoiser

Ne soyez pas déçus si vous ne recevez pas en retour de remerciements. Surtout ne vous dites pas : « C'est bien la dernière fois que je lui rends un service ! » Le fait qu'il manifeste peu de reconnaissance peut être dû à sa timidité exagérée, à sa culture, ou simplement au manque d'habitude de recevoir une parole ou un geste d'amitié, au point de soupçonner votre attitude amicale d'être « pas très nette ». Certains regards demandent à être apprivoisés. Nouer une relation, c'est apprivoiser l'autre et se laisser soi-même apprivoiser. Cela demande du temps et de la patience.

Souvenez-vous du renard et du Petit Prince, dans le roman de Saint-Exupéry. Au Petit Prince qui lui dit vouloir jouer avec lui, le renard répond : « Je ne puis pas jouer avec toi. Je ne suis pas apprivoisé.

« – Ah ! pardon, fit le Petit Prince.

« Mais, après réflexion, il ajouta :

« – Qu'est-ce que signifie "apprivoiser" ? [...]

« – C'est une chose trop oubliée, dit le renard. Ça signifie "créer des liens"...

« – Créer des liens ?

« – Bien sûr, dit le renard. Tu n'es encore pour moi qu'un petit garçon tout semblable à cent mille petits garçons. Et je n'ai pas besoin de toi. Et tu n'as pas besoin de moi non plus. Je ne suis pour toi qu'un renard semblable à cent mille renards. Mais, si tu m'apprivoises, nous aurons besoin l'un de l'autre. Tu seras pour moi unique au monde. Je serai pour toi unique au monde... »

Quel est ton prénom ?

Chaque fois que vous « apprivoisez » une personne, elle se dégage de sa simple apparence et devient pour vous un être « unique au monde ».

Appelez les gens par leur nom, mieux encore, par leur prénom. Nous nous donnons toujours des distinctions : Madame, Monsieur, Maître, Docteur, Monseigneur, Professeur… et j'en passe. Les exclus n'ont pas de titre, ils n'ont que leur prénom ou leur surnom. À chaque mec et à chaque gonzesse qui m'interpelle, quel que soit son âge, je demande toujours : « Quel est ton prénom ? »

La solitude, fléau de notre temps

En trente ans, la proportion des solitaires a doublé, et cela dans toutes les classes sociales et dans toutes les classes d'âge. En 1999, sept millions de personnes vivaient seules en France. Quinze ans plus tard, en 2014, ce chiffre dépasse les neuf millions !

Je regardais dernièrement une émission de télévision sur les Urgences. Un vieux était tombé de son fauteuil. En se levant, il avait vacillé et il était resté par terre plusieurs heures avant qu'on le trouve. Et il disait, il criait à la caméra, à ceux qui l'interviewaient, dans une espèce de raccourci : « Je suis tombé parce que je suis seul ! »

« Je suis tombé parce que je suis seul ! »

C'est tellement vrai, c'est tellement insupportable.

Chaque être est un ostensoir

Si nous regardons chaque personne avec le regard de Dieu, nous ne connaîtrons ni péril ni peur. En recherchant en chaque être sur cette terre la transparence mystérieuse de Dieu, nous n'avons absolument rien à redouter. Pour cette raison, nous pouvons dire que toute rencontre avec un être humain est une prière. Tout regard doit faire jaillir la prière en nous. Rien n'est plus simple ni plus profond que cette contemplation.

Éprouvez les choses dans votre ventre et dans votre cœur. C'est la compassion. Tant que la misère de l'autre n'est pas passée en vous,

vous n'avez rien pigé. Refusez de vivre une vie close sur vous-même, ouvrez-vous, pendant votre séjour sur terre, au mystère de l'au-delà.

Ouvrez votre frigo

Au IVe siècle, saint Basile écrivait : « À l'affamé appartient le pain que tu gardes, à l'homme nu le manteau que tu conserves dans tes coffres, au va-nu-pieds la chaussure qui pourrit chez toi… »

En Algérie, quand j'arrivais chez un habitant à l'improviste, on m'invitait immédiatement à manger. Dans le réfrigérateur, il y avait seulement un peu de beurre, de l'eau et du lait. On se précipitait chez la voisine pour trouver une poignée de couscous et une côtelette de mouton. En France, nos réfrigérateurs débordent de victuailles et le vide-ordures marche à plein rendement, avalant tant de restes encore consommables.

À trop donner, il arrive que l'on n'ait plus rien à donner. À trop garder, il arrive que l'on n'ait plus de raison de vivre…

Le mal de l'homme vient de l'homme. Nous devons bâtir une civilisation d'amour. Nous devons être des passionnés de la vie.

8

Une pastorale forte pour les homosexuels

Reconnaître leur amour

Nous avons beaucoup débattu sur le « mariage pour tous ». Ce thème a pris une ampleur énorme dans la société française. Une chronique de Bruno Frappat dans *La Croix* m'avait interpellé, car elle examinait avec justesse les divers arguments des partisans de cette loi.

Pour bien débattre, disait ce journaliste, il fallait savoir se détacher de ses arguments pour entendre ceux de l'autre. Ensuite, à chacun de conclure « en fonction de son intelligence des choses, de sa raison, de ses convictions ».

Retardataires

L'argument principal mis en avant par les tenants du mariage pour tous était que dans d'autres pays tout se passait très bien et qu'il ne s'agissait pas pour autant de pays arriérés ou pervers. Cela rejoignait l'idée selon laquelle la société française était en retard sur ses contemporaines. Mais c'est quoi, être en retard ? Est-ce prendre son temps pour réfléchir ? Est-ce parce que certains États ont adopté une législation que nous devons les suivre ? Est-ce parce qu'une loi est votée ailleurs qu'elle est forcément bonne ?

Minoritaires

D'après les sondages, une majorité de Français étaient pour le mariage homosexuel. La majorité à gauche, oui ; la droite était majoritairement contre, preuve que le clivage était aussi politique. Mais cette même gauche se reconnaissait-elle intégralement dans cette affaire ? (Quinze députés socialistes et assimilés ont refusé de voter cette loi.) Combien de ses partisans pensaient que l'urgence pour la gauche aurait plutôt consisté à s'intéresser au problème dramatique du chômage !

Quant aux minorités, elles n'ont pas toujours tort. Le nombre de résistants, pendant la Seconde Guerre mondiale, n'excédait pas les 4 %...

Réac' et homophobes

Lors d'une émission de télévision, comme je donnais mon avis sur le « mariage pour tous », et expliquais mon opposition avec ma franchise habituelle, le journaliste s'exclama : « Vous, père Guy Gilbert, comment pouvez-vous dire ça ? » Pour la circonstance, j'étais soudainement devenu un vieux réactionnaire. Je trouve cette attitude aberrante.

On nous affirmait aussi que le mariage homosexuel était un « combat pour la liberté » et que les religions avaient toujours été « contre les libertés »... Ça craint de dire cela. Alors que les opposants au projet avaient le sentiment de vivre joyeusement la « liberté des enfants de Dieu ».

Ce que je détestais également, c'était d'entendre traiter d'« homophobes » les opposants au mariage pour tous. Je trouvais ces propos malhonnêtes, réducteurs et insultants.

Ce n'est pas votre affaire!

Le ministre avait déclaré que ces débats n'avaient pas leur place à l'école. Mais n'a-t-on pas le droit d'y débattre de sujets de société? Qu'est-ce que la politique, sinon l'art d'apprendre à vivre ensemble? Toutes les religions ont le droit et le devoir de guider leur peuple vers une morale. Le respect de l'autre, dans ce domaine ultrasensible, devait être affirmé. Enlever à l'Église le droit de s'exprimer sur ce point délicat serait injuste. Doit-on réduire l'Église à la défense des joueurs de pétanque et aux normes des tuyaux d'arrosage?

À ce propos, Bruno Frappat rappelait la remarque de l'amiral de Joybert demandant aux évêques, à propos de la force de frappe : « Messieurs de la prêtrise, occupez-vous de vos oignons! » Quand Nicolas Sarkozy a violemment expulsé des Roms, l'Église a réagi très fortement, et la gauche a salué cette attitude.

Notre proposition était d'organiser un référendum. Nous aurions proposé d'élaborer un statut, un pacte social, une union libre qui aurait assuré la sécurité des enfants élevés dans les couples. Au lieu de cela, le « mariage pour tous » a été définitivement adopté à l'Assemblée par 331 voix contre 225, laissant une France blessée, divisée.

Pour une pastorale

Je reçois de nombreux témoignages et l'on me pose beaucoup de questions sur l'homosexualité : « Mon fils est homosexuel, je ne peux pas l'accepter. Qu'en pensez-vous? – Je suis homosexuel, mes parents m'ont foutu à la porte le jour de mes dix-huit ans. Je suis bouleversé. – Ma fille vient fêter son anniversaire à la maison, dois-je accepter sa compagne? Sinon elle ne viendra pas à cette fête familiale... »

Souvent, les parents chrétiens refusent d'accepter ce qui pour eux est une aberration et ils se coupent de leur progéniture. Une pastorale pour les homosexuels semble impérative. Il faut accepter l'homosexualité en tant que telle.

Si l'Église ne peut reconnaître le mariage entre deux personnes du même sexe, elle ne peut nier l'amour vrai et généreux qui peut les unir. L'attaque violente de l'Église, au cours de son histoire, contre l'homosexualité est un véritable boomerang. Que l'homosexualité en tant que telle ait été dénoncée comme péché mortel était une erreur immense. L'Église a corrigé le tir, très tard...

Pourquoi les homosexuels voulaient-ils à ce point obtenir la possibilité de se marier ? Pour bénéficier des droits juridiques du régime matrimonial. Sur ce terrain, je suis entièrement d'accord. Un couple homosexuel doit jouir de la même protection qu'un couple hétérosexuel. L'union libre avec un Pacs amélioré aurait fait l'affaire et nous aurait évité le chaos que nous avons subi.

Je me souviens d'un jeune que sa mère chrétienne ne voulait plus voir parce qu'il vivait avec un homme. Le fils, qui est mort du sida, a été soutenu jusqu'au bout par son ami. Or ce dernier a été foutu à la porte par la famille la veille de l'enterrement. C'est pour cela que j'ai toujours pensé qu'il fallait améliorer la situation des couples homosexuels, stabiliser leur union civile, leur permettre d'accéder aux droits en ce qui concerne la succession de leur compagne ou compagnon, etc.

Super d'accord avec ça ! Mais pourquoi avoir recours au mariage pour le faire ? Ne pouvait-on pas élargir le champ des protections du Pacs pour protéger à 100 % les couples gays ?

Voir leur amour reconnu

Une deuxième raison du désir de mariage est le souhait des couples gays de voir leur amour reconnu officiellement. J'ai soutenu de nombreux homosexuels pendant mes années de sacerdoce, j'ai vu à quel point ils souffraient de se sentir niés, effacés par le regard impitoyable des autres.

Tout baptisé, peu importe son orientation sexuelle, est pleinement aimé de Dieu. Ces hommes et ces femmes doivent être accueillis avec amour, passion et délicatesse. L'Église n'accepte pas de bénir ces couples mais certains prêtres le font, comme moi-même.

Dans ma pratique sacerdotale, même si bien entendu je ne peux délivrer de sacrement de mariage à un couple gay, je bénis bien volontiers deux hommes ou deux femmes qui s'aiment car j'ai un profond respect pour eux et pour leur amour. Moi, je ne bénirais pas l'amour? Impossible! Il n'y a rien de plus grand que l'amour. L'accès à l'eucharistie peut être donné.

La vie de nombreux homosexuels serait unifiée s'ils entendaient des homélies où l'on parle d'eux de façon positive. Cela éviterait de dire que l'Église est homophobe et cela marquerait le respect que l'on doit à ces personnes.

Lorsqu'ils me confient que leur sexualité est une croix mais qu'elle ne peut être autre, je leur réponds : « Reste au moins fidèle à l'être que tu aimes. Ne gaspille pas l'amour dans de multiples aventures. »

Le comportement des églises locales

Quelle attention pastorale est-il possible d'avoir envers des personnes qui ont choisi de vivre ce type d'union? Quel comportement tenir pour la transmission de la foi? Ces sujets sont très importants.

Le peuple chrétien évolue doucement mais positivement à ce sujet. Déjà, il ne faut pas condamner d'emblée, car alors on relègue l'autre aux oubliettes. Il faut une grande patience et une grande empathie. Il y a des associations importantes comme celle du pasteur Ozenay, « Oser en parler », qui propose aux jeunes homosexuels croyant en Dieu tout un chemin de réflexion. Je suis moi-même allé dire la messe plusieurs fois devant ces jeunes.

Ils sont des frères et des sœurs bien-aimés. Ils ont besoin, non pas de jugement, mais d'un amour inconditionnel. On les aide efficacement sans les juger.

Aimez-les davantage !

En France, 7 % d'homosexuels croient en Dieu. L'amour de Dieu les envahit et il ne faut pas leur dire qu'ils sont sous la malédiction de Sodome et Gomorrhe. Il faut les aimer tels qu'ils sont.

Ils luttent. C'est un lourd fardeau. Certains ont tout essayé pour changer. Rares sont les personnes qui sont formées pour les comprendre réellement. Nul n'a le droit ni le pouvoir d'obliger une personne à changer.

L'homosexualité n'est pas qu'une affaire de sexualité. C'est une identité née d'une attirance affective et sentimentale. On doit respecter cela. Actuellement, un nombre important de jeunes homosexuels se suicident parce qu'on n'a pas pris leur souffrance au sérieux.

Ils sont fils et filles de Dieu, nous n'avons pas à les repousser.

Du droit « à » l'enfant au droit « de » l'enfant

Ce qui touche au mariage a nécessairement un prolongement dans la question des enfants, et c'est ce qui me dérange personnellement dans le mariage gay.

L'un des principaux arguments des promoteurs du mariage homosexuel était la possibilité d'adopter des enfants. On voit émerger dans les discussions la notion de droit « à » l'enfant.

Je suis sûr que certains couples homosexuels font de bons parents, très aimants et attentifs. Certains d'entre eux ont adopté des enfants qui, sans leur geste, auraient connu la vie misérable d'un orphelinat.

On sait aujourd'hui qu'il y a moins de 5 000 enfants adoptables en France pour 27 000 demandes. Devant les difficultés d'adoption, le désir de couples homosexuels d'être parents biologiquement va donc s'accroître. Cela me gêne beaucoup, car certaines pratiques risquent de se trouver encouragées, comme la procréation assistée et les mères porteuses.

Un couple d'hommes peut trouver un arrangement avec une femme pour qu'elle porte leur enfant, et c'est préoccupant pour le développement de la personnalité de l'enfant qui aura ainsi deux pères (et une mère qu'il ne connaîtra peut-être jamais). Par ailleurs, on peut trouver une femme en couple avec une autre, qui se fait donner du sperme par un homme qu'elles ne reverront jamais. Comment va se construire l'enfant dans ce cas de figure précis ?

Comme l'a dit de manière très pertinente le psychiatre Christian Flavigny : « Il ne s'agit pas de jeter l'opprobre sur les couples homosexuels qui élèvent des enfants, mais de rappeler que l'enfant doit être au clair avec ce qui fait sa venue au monde. Or celle-ci n'est pas portée par deux femmes ou deux hommes. Derrière la banalisation du mariage pour tous, il y a une forme d'imposture envers les enfants. »

Il y a également un risque de marchandisation dans ce désir d'enfant à tout prix. Il aurait fallu approfondir la réflexion sur cette question avant de procéder à des changements législatifs irréversibles.

Pour l'avenir, considérons en priorité les droits « de » l'enfant et non les droits « à » l'enfant.

On a demandé un jour son avis sur les homosexuels au pape François. Éclairante réponse : « Qui suis-je pour juger ? » Pour la première fois, une parole papale claire a apporté une réponse au cœur de tout chrétien.

Pour terminer, je note que les médias ont fait un rapport injuste et malfaisant des manifestations qui réunissaient des centaines de milliers de personnes. Le journal télévisé nous montrait trop longuement des rixes impliquant quelques centaines de manifestants. Cette petite minorité donnait une image tronquée et détestable de ces milliers d'opposants pacifiques venus défiler en famille.

9

Comment vivre avec la maladie ?

Le courage du combat et de l'acceptation

Mme Dominique Bertinotti a déclaré cette année qu'elle avait un cancer alors qu'elle était encore ministre de la Famille. Ce n'est pas simple d'annoncer cela, surtout dans un cabinet ministériel. Elle a dit carrément ce qu'elle avait. Que pouvons-nous penser de cette attitude ?

Sortir du silence

Mme Bertinotti a brisé un tabou chez les politiques. Elle a choisi de s'exprimer « pour aider à faire évoluer le regard de la société sur cette maladie dont le nom est terriblement anxiogène. Pour montrer qu'on peut avoir un cancer et continuer une vie au travail. Pour que les employeurs comprennent que la mise en congé longue maladie n'est pas forcément la meilleure des solutions ».

Elle est sortie du silence « pour qu'on réfléchisse sur les inégalités face au coût des traitements de confort ».

Parfois, la ministre avait des séances de dix-huit heures d'affilée à l'Assemblée. Elle a eu l'énergie de continuer.

Dans la majorité des cas, les hommes et femmes politiques préfèrent se taire et ils essaient de ne rien changer à leur agenda.

Ce choix du silence est tout à fait respectable. Chaque malade est libre d'en parler ou pas, le fait qu'il soit un personnage public n'y change rien.

Lorsque nous sommes confrontés à une maladie grave, on a souvent peur de se montrer faible et diminué. Certaines personnes, même très malades, décident d'assumer leur travail jusqu'au bout. Mais qu'elles arrêtent de travailler ou qu'elles continuent, c'est toujours difficile.

« Bien dans sa peau »

Ce qu'on craint surtout, je crois, c'est de voir changer les regards sur soi. Un homme politique ne doit-il pas se montrer « bien dans sa peau » en toutes circonstances ? Dire son cancer, c'est se montrer faible et diminué. Le choix de Dominique Bertinotti est donc tout sauf un aveu de faiblesse. Elle a brisé des tabous de très belle façon. Elle a voulu faire évoluer le regard que la société porte sur cette maladie au nom qui fait si peur.

Il faut que les employeurs prennent conscience que la mise en congé maladie prolongée n'est pas la meilleure des solutions. C'est un message crucial qui nous est envoyé par Mme Bertinotti, car aujourd'hui le maintien ou le retour des malades au travail reste très problématique.

Quand j'ai eu mon AVC, en octobre 2012, c'était étonnant de voir tous ces docteurs en puissance à mon chevet. J'en parlais très librement.

« Te sens-tu fatigué ?

– Une grande fatigue.

– Envie de retravailler ?

– Envie de rien foutre.

– Ton état d'esprit ?

– Anxiété et stress… »

Une semaine plus tard, j'ai mis ma main hors du lit, et j'ai demandé au Seigneur : « Aide-moi ! »

Depuis, je fonce doucement…

Un apprentissage de l'humilité

La maladie peut être terrible, dévastatrice, elle peut anéantir une personnalité. Mais elle existe aussi sous des formes moins fortes. Je ne souhaite à personne d'être malade, mais il faut savoir que, lorsque notre corps nous envoie des signaux évidents signifiant qu'on a un peu trop « tiré sur la corde » – fièvre, épuisement, infarctus… –, il est urgent de reconsidérer notre manière de vivre : diminuer la charge de travail, ralentir notre rythme, moins nous énerver, prendre le temps de la contemplation et, pourquoi pas, d'un peu de paresse…

J'aime bien cette prière d'un malade dans un hôpital de New York :

J'ai demandé à Dieu la force pour atteindre le succès,
Et Dieu m'a rendu faible afin que j'apprenne humblement à obéir.
J'ai demandé la santé pour faire de grandes choses,
Et Dieu m'a donné l'infirmité pour faire des choses meilleures.
J'ai demandé la richesse pour pouvoir être heureux,
Et j'ai reçu la pauvreté pour pouvoir être sage.
J'ai demandé la puissance pour obtenir l'estime des hommes,
Et j'ai reçu la faiblesse afin que j'éprouve le besoin de Dieu.
J'ai demandé un compagnon afin de ne pas vivre seul,
Et Dieu m'a donné un cœur afin que je puisse aimer tous mes frères et sœurs.
J'ai demandé toutes les choses qui pourraient réjouir ma vie,
Et j'ai reçu la vie afin que je puisse me réjouir de toutes choses.
Je n'ai rien eu de ce que j'avais demandé,
Mais j'ai reçu tout ce que j'avais espéré.
Je suis, parmi les hommes, le plus richement comblé.

L'amour est un torrent

Quand nous sommes malades, nous ne sommes pas là comme les autres voudraient que nous soyons. Il y a des phases de rémission, des moments d'espoir, puis de nouveau des périodes difficiles.

Des psychologues, des équipes de dialogue peuvent nous aider. Des bénévoles d'associations ayant enduré les mêmes bouleversements dans leur vie peuvent parler avec nous et nous permettre de ne pas lâcher prise au cours du temps.

Enfin, il faut parfois accepter le transfert à l'hôpital ou à une institution. Ne culpabilisez pas vos proches, ne croyez pas non plus que ce soit un abandon dans un lieu froid et anonyme. Des infirmiers m'ont dit qu'ils ne quitteraient pas leur service pour tout l'or du monde parce qu'ils y avaient ressenti une empathie formidable avec les malades. Il y a des gens de cœur partout, il faut s'ouvrir à eux.

Saint Paul nous a dit que l'amour est un torrent que rien ni personne ne peut arrêter. Nous avons tous besoin de cet amour, malades comme soignants. La souffrance s'apaise par la parole, par l'écoute.

> *Sur la terre, tout a une fonction, chaque maladie une herbe pour la guérir, chaque personne une mission.*
>
> Sagesse indienne

Caressez vos malades

Georges, tout recroquevillé sur son fauteuil, souffrait d'un très grave handicap. Chaque matin, m'avaient dit ses soignants, il faisait signe avec sa main et sa bouche : il voulait recevoir la communion. Donc, il prenait son petit déjeuner et communiait. Il avait un handicap massif, mais c'était vraiment un vivant.

Un jour, pendant la célébration, je l'ai interpellé une dizaine de fois : « Qu'en penses-tu, Georges ? » Il répondait par des hurlements de joie, parce qu'il ne pouvait pas prononcer un mot, mais il me tendait sa main, complètement tordue. Alors je descendais caresser cette main atrophiée.

Vous n'imaginez pas l'importance des contacts sur la peau pour un malade, un vieillard ou une personne handicapée. Les infirmiers le savent, mais n'ont pas suffisamment de temps à y consacrer.

Caressez vos malades.

C'est un geste d'amour inestimable.

Notre réflexe devant un malade ou un handicapé est souvent la peur, face à quelqu'un de différent. C'est aussi de la pitié, ce qui n'est pas très beau. La meilleure réaction, je crois, est d'aller vers eux. Ils nous attendent quelque part. Ils espèrent un autre regard.

Il s'agit d'être naturel. C'est tout.

Ne pas voir uniquement l'aspect démoli de la personne atrophiée, mais être naturel avec elle.

> *La souffrance que j'insupporte, je la supporte, je la porte et je la transcende.*
>
> Sainte Thérèse de l'Enfant-Jésus

Des éclairs d'espérance

Vivre l'épreuve de la maladie n'est pas facile, et on la traverse mieux si on est entouré de ceux qu'on aime.

En France, nous commençons à comprendre le rôle très positif que jouent les conjoints, les enfants, les proches, et à en tenir compte… C'est toujours une grande souffrance dans les familles, écartelées entre révolte et combat.

Sans compter la fatigue… Les malades requièrent une vigilance de tous les instants. Une femme me racontait qu'elle ne pouvait laisser sa mère seule plus de dix minutes ; un jeune me confiait que son père malade était devenu pour lui comme son petit frère, sinon son enfant.

C'est d'autant plus dur qu'ils aiment ce familier qui leur est devenu si étrange par sa maladie, et pour qui ils sont devenus des étrangers.

Les malades ont un énorme besoin d'affection et d'empathie, que seule la famille peut leur donner. Il faut donc apporter aux proches toute l'aide nécessaire afin que jamais ils ne lâchent le lien affectif. Un homme disait qu'il avait vécu cinquante-quatre ans avec sa femme et que ce serait encore plus dur de s'en séparer même s'il était devenu un étranger pour elle dont la mémoire s'était envolée.

Accueillir la maladie de l'autre

Lorsqu'un enfant ou un conjoint tombe gravement malade, c'est toute la vie du couple et de la famille qui bascule.

Face à la maladie d'un proche, plusieurs sentiments vous agitent : la peur, la douleur, la peine mais aussi la colère des situations que l'on subit. On ne peut s'empêcher d'en vouloir à l'autre de vous entraîner dans une autre vie, de se sentir soudain confronté à la souffrance et à la mort.

Quand un enfant est très malade, les parents sont démunis. La douleur est insupportable. Ils cherchent le moyen d'en sortir mais ne le trouvent pas. Certaines lettres me font une peine immense. Il faut essayer d'encourager, de dire : « Allez ! Avancez ! » Amener à composer avec la réalité d'un problème de santé auquel on ne s'attendait pas et qui nous fait vivre des émotions en dents de scie.

« Je vais me débrouiller seul »

Impossible ! Il faut faire preuve d'assez de modestie pour demander l'aide de quelqu'un. Il est important d'avoir un réseau très proche : amis, membres d'associations ou groupes de parole. Il est bon d'abandonner un peu de son amour-propre.

La maladie génère aussi des pièges qu'il faut savoir éviter. Par exemple, on doit laisser au malade sa capacité de décision. Il est très important de la sauvegarder, précisément parce qu'il ou elle perd une partie de son intégrité physique, subit une altération de son statut au sein de la famille et une diminution de son autonomie. C'est très éprouvant à vivre.

Faire des choix à sa place, ce n'est ni l'épargner ni le soulager, c'est l'infantiliser. On doit laisser toute sa place au malade, parce qu'en faisant corps avec le lui on risque de détruire la distance nécessaire qu'il faut maintenir, parce qu'elle préserve son intégrité. Même s'il est difficile de ne pas se laisser submerger…

Des étapes difficiles

Le déni. Il est habituellement la première émotion que l'on éprouve après avoir reçu le diagnostic : « Ce n'est pas possible. Je ne peux pas être malade. Ce doit être une erreur, je suis trop jeune pour ça. » Certains patients ont tendance à minimiser ce qui leur arrive. Ils peuvent aussi refuser de se battre, d'affronter le mal. Le malade occulte l'angoisse liée à la maladie, se coupe de ses émotions et parle avec un détachement stupéfiant de ses examens et traitements divers.

La colère, parfois. Souvent les gens disent que Dieu n'existe plus dans leur vie. La mère d'une amie avait vu un jour, par hasard, qu'elle avait une tache sur le sein. À sa fille qui lui conseille de consulter, elle répond que ce n'est pas la peine. Malheureusement, le cancer a été diagnostiqué trop tard. Un jour que je lui parlais de Dieu, elle m'interrompit : « Je t'interdis de prier Dieu pour moi ! » Alors je me suis tu. Elle était révoltée contre ce qu'elle appelait une injustice. Quinze jours avant le diagnostic, elle préparait la liste des invités au mariage de sa fille. J'ai dû avoir un mot de trop. Si vous côtoyez des gens atteints d'un cancer, soyez extrêmement modestes, faites attention à votre langage.

Le marchandage, la troisième étape. Nous nous sentons vulnérables ou impuissants, une réaction normale consiste à tenter de reprendre le contrôle de notre vie. Pour certains, cela signifie le marchandage avec une puissance divine.

Un sentiment de dépression peut nous atteindre : solitude et tristesse sont prégnantes. On pense que ceux qui nous aiment ne peuvent pas nous comprendre.

Il y a aussi un sentiment de calme. Accepter le fait que notre vie sera différente en raison de la maladie. Retrouver la joie des expériences heureuses. Continuer de se renseigner sur la maladie qui nous frappe afin de mieux la gérer. Faire de l'exercice physique pour atténuer les effets de notre santé mentale.

Et la guérison ?

Pour obtenir des guérisons, il y a la prière ; une attitude d'abandon et de confiance dans le Christ ; la présence de croyants formant un corps vivant pour le Christ ; et Dieu agissant par l'intermédiaire d'une personne qui a le charisme.

Le porteur du charisme de guérison n'est pas meilleur que les autres, c'est juste le passeur de Dieu, grâce à la prière collective. Il est bien difficile de savoir d'où vient la guérison. La foi suppose une adhésion de tous au même Christ. Un théologien, le père Hugueux, disait : « Il faut croire pour guérir et guérir pour croire. » C'est un joli paradoxe. Il ajoutait : « Les deux ont une force d'entraînement mutuelle. »

La phrase du Christ est : « Va, ta foi t'a guéri. »

L'Église n'a pas le monopole des miracles. Des personnes non chrétiennes guérissent aussi de façon étonnante. La foi n'est pas non plus une médecine. Cependant, tous les médecins vous diront que le meilleur auxiliaire aux traitements est la foi du patient en sa capacité de guérir.

Soigner et aimer

On ne dira jamais assez qu'entre le médecin et la personne atteinte d'un mal la relation est déterminante. La façon d'être du docteur ou de l'infirmier peut aider le malade de manière décisive. Malheureusement, trop de médecins et de soignants sont débordés de travail et ne peuvent effectuer que des visites express. Les gens pensent qu'ils ne sont plus qu'un corps malade, alors qu'ils sont des personnes souffrantes.

Que vous soyez chrétien ou non, votre regard, votre attitude et la considération que vous avez envers le malade, le handicapé ou le souffrant ont une force. Celui ou celle qui retrouve des raisons positives de vivre peut parfois guérir de façon parfaitement imprévisible. Aller de l'avant et aller vers les autres, c'est sans doute là que se situe le miracle de Dieu. Et, surtout, trouver en soi des forces insoupçonnées qui redonnent vie et effacent le mal.

Dieu nous a créés, nous laissant jusqu'à la fin des temps la possibilité de Le chanter et de Le louer dans le mystère de ce que nous sommes. Dieu ne guérit pas les lépreux, Il les envoie chez le prêtre et en route, dit l'Évangile, ils sont guéris. Ce n'est pas un miracle du Christ. Au seul et unique qui est venu le remercier, le Christ a répondu : « C'est ta foi qui t'a sauvé. » Le miracle du lépreux guéri, c'est sa foi.

II

Parlons politique

10

Engagez-vous !

Anciens, votez ! Jeunes, entrez en politique !

Entrer en politique peut être une belle aventure humaine. Je voudrais citer Jean-Paul II : « Pour servir la personne et la société, les fidèles laïcs ne peuvent absolument pas renoncer à la participation à la politique, à savoir à l'action multiforme : économique, sociale, législative, administrative, culturelle. Cela ayant pour but de promouvoir, organiquement et par les institutions, le bien commun. »

Votez !

Votez, usez de votre droit. C'est un devoir impérieux. La démocratie est entre vos mains. L'abstention constitue une grave erreur. C'est le bien commun que nous gérons à travers le vote. Votez pour les idées de partage.

Le vote a un sens. Par lui s'expriment des gens humains, sages et équilibrés qui vont essayer de créer des choses nouvelles. Le « tous pourris » de Marine Le Pen et consorts est très dangereux. Cette démobilisation générale porte atteinte à la dignité des élus qui bossent dur. À chaque fois que je fais une conférence et que le maire est présent, je le salue et le remercie pour son action dans la cité.

La morale intéresse la politique

« Peut-on agir moralement sans s'intéresser à la politique? » Tel était un des sujets du bac philo de 2014. *A contrario*, tous les hommes politiques s'accordent à dire qu'il ne devrait pas y avoir de politique sans morale. Morale et politique doivent être indissociables.

Hélas! J'entends encore le général de Gaulle, qui s'efforça pourtant de conduire une politique inspirée de la doctrine sociale du Vatican, dire un jour : « J'aime beaucoup l'Évangile, mais il y a des passages que je ne peux pas appliquer. » En politique, on vend aux Arabes et aux Juifs les armes pour qu'ils s'entre-tuent, on finance des dictateurs pour exploiter leur pétrole, on oublie les Droits de l'homme pour favoriser des échanges commerciaux, on pollue la planète pour accroître la productivité, etc.

C'est là où l'Évangile est vraiment difficile à vivre.

L'Évangile comme couleur politique

Trop souvent l'Église penche du côté des gouvernants... Comme si elle avait besoin d'une grille pour annoncer l'Évangile, comme si son formidable potentiel révolutionnaire ne lui suffisait pas.

L'Église n'a besoin d'aucun système pour soutenir l'annonce de la Bonne Nouvelle. En revanche, elle peut trouver dans tel ou tel système politique une façon de lutter. Elle doit le dire, l'approuver et le favoriser tout en restant parfaitement libre face aux idées qui se rapprochent le plus de sa ligne évangélique.

Combattez pour une société plus juste, fraternelle, ouverte, harmonieuse, universelle. Adhérez au parti politique qui vous semble le plus cohérent avec l'Évangile. La liberté, l'égalité et la fraternité sont des valeurs que le Christ n'aurait pas reniées. Discernez parmi les leaders politiques ceux qui sauront nous unir. Refusez ceux qui vous divisent.

Tel est le programme du Christ.

Parole percutante, universelle

Les prêtres n'ont pas à devenir des politiciens, car ce métier implique de séduire pour persuader et, évidemment, dominer. Le prêtre doit convaincre, mais pas pour plaire. Sa parole est un outil qui fait jaillir l'amour à chaque phrase. La Parole de Dieu est un glaive qui donne à l'Église une force redoutable, à condition qu'elle proscrive la langue de bois.

L'Église, quoi qu'elle en pense, est mêlée à tous les changements du monde. Elle a son mot à dire et, plus que ça, à crier, car défendre Jésus-Christ c'est défendre toutes les libertés.

L'Église doit faire preuve de vigilance, interpeller les politiques sur les choix de notre société, au nom de l'Évangile. Elle doit encourager les politiques à créer des lois humaines. J'aime que l'Église se prononce et s'engage sur toutes les problématiques sociales.

Nous avons à interpeller ceux qui détiennent le pouvoir et l'argent au nom de l'homme bafoué, au nom du Christ qui a chanté les béatitudes.

Chrétien engagé

« Si vous ne faites rien de dangereux, vous ne ferez rien », disait admirablement le cardinal Suhard. Ce prophète inspiré a résumé dans cette petite phrase tout le pouvoir d'insurrection de l'Évangile.

La Bonne Nouvelle annoncée à tous sans exclusive fait vivre dangereusement parce qu'elle est refus de tout racisme, de tout sectarisme, de tout populisme, de tout blocage politique, de classe ou de culture. Vivre l'amour universel implique de courir le risque de voir son confort grignoté, ses certitudes mises en doute, sa porte entrouverte, jamais refermée, sortie parfois de ses gonds, ses sécurités brisées, sa réputation en prendre un vieux coup.

Lorsqu'ils sont venus chercher les communistes,
Je n'ai rien dit, je n'étais pas communiste.
Lorsqu'ils sont venus chercher les syndicalistes,
Je n'ai rien dit, je n'étais pas syndicaliste.
Lorsqu'ils sont venus chercher les Juifs,
Je n'ai rien dit, je n'étais pas Juif.
Puis ils sont venus me chercher,
Et il ne restait plus personne pour protester.

Pasteur Martin Niemöller, détenu à
Sachsenhausen et Dachau, 1942

Au service du bien commun

Le Christ n'a écarté personne. Il n'a emprisonné ni les pauvres ni les riches dans un système quelconque. Il a aimé tout le monde. Il n'a pas fait de discours social ou politique. Pourtant, il s'est montré profondément politique en proclamant son fameux : « Mettez tout en commun », qui est le service du bien général ; ou le célèbre « Rendez à César ce qu'on lui doit et à Dieu ce qui est à Dieu ».

L'amour et le partage peuvent résoudre d'immenses problèmes. L'amour est une force politique extraordinaire qui vainc tout. C'est le contraire du racisme, de l'intolérance et du refus du respect des autres.

Le Christ dénonçait la richesse gardée pour soi. Il fustigeait l'hypocrisie, le mensonge, les faux-semblants, la haine, la rancune, la possession, l'apparence. C'est sa parole et sa vie qui l'ont fait mourir.

Soyez impliqués et compromis jusqu'au cou dans la construction du monde. En même temps, préservez des moments contemplatifs. Si vous savez que votre prière est encore plus grande que votre action, alors vous serez des signes vivants et parlants.

Adversaire, pas ennemi

Le chrétien qui entre en politique doit être une personne avertie. Elle doit être patiente, ouverte. La vertu du chrétien qui désire vivre l'Évangile en politique est de ne jamais considérer son adversaire comme un pourri, une enflure ou un traître. L'autre n'est pas un ennemi, mais un adversaire digne de respect. Un homme politique ne devrait jamais débattre avec les extrêmes de tout poil, mais combattre toute idéologie déshumanisante, xénophobe ou raciste.

Le chrétien qui entre en politique doit se munir d'une longue-vue et d'un rétroviseur. Il se souvient des bavures de l'Histoire. Il connaît la montée des fascismes et des dictatures qui envahissent lentement, sournoisement les esprits.

Le chrétien qui entre en politique doit élargir ses horizons au-delà de l'Hexagone. La religion du Christ est universelle. Le chrétien qui entre en politique a une vue universelle, l'avenir de l'humanité le concerne.

Si toutes les personnes qui se disent chrétiennes voulaient vraiment être les serviteurs des autres, notamment des plus démunis, nous aurions les meilleurs hommes politiques du monde.

Notre programme : l'Évangile vécu

Les programmes politiques empruntent les couleurs du miracle. Ses candidats n'oublient personne : les jeunes et les retraités, les agriculteurs, les chasseurs, les végétariens, les philatélistes, les profs et leurs élèves. Ils ratissent large ! Ces programmes ne sont, hélas, la plupart du temps, que miroirs aux alouettes…

Le programme de l'Évangile, c'est le livre de la vie du Seigneur, donc le livre de notre vie, la ligne de notre vie. L'Évangile n'est pas fait pour être compris mais pour être abordé comme un seuil de mystère. L'Évangile n'est pas un tract ou un programme politique, il est fait pour être reçu par les croyants.

Chaque parole de l'Évangile est esprit de vie.

Dix commandements à l'usage des réfractaires à la politique

Responsable de ce qui se passe dans ton pays, tu seras.

Si tu ne t'occupes pas de politique, la politique s'occupe de toi. Tout citoyen porte la responsabilité de ce qu'il fait ou non pour la société dans laquelle il vit. Tout à l'heure, en prenant de l'essence je demandais à une fille si elle avait voté. Elle me dit : « Oh non! Tous pourris! » Je lui dis que son vote peut nous aider, qu'elle a des choses à dire. Si on est ensemble pour gueuler, ça ira beaucoup mieux.

De la spiritualité désincarnée, tu te garderas.

Pour sauver leurs enfants, les parents sont prêts à plonger dans la boue. Pour sauver l'homme, n'ayons pas peur de plonger dans la politique, même boueuse. Mieux vaut avoir les mains sales que les mains dans les poches.

La politique, tu réhabiliteras.

Les chrétiens sont impliqués dans le social, l'humanitaire, le caritatif. Ils doivent aujourd'hui investir la politique. Ce n'est pas tant la politique qui est discréditée que les hommes qui en sont porteurs. Évidemment, les hommes politiques devraient faire un travail désintéressé au service de leurs citoyens.

La dimension morale et culturelle dans la politique, tu insuffleras.

Les grands combats politiques sont le lieu d'un affrontement idéologique. Quelle est la vision de l'homme? Quelle est la vision de la société? On peut perdre un combat politique et gagner un combat culturel.

Ce fut le cas de Mai 68. La Manif' pour tous a perdu le combat politique, la loi est passée. Mais elle peut gagner le combat culturel sur les valeurs en cause.

À la réflexion politique, de la profondeur tu donneras.

La politique est une société de spectacle, quand elle met en avant l'apparence et le superficiel. Avec la doctrine sociale de l'Église, les chrétiens peuvent donner au débat une profondeur qui manque cruellement.

Le souci du bien commun tu auras.

Le personnel politique est souvent vu comme représentant les intérêts d'un lobby, d'un groupe. L'enjeu est de réfléchir au bien commun, de susciter l'aide de personnes se mettant au service de tous.

Dans l'action politique, témoin d'espérance tu seras.

Combien de fois j'entends : « On n'y peut rien, c'est la crise. » Il nous faut croire que les hommes porteurs d'un projet constructif peuvent changer les choses. Les chrétiens en politique doivent s'efforcer de repousser la résignation, le fatalisme et la sinistrose.

De l'action politique, un acte de foi tu feras.

Les chrétiens peuvent apporter une vision et une dimension prophétique au service de l'homme. C'est faire confiance en la capacité des personnes qui ont à se prendre en main de façon responsable.

De l'action politique, un acte de charité tu feras.

L'engagement des chrétiens est un échec quand il se cantonne à une attitude défensive. Nous ne sommes pas dans une forteresse assiégée, qui réagit contre. Les chrétiens aujourd'hui ont beaucoup apporté en agissant « pour ».

Dans l'arène, tu combattras.

La vie politique est un lieu de conflit. Mais les chrétiens font partie d'une Église militante, c'est-à-dire combattante. Certains comme Edmond Michelet, Robert Schumann, le roi Baudouin ou Nelson Mandela ont fait un chemin de sainteté.

In *Feu et Lumière*, février 2014

Construire l'égalité

J'ai été impressionné par le geste spontané et émouvant du pape François, quand il a appuyé sa tête sur le honteux « mur de sécurité » séparant Israël des territoires palestiniens.

Il y a aussi eu ces moments forts quand il a étreint le rabbin et le professeur musulman, ou quand il a prié au Vatican en compagnie de Shimon Pérès et de Mahmoud Abbas. Il a pris les deux religions dans ses bras et les a serrées, ce qui est un geste très beau. Le jour où juifs, musulmans et chrétiens prieront vraiment ensemble, nous aurons une base formidable pour la paix dans le monde.

Le plus grand révolutionnaire de tous les temps était Jésus-Christ, parce qu'il ne disait pas : « Bousillez les riches et sauvez les pauvres. » Il appelait à nous aimer les uns les autres.

L'hymne à l'amour des béatitudes n'est rien d'autre que cela.

Luttez contre les inégalités, évidemment, mais n'opposez pas une classe à une autre, vous ne feriez que déplacer le siège du pouvoir. Le « communisme » du Christ n'était pas athée, puisqu'il agissait au nom de son Père. Il a vécu très pauvre. Il a parlé des pauvres avec passion et amour.

Contestez cette société ultralibérale où ne règne aucune égalité. L'Évangile vivant ne consiste pas à abêtir les pauvres en leur assurant qu'ils seront heureux au paradis, mais à leur rendre justice sur terre.

Non au relativisme

Construire l'égalité, cela dépend de nous. C'est vrai chez les hommes et chez les femmes de tous les temps. « Chacun de nous peut changer le monde. Même s'il n'a aucun pouvoir, même s'il n'a pas "la moindre importance", chacun de nous peut changer le monde », disait Vaclav Havel.

Je n'aime pas qu'un riche m'aborde et me dise : « Il faut des riches et des pauvres, il y en a toujours eu et il y en aura toujours. Le bonheur, c'est relatif... » Je lui réponds : « Tu dis ça parce que tu es riche, les pauvres ne pensent pas la même chose ! »

Et le pape François, de lui répondre mieux encore : « Le relativisme, prenant prétexte du respect des différences, homogénéise tout par la transgression et la démagogie ; il permet tout pour ne pas assumer la contrariété qu'exige le courage réfléchi de défendre valeurs et principes. Curieusement, le relativisme est absolutiste et totalitaire. Il n'autorise aucun discours différent de lui-même. Il ne diffère en rien de paroles comme : "Fermez-la !" ou : "Ce ne sont pas vos affaires !" Le pouvoir comme unique idéologie est un mensonge de plus. »

Soyez des militants de l'amour et de la justice !

11

Aimons l'écologie

Soyez militants pour offrir à vos enfants une Terre intacte

Saint Thomas d'Aquin disait que les anges sont chargés de veiller sur la bonne marche des astres et des saisons, et qu'ils peuplent l'univers. Ils ont plutôt intérêt à se bouger aujourd'hui face au désastre écologique en cours !

L'eau vaut plus que l'or

Le pape François est très sensible à l'écologie et il connaît ses dossiers. En novembre 2013, il recevait au Vatican un groupe de militants écologistes argentins. Ils ont discuté de la pollution des eaux, le pape a annoncé qu'il préparait une « encyclique sur la nature, les humains et la pollution ». Puis il a posé pour les photographes devant deux T-shirts dénonçant les projets miniers démesurés et l'exploitation des gaz de schiste. « L'eau vaut plus que l'or ! » clamait l'un de ces T-shirts.

Avant lui, Benoît XVI avait parlé des devoirs de l'homme à l'égard de son environnement naturel. « Celui-ci a été donné à tous par Dieu et son usage représente pour nous une responsabilité à l'égard des pauvres, des générations à venir et de l'humanité tout entière, a-t-il déclaré. Dans la nature, le croyant reconnaît le merveilleux résultat de l'intervention créatrice de Dieu, dont l'homme peut user pour satisfaire ses besoins légitimes – matériels et immatériels – dans le respect des équilibres propres à la réalité créée. La nature est à notre disposition non pas comme "un tas de choses répandues au hasard", mais au contraire comme un don du Créateur qui en a indiqué les lois intrinsèques afin que l'homme en tire les orientations nécessaires pour "la garder et la cultiver" » (Gn 2, 15).

Au bord du gouffre

Le changement climatique engendre, de même que certaines activités humaines, de nouvelles injustices – aridification, désertification, incendies, tempêtes, érosions, inondations, cyclones, glissements de terrain… – qui frappent tous les pays, mais touchent en priorité les plus pauvres. L'homme n'est pas égal face aux catastrophes naturelles. Le sous-développement économique comme l'insuffisance de la prévention et de l'information des populations rendent les pays pauvres plus vulnérables aux différents risques naturels et technologiques, et aggravent les effets des catastrophes. Les bidonvilles « fleurissent » sur des zones de constructions instables ; deux séismes de même amplitude feront infiniment plus de morts à Haïti qu'au Japon.

150 millions de personnes souffrent de la perte d'une grande partie de leur territoire. Combien d'îles de l'archipel du Pacifique, dans vingt ans, seront complètement submergées ! (Une trentaine d'atolls coralliens ont déjà été envahis par l'océan.) En Inde, l'île Lohachara a disparu sous l'eau, bilan : 70 000 personnes ont dû se réfugier sur les îles avoisinantes.

L'archipel de San Blas rassemble près de quatre cents îles. L'eau recouvre régulièrement leurs terres et leurs villages. Aux îles Bedford, Kabasgadi et Suparibhanga, près de l'Inde, 6 000 familles ont été déplacées. La moitié de l'île Bhola du Bangladesh (500 000 personnes!) est inondée de façon permanente.

Aux Pays-Bas, on construit déjà des maisons amphibies. Lorsque le fleuve sort de son lit, ces maisons se libèrent de leurs fondations et flottent sur l'eau comme des bateaux. Inutile de dresser des barrages, ils ne seraient jamais assez hauts.

L'eau est un don de Dieu

Actuellement, 700 millions de personnes pâtissent du manque d'eau. En Afrique, la pénurie engendre non seulement des problèmes sanitaires et la famine, mais également des guerres. Les experts sont convaincus que la pénurie d'eau potable va devenir la cause majeure des nouveaux conflits armés.

L'eau est un bien commun et universel, un patrimoine de l'humanité. Sans eau, aucune vie n'est possible. Les premières cités se sont fondées le long des cours d'eau, aucune communauté ne peut se développer sans un approvisionnement permanent. Mais il faut également qu'elle soit suffisamment pure, car elle constitue un vecteur très important de transmission des maladies.

Dans la Genèse, on trouve cette belle phrase : au Commencement « l'Esprit voltigeait sur la surface des eaux ». C'est l'Esprit qui lui a donné forme. Dans l'Exode, Moïse est rattaché à l'eau : son nom signifie « sauvé des eaux ». L'Alliance est renouvelée à travers le passage de la mer Rouge. Dans le Nouveau Testament, deux moments révèlent cette réalité de l'eau : le baptême du Jourdain et la rencontre avec la Samaritaine, à qui Jésus demande de le désaltérer.

À toi ma sœur « l'eau »

Quelle volupté de s'introduire en toi dans l'intimité d'une salle de bains ou dans ton immensité immaculée, ou bien encore de glisser sur toi quand tu nous fais la grâce de devenir neige.

Mais tu peux être meurtrière si l'humain inconscient ne respecte pas tes codes. Alors tu deviens avalanche et tombeau.
Tu es fraternelle.
Tu abreuves et nourris à égalité le plus grand des présidents et le plus petit de ses citoyens.
De même pour le bourreau et l'innocent.
Mais cette égalité, tu peux la rendre terrifiante en engloutissant le petit-fils du roi de Thaïlande qui faisait des tas de sable sur la plage, jouant dans tes flots tel le plus pauvre de ses sujets, lors du terrifiant tsunami.
Malgré tout, plus d'un milliard d'êtres humains sont obligés d'aller, chaque jour, te chercher loin, parfois très loin.
Alors que chez nous, en Europe, il suffit d'ouvrir n'importe quel robinet pour goûter instantanément ta fraîcheur…
Riches, nous te gaspillons impunément et honteusement.
Ta vocation est unifiante.
Quelle joie après une marche harassante de s'abreuver ensemble à ta source désaltérante et pure !
Mais quelles haines tu suscites quand des pays se déchirent pour t'avoir en exclusivité, coupant tes sources vives pour leur seul usage !
On t'encercle, on t'amoncelle pour le plus grand bien de peuplades immenses.
Mais tu es libre.
Et, parfois, tu sors de ta prison pour dévaster un territoire qui était le tien.
Fréjus et d'autres en gardent le souvenir impérissable et mortifère.
Tu es libre.
Chaque goutte tombée du ciel a la liberté de se lover où elle l'entend.
Elle est libre, notre sœur l'eau. Elle va où elle veut.
Elle se fait attendre. Parfois longtemps.

Elle a ses périodes pour abreuver la terre, sauf si le magicien pervers qu'est l'homme brise ses cycles.
Se vengerait-elle par ces tornades infernales qui laminent d'un seul coup les terres assoiffées en les appauvrissant encore plus ?
Nous ne te respectons pas.
L'animal, lui, te consomme avec modération et sagesse.
Est-ce pour cela que, lors de tes accès de furie, tu sais lui faire signe à lui seul ?
Les animaux sentent les séismes terrifiants qui approchent à grande vitesse. Ils se sauvent d'instinct et survivent lors des grandes catastrophes.
Le jour où l'homme te respectera, peut-être alors nous feras-tu signe pour prévenir que tu es en colère !
Puissions-nous, sœur eau, te respecter infiniment.
Et te remercier, toi, cadeau inestimable de Dieu, en ne gaspillant pas une seule goutte de la vie que tu nous donnes.

Prière que j'ai écrite après le tsunami
d'Asie du Sud-Est en 2004

Animaux

L'extinction des espèces est également un souci majeur : l'Afrique pourrait perdre 20 % de ses éléphants en dix ans. On en dénombre environ 500 000 à ce jour sur le continent ; 25 000 ont été abattus par des braconniers en 2011, 22 000 en 2012. Rendez-vous compte ! À ce rythme, dans trente ans il n'y aura plus d'éléphants.

Avec quelle espérance j'ai pu revoir dans le ciel des Alpes de Haute-Provence des couples de vautours fauves. Ils ont été réintroduits il y a quinze ans et c'est sensationnel.

Au total, quatre-vingt-onze vautours fauves ont été libérés à Rougon. La colonie se reproduit naturellement. En 2013, elle comprenait trois cents individus, une centaine de couples. Son domaine vital s'étend sur 600 000 hectares. Quand notre buffle Lulu est mort, on l'a mis dans un champ. Quarante ou cinquante vautours sont venus manger sa carcasse et quelques jours plus tard il n'en restait que les os.

Droits de l'animal au paradis ?

Les animaux iront-ils au paradis ? J'aime poser cette question.

Où Jésus-Christ a-t-il mis, après leur mort, le bœuf, l'âne gris et les moutons qui l'ont réchauffé dans l'étable ? On peut imaginer que pour eux il a demandé à son Père des places de choix au paradis.

Je me dis que, dans ce cas précis, Dieu pouvait difficilement refuser cette faveur à Son Fils qui a donné sa vie pour nous. Le Créateur de toutes choses, fort de ce précédent, ne pouvait alors que multiplier, dans un coin du ciel, des espaces pour les animaux qui ont donné plus que de la chaleur, qui ont donné leur vie même pour des humains.

Ce labrador qui a ramené sur la plage trois baigneurs imprudents et épuisés, où est-il ? Il a expiré après avoir sauvé d'une mort certaine la troisième personne. Et ce dauphin qui, lors d'un raz de marée, a parcouru trente kilomètres sur une mer démontée avec dans la gueule un bébé de trois mois ? Il l'a porté jusqu'au rivage où des villageois l'ont recueilli. Quelle place a-t-il au paradis ?

Quand je vois la tendresse forte, fidèle et constante de mes chiens, je ne cesse de me dire qu'ils m'ont donné tant d'affection que cette terre ne sera pas suffisante pour les remercier de leur attachement.

J'appelle à témoin François d'Assise méditant sur les animaux pour élever son âme jusqu'à Dieu ; j'appelle à témoin François de Sales érigeant les mœurs des abeilles en modèle de vie pour les religieuses ; j'appelle à témoin le curé d'Ars, priant dans les bois en écoutant les oiseaux.

La question est posée… réponse au paradis !

En attendant, quelques animaux de notre Bergerie enchantent la messe de minuit que le soir de Noël je célèbre, traditionnellement, à Rougon. Sous le porche de l'antique chapelle, le chameau, les lamas et les autres bêtes si aimées de nos jeunes accueillent les paroissiens, ravis de cet accompagnement animalier. À minuit, juste avant l'office, je ne manque pas de sortir quelques instants pour admirer le ciel étoilé et dire à ces bêtes, à cette minute même, mon amitié et ma communion.

Les saints et leur animal

Saint Florent et son ours chéri
Que des méchants avaient occis,
Saint Gérasime et son lion,
Sainte Catherine et son pigeon,
Saint Macaire avec le hyénon
Auquel il redonna la vue,
Et la hyène encore tout émue.

La sainte abbesse aura l'oiseau
Qu'elle ressuscita naguère.
Élie, le prophète austère,
Et l'abbé Benoît notre père
Y retrouveront leur corbeau.

Et Noé, le bon patriarche,
Toutes les bêtes de son arche.
Quand Jonas, non sans peine,
Aura fait entrer la baleine,
Et que les peuples et les rois
Contempleront ce phénomène,

Alors, saint Pierre,
En tapinois, ira chercher son coq gaulois.
Seigneur, le paradis est grand
Et ses demeures sont nombreuses
Avec les chiens et leurs troupeaux,
Les ânes porteurs de fardeaux
Et les très utiles chameaux.

Que tout ce peuple besogneux,
Assoiffé, fourbu, poussiéreux
Puisse s'asseoir et se refaire
Dans la fraîcheur de Votre terre.
Et boire cette eau salutaire
Qui jaillit pour l'éternité
De Votre céleste Cité !

D'après sœur Élisabeth Lafourcade

Quels enfants voulons-nous laisser à ce monde ?

Quels enfants voulons-nous laisser à ce monde ? Nous devons avoir conscience du grave devoir qui est le nôtre de laisser aux nouvelles générations la Terre dans un état tel qu'elles puissent elles aussi l'habiter décemment et continuer à la cultiver…

Cette question est maintenant un leitmotiv face aux préoccupations environnementales qui nous assaillent. Nos enfants devront-ils vivre avec des masques à gaz ? Cet air pur si précieux est en train de disparaître. La pollution atmosphérique est devenue le principal risque environnemental pour la santé dans le monde. Elle cause en moyenne la mort prématurée de 7 millions de personnes par an dans le monde, dont 600 000 en Europe et 40 000 en France.

Quelles sortes d'enfants élevons-nous pour le futur ? Quelles sortes de jeunes éduquons-nous, comment les aidons-nous aujourd'hui à prendre soin du monde de demain ? Est-ce que nous refusons que nos enfants jettent à terre leurs déchets ? Est-ce que nous les laissons se servir des assiettes pleines dont ils mettent la moitié aux ordures ? Cherchons-nous à dialoguer avec eux pour leur apprendre les notions indispensables ?

Soyons des militants pour leur offrir une Terre intacte. La nature mérite le respect et l'amour. Nous sommes nous-mêmes une création de Dieu et Dieu sait si nous nous abîmons.

L'homme a besoin d'amour pur.

Sa survie en dépend.

12

La paix du monde naît de la famille

Lui donner une nouvelle authenticité

La Journée internationale des familles a lieu chaque année le 15 mai. Elle a été instituée en 1993 par l'Assemblée générale des Nations unies afin d'inciter les gouvernements à « partager les bonnes pratiques de décisions en matière de politique familiale, [...] examiner les problèmes rencontrés par les familles du monde entier et [...] recommander des solutions ».

Une nouvelle authenticité

Une statistique réconfortante : la famille est en vogue en France. Le foyer, dans une étude récente, est cité comme une priorité par 90 % des sondés.

Depuis le tournant des années 2000, on constate une progression continue de la natalité. L'année 2006 a battu tous les records avec 830 900 naissances ! La France est aujourd'hui le pays européen où il naît le plus d'enfants (autour de 800 000 chaque année).

Cette natalité dynamique s'accompagne de changements très importants. Le nombre de mariages a ainsi baissé au profit du Pacs. Les naissances hors mariage sont devenues majoritaires. Une révolution quand on pense que, il y a dix ans, 60 % des enfants naissaient de parents mariés. De la même façon, la progression des familles recomposées et monoparentales induit des modifications majeures dans le mode de vie des Français.

La famille reste toutefois une institution importante pour les générations actuelles et l'on peut dire qu'elle a gagné une nouvelle authenticité. Une enquête mondiale publiée en mai 2013 montre que les jeunes aspirent avant tout à avoir une famille et des relations qui durent toute la vie, un endroit où il y a un « nous ». La famille est devenue une « valeur refuge », une bulle de sécurité et de convivialité. Face à ce monde imprévisible et parfois menaçant, les hommes et les femmes se recentrent sur la cellule familiale, considérée comme la plus fiable.

C'est un encouragement à partager en famille (enfants, petits-enfants, neveux, nièces...) des moments de jeu et de complicité.

Malgré les difficultés économiques, la plupart des Français s'accrochent à un projet familial. Ils pensent que dans une société dure et concurrentielle ils peuvent trouver estime et confiance au sein de leur famille. Comment ne pas s'en réjouir?

Sauter du nid

La famille se trouve cependant confrontée à des paradoxes. Autrefois – et c'est encore parfois le cas aujourd'hui –, la famille n'était pas une affaire de désir mais de construction sociale. On y transmettait des biens, des traditions, des valeurs, des croyances religieuses.

Comment concilier les acquis d'autrefois avec la liberté d'aujourd'hui? Les familles doivent devenir un lieu de transmission. Construire une famille n'est pas une fin en soi; c'est un moyen. Fin en soi, elle peut devenir une prison pour les enfants. Elle doit être un lieu où l'on puisse être libre ensemble, un lieu qui soutienne les individualités.

Il faut que les parents aient un seul projet en tête : permettre aux enfants de s'envoler un jour du nid.

Les parents doivent être comme un filet de sécurité auquel les enfants pourront avoir recours en cas de besoin. Mais trop protéger les enfants peut être un danger. Il faut les inciter à développer leur esprit d'initiative et les habituer à trouver des solutions tout seuls. Il faut leur faire confiance et les laisser entrer en conflit avec leurs parents sans craindre la rupture du lien.

Quand ils sont adolescents, on les entend japper. Laissez-les faire, mais offrez-leur en même temps une écoute attentive. C'est la première des priorités.

La famille est la cellule de base de la communauté humaine, le premier lieu où chaque être apprend la confiance en soi et la confiance en autrui. Elle permet en effet à chacun de découvrir qu'il a sa place dans une histoire, dans un réseau, dans le respect de son âge, de son sexe, de ses qualités ou de ses faiblesses.

Les familles, ciment des sociétés

Les Journées internationales de la famille sont l'occasion de se demander comment les données économiques et sociales influent sur les liens familiaux. Les thèmes de ces rencontres sont : « faire face à la pauvreté familiale et l'exclusion sociale ; garantir un équilibre travail-famille ; faire des progrès sur le plan de l'intégration sociale et de la solidarité intergénérationnelle au sein de familles et de communautés », etc.

Il est certain que notre pays est actuellement assez démuni pour atténuer les effets de la crise de l'emploi et du logement. Il est difficile pour les familles de tenir. Le chômage contraint de nombreux jeunes à dépendre de leurs parents plus longtemps qu'ils ne l'auraient désiré. C'est un gros problème.

La solidarité intergénérationnelle

La famille est un apprentissage de la solidarité. Elle ne fonctionne pas en vase clos, elle ouvre à l'intergénérationnel. On doit s'intéresser davantage aux personnes âgées dont les pensions de retraite ne sont pas suffisantes. Par ailleurs, combien d'agriculteurs âgés me confient ne pas même disposer de 500 euros par mois pour vivre! Tant qu'ils pouvaient s'occuper de leur potager et de la basse-cour, ça allait, ils pouvaient survivre, mais avec le temps...

Partout dans le monde, les membres âgés de la famille méritent d'être soutenus par les institutions publiques mais aussi par les entreprises privées. On s'accorde à dire qu'il faut faire plus de place en politique à la solidarité entre les générations, financer davantage les programmes et soutenir les initiatives. Quand les personnes âgées touchent des pensions de retraite décentes et qu'ils obtiennent un accès aux soins satisfaisant, c'est toute la famille qui y gagne; les programmes de solidarité intergénérationnelle qui encouragent le bénévolat sont bénéfiques à toutes les générations. Les liens créés entre les personnes d'âges différents contribuent à revitaliser l'ensemble de la société.

Compte tenu des difficultés économiques, le soutien à la famille est plus important que jamais, qu'il s'agisse de jeunes en recherche d'emploi ou des grands-parents qui dépendent de leurs enfants. Les familles partagent la joie et la difficulté d'accueillir leurs aînés. Quand les anciens sont à la maison et les jeunes au chômage, ce n'est vraiment pas facile pour les parents.

> *La famille est le miroir où Dieu se regarde en train d'accomplir ses deux plus jolis miracles : le miracle de donner la vie et le miracle d'inspirer l'amour.*
>
> Didier Decoin

Unis pour toujours

Nous pouvons vivre des choses aussi terribles que la guerre au sein de la maison, par les heurts, les silences. Un jeune me disait un jour qu'il venait d'avoir une dispute grave avec sa sœur. Je lui ai dit : « David, je t'en supplie, va tout de suite la retrouver. » La rupture est souvent due à un détail que l'on exagère, puis ce provisoire se prolonge, s'étend parfois sur des années. Les enfants naissent et ne savent même pas pourquoi ils ne doivent pas parler à leur oncle ou à leur tante.

Avec mes quatorze frères et sœurs, on aurait pu souffrir de toutes sortes de heurts et de séparations, mais grâce à mes parents nous y avons échappé. Ma mère essayait toujours de faire prévaloir la mansuétude entre nous.

Quand on a hérité de la maison de ma mère, le notaire nous a dit : « En trois semaines, j'ai toutes les signatures, je n'ai jamais vu ça ! » Nous avions tous répondu avec une ferveur au don que ma mère faisait de sa maison. Le notaire a ajouté : « Qu'est-ce que vous devez être unis ! »

Le plan de Dieu

La formidable cohérence des chrétiens part de la cellule la plus petite, la plus naturelle, la plus ancienne, la plus profonde : la famille. Issus de la paix qui règne dans une famille, les cercles concentriques de l'amour se multiplient. La paix du monde naît de là. Et de nulle part ailleurs.

Une famille exemplaire reste signe jusqu'à la fin des temps. Le Christ n'aurait jamais pu être ce qu'il a été dans le plan de Dieu si Marie et Joseph n'avaient pas été là. C'est entrer dans le plan de Dieu que de construire sa propre famille à la lumière de l'Évangile. Que ton combat inlassable soit d'abord celui-là. Que ton couple soit serein, pacifiant, aimant.

Que tes enfants soient attendus, regardés, aimés. Et le monde entier s'emplira d'une paix inégalable.

C'est le plus grand signe de la présence de Dieu.

C'est aussi le plus urgent aujourd'hui.

13

Écouter et aimer vos enfants

Que le jeune soit notre éducateur

C'est en 1995 que le Parlement français a décidé de faire du 20 novembre la « Journée mondiale de défense et de promotion des Droits de l'enfant ».

La Convention internationale des Droits de l'enfant affirme qu'un enfant n'est pas seulement un être fragile qu'il faut protéger, mais aussi une personne qui a le droit d'être éduquée, soignée, quel que soit l'endroit du monde où elle est née. Cette Convention a été ratifiée par 191 pays sur 193 (seuls la Somalie et les États Unis ont refusé de s'engager).

« Douce France »

Il reste beaucoup à faire avant que notre pays riche et démocratique sache recevoir dignement ses enfants. Il y a en France un million d'enfants pauvres, des dizaines de milliers d'enfants maltraités, ou vivant dans un contexte familial dégradé qui menace leur développement ; des centaines de milliers d'enfants sont placés ou pris en charge… 150 000 filles et garçons quittent chaque année le système scolaire sans aucune perspective, 778 jeunes de moins de dix-huit ans végètent dans nos prisons…

Enfin, nous détenons le record des suicides des quinze-vingt-quatre ans.

J'ai lu dans les journaux que certains élus refusaient d'aider des mineurs sans-papiers étrangers. Ils balancent à la frontière des familles entières comme celle de Leonarda Dibrani, cette écolière de quinze ans qui avait été arrêtée à sa sortie d'école.

Dans les gares, on voit beaucoup d'enfants mineurs de parents étrangers qui traînent. Évidemment, comme ils n'ont rien à manger, ils volent...

De jeunes clandestins essayent d'échapper à la misère de leur pays en se cachant dans les trains d'atterrissage d'avions à destination de l'Europe. Ils meurent de froid et de manque d'oxygène. Un jeune Camerounais d'environ dix-sept ans a été retrouvé mort à Paris dans le train d'atterrissage d'un avion de la Camair-Co, en provenance de Yaoundé. On n'a trouvé sur lui aucun indice qui permette de l'identifier et il a été enterré sous X. Le Conseil camerounais de la diaspora lui a offert une sépulture, sur laquelle il est écrit : « Inconnu, mais pas de Dieu. »

Carence dans la prévention

Les journaux nous abreuvent périodiquement de drames horribles comme celui de la petite Adélaïde, quinze mois, retrouvée noyée sur la plage de Berck. Elle avait vécu sans identité, comme la petite Serena, vingt-trois mois, retrouvée nue et déshydratée dans la voiture de sa mère, sauvée *in extremis*, enfant fantôme elle aussi. La mère avait caché sa grossesse et son accouchement, et avait mis l'enfant dans le coffre de la bagnole où elle allait la nourrir de temps en temps. Elle ne l'avait pas abandonnée, mais elle ne pouvait pas s'en occuper en plein jour.

En France, aujourd'hui, près de deux enfants meurent chaque jour de violences ou de négligences. « Le nombre d'infanticides est très sous-estimé ; je me demande à présent s'il n'y a pas aussi une sous-estimation de celui des "enfants du placard", même pas reconnus en tant que personnes », s'interroge Anne Tursz, pédiatre spécialiste de la maltraitance.

Comment expliquer les violences faites aux jeunes ? Les causes sont multiples. En tout cas il y a une carence dans la prévention, dans le repérage des enfants victimes et dans le devoir d'alerte des médecins, qui ne seraient à l'origine que de 5 % des signalements alors que tout enfant maltraité passe un jour ou l'autre devant les systèmes de santé. On devrait faire beaucoup plus attention.

Combien d'entre eux seront atteints à l'âge adulte de troubles physiques et mentaux ? Ils seront souvent incapables de nouer des relations sociales et affectives normales. Il n'est pas rare non plus que ces adultes reproduisent sur leurs propres enfants les violences qu'ils ont subies.

Inquiètent aussi les suicides d'adolescents, nombreux et en augmentation constante. Le suicide représente la deuxième cause de mortalité chez les moins de vingt ans. Les raisons sont multiples : l'adolescent suicidaire a généralement une faible estime de lui-même, il s'éprouve comme inutile et sans qualité. S'il n'est pas aidé, il s'isole, renforçant ainsi son sentiment de mise à l'écart du « monde réel ».

En phase de crise, ne le laissez pas seul, prenez au sérieux les motifs de ses pensées suicidaires, intensifiez le dialogue, identifiez tout ce qui le valorise. Par méconnaissance de cette psychologie de l'enfant, en 2011, une institutrice envoya un enfant pour une demi-heure « dans le couloir avec les manteaux qui ne travaillent pas » parce qu'il avait fait des conneries, lui déclarant qu'elle ne « voulait plus le revoir » ! Il s'est pendu par son T-shirt à une patère du couloir.

Il avait douze ans.

Parents, agissez !

Dès que j'apprends le suicide d'un jeune, je demande à la famille : « Est-ce que vous aviez des signes ? » Parfois elle n'a rien vu venir. Rentrant à la maison, après le travail, les parents ont peu de temps pour s'occuper des gosses, et si l'enfant a des défaillances intimes, les parents passeront facilement à côté. C'est pourquoi je donne toujours les conseils suivants aux parents d'enfants difficiles :

– Ne les laissez pas tout faire. Donnez-leur des repères.

– N'ayez pas honte de leur parler d'effort, de devoir accompli, de travail bien fait, de respect, d'honnêteté, de franchise et de fidélité.

– Offrez-leur du temps.

– Aimez leur différence.

– Ne soyez pas absents.

– Observez-les avec amour : certains signes peuvent vous alerter.

– Un geste tendre remplace parfois la parole.

– Écoutez-les, ne les interrompez pas à tout bout de champ.

– Exercez un contrôle strict sur les heures de télévision, de jeux vidéo, d'Internet, etc.

– Sachez dire non.

– Ne les humiliez jamais.

– Attention aux phrases qui dévalorisent.

– Après un conflit, tendez toujours les bras pour une réconciliation.

– Ne les maternez pas.

– Faites-leur confiance.

– Apprenez-leur à s'aimer tels qu'ils sont.

– Ne diabolisez pas le monde extérieur.

– Dites-leur régulièrement de se bouger le cul pour les autres.

– Et soyez des exemples, vous-mêmes car ils enregistrent tout.

Que le jeune soit notre éducateur

Comme je dis toujours, jamais on ne retrouvera le temps que l'on n'a pas donné aux enfants quand ils sont si petits et si fragiles. On ne peut pas rattraper ces heures envolées. Sauf si l'adolescent tombe sur quelqu'un d'autre à son écoute. Et n'oublions pas que nous avons aussi à apprendre d'eux, si nous voulons bien les écouter, comprendre leurs aspirations. Nous pouvons créer un climat d'échange tel que le jeune devienne notre éducateur. C'est incroyable la façon dont les gosses m'ont parfois aidé par leurs valeurs, par leurs manières d'agir.

Seigneur, transforme-moi en poste de télévision !

Seigneur, Toi qui es bon et qui protèges tous les enfants de la Terre, je désire Te demander une grande faveur.

Transforme-moi en poste de télévision pour que mes parents aient autant de soin pour moi qu'ils en ont pour lui.

Seigneur, pourrais-Tu faire que maman me regarde avec la même attention qu'elle a pour son feuilleton préféré, et papa avec le même intérêt qu'il a pour son journal télévisé ?

J'aimerais que, comme le journaliste, on ne me reprenne pas quand je fais des fautes de français. Je voudrais parler comme un présentateur. Quand il s'exprime, toute la famille fait silence. On l'écoute avec attention, sans l'interrompre, alors qu'à mes propres réflexions on réplique : « Tais-toi donc… »

Je voudrais sentir à mon égard les mêmes préoccupations que celle de mes parents lorsque le poste est en panne et qu'ils appellent aussitôt un réparateur.

Je vais bientôt avoir un petit frère. Que mes parents ne fassent pas avec moi comme avec le vieux téléviseur qu'ils ont mis au rancart et qu'ils ne regardent même plus.

Je voudrais être comme lui, le meilleur compagnon de mes parents et leur héros préféré.
Seigneur, transforme-moi en téléviseur, même seulement pour une journée!

14

L'Europe de l'Esprit

Tracer des chemins nouveaux

La France s'est éloignée de l'Europe parce qu'elle est devenue un pays dépressif. Il serait regrettable de se laisser aller au scepticisme et à la passivité. La vocation de la France est de porter le projet européen.

Trois hommes et trois femmes

Afin de permettre aux chrétiens de s'appuyer sur des exemples dans leur désir de construire une Europe juste et digne, l'Église a « élu » plusieurs saints patrons au Parlement de l'Europe :

– saint Benoît, fondateur de l'ordre bénédictin, est considéré comme le patriarche des moines d'Occident. Sa Règle a eu un impact majeur sur la civilisation européenne médiévale ;

– saints Cyrille et Méthode ont évangélisé les peuples slaves de l'Europe centrale. Inventeurs de l'alphabet cyrillique, ils ont été les acteurs de l'acculturation du monde slave par l'Évangile ;

– sainte Brigitte de Suède fut mère de famille avant de fonder l'ordre du Très Saint Sauveur. Installée à Rome, elle a œuvré pour l'unité au sein de l'Église catholique ;

– sainte Catherine de Sienne eut une forte influence dans l'histoire de la papauté. À l'origine du retour du pape d'Avignon à Rome, elle effectua de nombreuses missions diplomatiques, chose assez rare pour une simple religieuse au Moyen Âge;

– sainte Thérèse-Bénédicte de la Croix (Edith Stein), carmélite d'origine juive, mourut à Auschwitz. « Déclarer Edith Stein copatronne de l'Europe signifie déployer sur l'horizon du Vieux Continent un étendard de respect, de tolérance, d'accueil, qui invite hommes et femmes à se comprendre et à s'accepter au-delà des diversités de race, de culture et de religion, afin de former une société vraiment fraternelle », a dit Jean-Paul II.

Les rêves de l'Europe

Au lendemain de la Seconde Guerre mondiale, le rêve des fondateurs de l'Europe – Konrad Adenauer, Joseph Bech, Johan Willem Beyen, Alcide de Gasperi, Jean Monnet, Robert Schuman et Paul-Henri Spaak – était tout d'abord de rendre la guerre impossible.

Ce rêve-là a été réalisé. Nous n'avons pas connu de guerre depuis soixante-dix ans!

Les « valeurs européennes » prônent le respect de la dignité humaine, de la liberté, de la démocratie, de l'égalité, de l'État de droit ainsi que des Droits de l'homme, y compris des personnes appartenant à des minorités.

Autant faut-il que ce rêve d'une Europe plus juste ne soit pas abandonné au profit d'une Europe cynique et purement économique…

Il faut respecter l'humain tel qu'il est, dans sa différence, dans sa culture. Il s'agit de porter ensemble les fardeaux les uns des autres. Les chrétiens en particulier doivent s'y appliquer, puisque c'est la logique de l'Évangile. Face à la migration des Roms, nous devons aider la Roumanie à régler cette question, sans fustiger cette population.

La devise de l'Europe est « L'unité dans la diversité ».

Difficile de diriger une organisation de vingt-huit pays où chaque représentant veut parler plus haut que l'autre. Les petites nations ne pèsent pas lourd. Chaque pays et chaque parti en son sein veut tirer la couverture à soi, faire main basse sur l'Europe. Je suis pour une Europe des nations où chaque nation ne penserait pas qu'à elle-même.

Le devoir de participer

Les jeunes générations doivent s'approprier le projet européen. Nous ne souffrons pas de trop d'Europe, mais de trop peu d'Europe. Nous devons renforcer l'Europe des fondateurs.

Il est impératif que nous contribuions à forger ensemble le futur de l'Europe. « Sans doute l'Europe est-elle à un tournant. Parce qu'elle n'apparaît plus aux yeux de beaucoup comme une évidence, lisais-je dans *Famille et Société*, il faut impliquer davantage les citoyens dans les choix, dans les projets que nous souhaitons porter ensemble, dans ce que nous voulons dessiner pour l'avenir, dans le type d'Europe que nous souhaitons construire. La participation est un principe défendu par la doctrine sociale de l'Église : avoir non seulement la possibilité de participer, mais aussi le devoir de participer. »

Il y a deux manières de voir : soit on sent l'Europe comme une multiplication de contraintes auxquelles on veut se soustraire, soit on la voit comme une accumulation de compétences pour multiplier les solutions.

Dix recommandations

Jean-Pierre Grallet, archevêque de Strasbourg, avait fait dix recommandations « à nos concitoyens européens, croyants et citoyens de bonne volonté, soucieux de poursuivre la construction européenne et attentifs à participer au vote du 25 mai 2014 » :

1. L'attention au bien commun

Sans cette attention, il n'y a pas d'Europe. « Chaque citoyen, chaque communauté et chaque nation doit être capable de subordonner ses intérêts particuliers au profit du bien commun. »

2. Le souci de la solidarité

« Sans tempérance et sans partage, il ne peut y avoir de vraie solidarité entre les uns et les autres. »

3. La dignité de toute personne

4. Le soin de chaque génération

« Nous plaidons pour les personnes âgées afin qu'elles aient accès aux soins auxquels elles ont droit et nous plaidons aussi pour les jeunes générations afin qu'elles bénéficient de politiques favorables à leur insertion dans la vie sociale. »

5. La promotion de la justice sociale

« Nous devons entendre le cri des pauvres [...] et nous attaquer aux causes structurelles de la disparité sociale qui est la racine des maux de notre société (EG 202). »

6. L'intégration des migrants

« Tous les organismes, publics, associatifs, religieux doivent s'unir pour une intégration réussie des personnes migrantes. »

7. Le respect de l'environnement

Nous devons veiller « non seulement à la terre, l'eau et l'air comme dons de la Création appartenant à tous, mais aussi et surtout protéger l'homme de sa propre destruction [Benoît XVI] ».

8. Le respect de nos rythmes de travail et de repos

« Le repos régulier est une nécessité et un droit. L'UE doit protéger le jour de repos commun hebdomadaire qu'est le dimanche. »

Lors de son voyage de retour depuis la Terre sainte, en mai 2014, le pape François répondait à un journaliste : « Je sais qu'on parle de la confiance ou du manque de confiance en l'Europe, on dit que certains veulent sortir de l'euro... Je ne comprends rien à tout cela. Mais il y a un mot clef, le chômage. Cela est grave et je l'interprète en simplifiant ainsi : nous sommes dans un système économique multiple qui met l'argent au centre, et non la personne humaine. Un véritable système économique doit mettre au centre l'homme et la femme. Notre système économique met l'argent au centre et pour s'équilibrer il doit prendre quelques mesures de débarras : on se débarrasse des enfants, ainsi que l'indiquent les chiffres de la natalité en Europe. Et on se débarrasse des anciens. Aujourd'hui on les recherche parce qu'ils sont retraités et qu'on a besoin d'eux, mais on se débarrasse des anciens, y compris dans des situations d'euthanasie dissimulée dans beaucoup de pays. [...] Cette culture du déchet est gravissime. Ce système économique est inhumain. »

9. La pratique du principe de subsidiarité

C'est-à-dire « que l'unité de l'ensemble ne se fasse jamais au détriment de la légitime responsabilité des États membres, ni de leurs traditions respectives ».

10. L'exercice de la liberté religieuse

L'Europe est un héritage du christianisme, ne l'oublions pas ! Il faut sauvegarder la liberté de culte. Il faut que l'humain se sente bien en Europe et que les religions soient respectées.

Une Europe du troisième millénaire

Lors de son exhortation apostolique postsynodale *Ecclesia in Europa* en juin 2003, Jean-Paul II écrivait : « L'Europe a besoin d'un saut qualitatif dans la prise de conscience de son héritage spirituel. Un tel élan ne peut lui venir que d'une écoute renouvelée de l'Évangile du Christ. Il appartient à tous les chrétiens de s'employer à satisfaire cette faim et cette soif de vie.

« Avec l'autorité qui lui vient de son Seigneur, l'Église répète à l'Europe d'aujourd'hui : Europe du troisième millénaire, “que tes mains ne défaillent pas !” (So 3, 16) ; ne cède pas au découragement, ne te résigne pas à des modes de penser et de vivre qui n'ont pas d'avenir, car ils ne sont pas fondés sur la ferme certitude de la Parole de Dieu!

« Reprenant cette invitation à l'espérance, je te le répète encore aujourd'hui, Europe : "Retrouve-toi toi-même. Sois toi-même. Découvre tes origines. Avive tes racines." Au cours des siècles, tu as reçu le trésor de la foi chrétienne. Il fonde ta vie sociale sur les principes tirés de l'Évangile et on en voit les traces dans l'art, la littérature, la pensée et la culture de tes nations. Mais cet héritage n'appartient pas seulement au passé ; c'est un projet pour l'avenir, à transmettre aux générations futures, car il est la matrice de la vie des personnes et des peuples qui ont forgé ensemble le continent européen. »

N'écoute pas les sirènes

Beaucoup de chefs d'État mettent certaines lois impopulaires sur le dos de l'Europe. Nous devons nous placer dans l'optique d'une construction européenne.

Nous accusons l'euro de la hausse des prix, mais nous ne parlons jamais de ses bienfaits : aucun frais de change à l'intérieur des pays de l'Union. Avec une monnaie unique, on peut mieux vivre. Il y a une concurrence pour les marques et les prix.

Ce n'est pas l'Union européenne qui oblige les entreprises à délocaliser leur production en Pologne ou en Chine. Elle crée aussi des emplois, avec des fonds d'aide notamment, qui concernent trois millions de Français. Au niveau agricole, son soutien est primordial, ses aides multiples : rénovation de bâtiments historiques, centres culturels, construction de structures sportives…

Ne crains rien!

L'Évangile n'est pas contre toi, il est en ta faveur. L'inspiration chrétienne peut transformer l'ensemble des composantes politiques, culturelles et économiques en une convivialité où tous les Européens se sentent chez eux et forment une famille de nations dont d'autres régions du monde peuvent s'inspirer de manière fructueuse.

Aie confiance ! Dans l'Évangile, qui est Jésus, tu trouveras l'espérance forte et durable à laquelle tu aspires. C'est une espérance fondée sur la victoire du Christ sur le péché et sur la mort. Cette victoire, il a voulu qu'elle soit tienne, pour ton salut et pour ta joie.

Sois-en sûr ! L'Évangile de l'espérance ne déçoit pas. Dans les vicissitudes de ton histoire d'hier et d'aujourd'hui, c'est une lumière qui éclaire et oriente ton chemin ; c'est une force qui te soutient dans l'épreuve ; c'est une prophétie d'un monde nouveau ; c'est le signe d'un nouveau départ ; c'est une invitation à tous, croyants ou non, à tracer des chemins toujours nouveaux qui ouvrent sur l'« Europe de l'Esprit », pour en faire une véritable « maison commune » où l'on trouve la joie de vivre.

III

Église de toujours et de demain

15

Les ouvertures du pape François

Une chance de faire croître l'Église

Le Christ a dit à Pierre : « Tu es Pierre, et sur cette pierre je bâtirai mon Église. » L'Église est partie de là pour nous amener aujourd'hui, près de deux mille ans plus tard, à suivre le pape François.

Face à une élection papale, les médias jugent l'homme simplement sur son parcours, son histoire, son âge, ses travers, son allure et ses manies, comme ils le feraient pour un homme politique. Un chrétien doit se garder de suivre de tels jugements. Ces hommes ne sont pas élus au gré de votes politiques, mais grâce au souffle de l'Esprit qui, au cœur de l'Histoire, leur inspirera la route à suivre et les portera face aux écueils inhérents à leur mission.

Les papes sont un mystère de foi.

Notez le geste prophétique de Benoît XVI. Fatigué, âgé, il a proclamé au monde : « Je me casse car je ne suis plus opérationnel. Mais je vous aime. »

Le pape de l'oralité

Chaque pape a son génie. Le pape François dit les choses avec simplicité. Au magistère de l'écrit, il oppose une magnifique liberté de parole : contre la misère, contre la violence, contre les déviances de ses propres coreligionnaires, des cardinaux, même… Ne l'élevons pas au-dessus des autres papes – ces derniers étaient tout aussi dévoués –, mais reconnaissons que parfois ses prédécesseurs usaient un peu trop de réflexions théologiques.

Le langage direct de François séduit et émeut. Ses mots sont d'une simplicité extraordinaire. Si son verbe n'a pas changé le dogme, en revanche il change l'institution de façon étonnante.

C'est une parole que l'Église entend et peut croire absolument, portant sur des questions positives, fraternelles ; une parole libre, engagée, également destinée à ceux qui sont hors des frontières de l'Église. Il veut mettre le projecteur à l'extérieur, son attitude est à rebours du repli identitaire.

Un hôpital de campagne

L'Église est là pour soigner les blessés de la vie, selon la belle image du pape : « L'Église est un hôpital de campagne. Mais attention à ne pas aborder les problèmes de société comme des laïcs, l'Église risque de voir son édifice s'écrouler comme un château de cartes. » Il explique clairement que la doctrine sociale doit se garder de prendre le pas sur la doctrine morale et sur l'annonce évangélique : « L'Église est d'abord miséricorde. Nous pouvons d'abord tout pardonner. »

Rien à voir avec un vague humanitarisme. Le pape François a tenu à rappeler : « Si nous ne confessons pas Jésus-Christ, cela ne va pas. Nous deviendrons une pieuse ONG, mais non l'Église, épouse du Seigneur. »

Homme de l'Église

Saint Jean Chrysostome disait : « Ne vous éloignez pas de l'Église ! Rien n'est plus fort qu'elle, elle est votre espérance et votre refuge. Elle est plus haute que le ciel et plus vaste que la terre. Elle ne vieillit jamais. »

Ces phrases sont à méditer par tous les chrétiens grincheux, qui pleurent sur les églises vides, qui pleurent le manque de vocations, qui pleurent l'ignorance ou l'indifférence vis-à-vis de l'Église.

> *L'Église n'est pas un musée d'antiquités mais plutôt un jardin à cultiver. Ne restez donc pas comme des statues mais travaillez pour les fleurs et pour les fruits.*
>
> Jean XXIII

Finances

Le pape François a parlé de manière très claire et très simple de l'argent, et du fait qu'il ne doit pas devenir un but en soi.

Il est en train d'opérer un grand nettoyage pour remettre de l'ordre dans les finances du Vatican, dont il a commencé à réformer la banque. Il a décidé de prendre huit cardinaux remarquables du monde entier pour faire bouger la Curie, le gouvernement de l'Église.

Face à la découverte d'énormes scandales à la banque du Vatican dans le passé, le pape François a déclaré : « Saint Pierre n'avait pas de compte en banque. » L'Église doit avoir une gestion transparente de ses fonds et de ses activités fiscales. Si une institution doit être honnête, c'est bien elle !

Fétichisme de l'argent

En politique, le pape dit n'avoir jamais été de droite ni, évidemment, communiste. Il rappelle aux franges les plus conservatrices qu'il s'en tient à ce qui a été dit et qu'il est lui-même fils de l'Église. La première intervention forte de son mandat a été sa dénonciation de la dictature de l'économie sans visage, de l'économisme qui réduit l'homme à une seule nécessité : la consommation.

Il a fustigé la négation du primat de l’homme, lui-même devenu un bien consommable et jetable, et s’est offusqué que la solidarité soit considérée comme « contre-productive ».

Le pape a accepté la démission de Mgr Franz-Peter Tebartz-van Elst, évêque bling-bling de Limburg qui avait fait construire un complexe épiscopal de 31 millions d’euros ! Ses appartements auraient coûté 2,9 millions d’euros (salle à manger de 63 mètres carrés, baignoire à 15 000 euros, etc.) Le scandale a été immense. Le pape lui a dit tranquillement de se casser.

Un discours de miséricorde

Que penser des propos de François sur les homosexuels, les divorcés remariés, les femmes ayant avorté ? Son discours est un discours de miséricorde. Prendre les gens comme ils sont et les accompagner.

Le pape dit qu’il faut trouver un équilibre. D’une part, il a demandé aux gynécologues chrétiens d’aller à contre-courant vis-à-vis de l’avortement, de privilégier la vie. C’est ussi pour cela qu’il se prononce contre la fin de vie médicalement assistée. De l’autre, quand une jeune femme célibataire, abandonnée par son compagnon, lui écrit qu’elle pense avorter, il lui répond : « Si tu ne trouves pas un père spirituel, moi je suis là. »

Lorsqu’un couple marié civilement mais pas religieusement lui a demandé, durant une audience, de baptiser leur enfant, le pape a accepté. Il nous montre une ligne d’ouverture magnifique et nouvelle.

Pauvres

« Au lieu d’être simplement une Église qui accueille, cherchons une Église de nouvelle route, capable de sortir d’elle-même et de rencontrer celui qui ne la fréquente pas. » Tel est le message qu'il a martelé.

Le christianisme travaille à soutenir les pauvres. Ils ne sont plus perçus comme de simples objets mais comme des sujets de leur propre histoire, des acteurs de leur propre libération.

Plus qu'un programme de gouvernement, c'est une vision de l'Église, du monde et de l'homme. Nous devons en priorité nous occuper de ceux qui souffrent.

Casal del Marmo

Sa première visite a été pour les jeunes délinquants de Casal del Marmo, montrant ainsi l'importance qu'il accorde à l'évangélisation. Il a parlé de la nécessité d'« aller vers les périphéries, non seulement géographiques mais aussi humaines, là où se trouvent le péché, la souffrance, l'injustice, la solitude, le mépris de Dieu, la misère ! »

Au cours de la messe qu'il a célébrée dans cette prison pour mineurs, le pape a lavé les pieds de douze détenus. « C'est l'exemple du Seigneur, leur a-t-il expliqué. Lui, le plus important, il lave les pieds, parce que entre nous, ce qui doit primer, c'est le service des autres. Laver les pieds revient à dire : je suis à ton service. Nous devons nous aider les uns les autres. »

Lampedusa, « mondialisation de l'indifférence »

Dans les eaux de l'île sicilienne de Lampedusa, le 3 octobre 2013, ont péri plus de trois cents Somaliens et Érythréens, suscitant une émotion considérable. Un drame similaire avait fait près de cinq cents morts en 2011. En 2014, le bilan s'alourdit, les naufrages se succèdent.

Le pape François est allé saluer les immigrés et rendre hommage aux morts. Il a eu à propos de ce drame des expressions chocs, des paroles d'émotion simples et très fortes. Le pape, quoi qu'il dise, parle au nom du Christ. Je reproduis ici un long extrait de son intervention, car ce sont des paroles fondamentales :

« "Où est ton frère ?" dit Dieu. Ce n'est pas une question adressée aux autres, c'est une question adressée à moi, à toi, à chacun de nous. Ceux-ci parmi nos frères et sœurs cherchaient à sortir de situations difficiles pour trouver un peu de sérénité et de paix ; ils cherchaient un rang meilleur pour eux et pour leurs familles, mais ils ont trouvé la mort. Combien de fois ceux qui cherchent cela ne trouvent pas compréhension, ne trouvent pas accueil, ne trouvent pas solidarité !

« Où est ton frère ? Qui est le responsable de ce sang ? Qui est le responsable du sang de ces frères et sœurs ? Personne ! Tous nous répondons ainsi : ce n'est pas moi, moi je ne suis pas d'ici, ce sont d'autres, certainement pas moi. Mais Dieu demande à chacun de nous : "Où est le sang de ton frère qui crie vers moi ?"

« Aujourd'hui, personne dans le monde ne se sent responsable de cela. Nous regardons le frère à demi mort sur le bord de la route, peut-être pensons-nous "le pauvre", et continuons notre route, ce n'est pas notre affaire ; et avec cela nous nous mettons l'âme en paix, nous nous sentons en règle.

« La culture du bien-être, qui nous amène à penser à nous-même, nous rend insensibles aux cris des autres, nous fait vivre dans des bulles de savon, qui sont belles, mais ne sont rien ; elles sont l'illusion du futile, du provisoire, illusion qui porte à l'indifférence envers les autres, et même à la mondialisation de l'indifférence. Dans ce monde de la mondialisation, nous sommes tombés dans la mondialisation de l'indifférence. Nous sommes habitués à la souffrance de l'autre, cela ne nous regarde pas, ne nous intéresse pas, ce n'est pas notre affaire !

« La mondialisation de l'indifférence nous rend tous "innommés", responsables sans nom et sans visage. »

Un grand mystique et un pragmatique

À peine a-t-il posé ses pieds à Assise que le pape François est allé dans un hôpital pour polyhandicapés. Il est allé seul, sans cardinal, manger simplement avec eux. Il s'est ensuite baigné dans la foule de milliers de personnes venues le voir, puis il s'est adressé à tous, au milieu des gémissements de certains enfants, improvisant des paroles percutantes comme celle-ci : « Jésus est caché derrière un bon pain. »

À genoux

Le pape François a dit une messe pour les gens qui travaillent à son service. Durant cette messe, apercevant un jeune prêtre uruguayen qui travaille avec les jeunes de la rue et qu'il connaît, il l'a aussitôt magnifiquement présenté à l'assemblée.

Le pape s'est baissé avant de bénir les gens et leur a demandé de prier pour lui. C'est unique dans l'histoire de la papauté !

Il ressemble parfois à un curé de campagne, particulièrement quand il est entouré d'enfants. Il est lui-même et n'a pas de cour.

Quand le pape François a rencontré Benoît XVI, ils sont allés ensemble dans la chapelle papale. Dans cette chapelle, il y a un fauteuil. François est allé s'y asseoir, puis il est descendu de son fauteuil et il s'est mis à genoux devant Benoît XVI en lui disant : « Nous sommes frères. »

Ils se sont retrouvés à genoux sur le même banc, laissant le fauteuil papal vacant.

Faire Église…

Faire Église, c'est risquer et engager toute une vie quand l'autre te fait signe.

Sont d'Église ceux qui agissent ensemble au nom de leur foi en Jésus. L'Église, c'est Jésus-Christ lui-même, c'est lui qui l'a voulue, qui nous l'a donnée et qui nous appelle pour achever sa construction, pour en être responsables. L'Église, c'est une grande histoire, celle des hommes qui, à la suite de Pierre et des apôtres, ont reconnu que Jésus est à la tête d'un grand corps dont nous sommes les membres.

Font Église tous ceux qui se mouillent et prennent des risques, celui d'une aventure avec d'autres plutôt qu'une vie tranquille, celui d'un idéal plutôt qu'une situation confortable.

Font Église tous ceux qui se battent contre les évidences trop faciles, les apparences trompeuses, les habitudes réductrices.

Font Église tous ceux qui, avec le Christ, font confiance à l'homme dans ce qu'il a de meilleur, qui se solidarisent avec les petits et les exclus.

Font Église ceux et celles qui reconnaissent en François notre Pasteur, qui ne sont pas forcément d'accord sur tout avec lui, qui ne sont pas ses moutons bêlants, mais qui l'aiment debout.

Font Église celles et ceux qui savent que « là où est l'évêque, là est l'Église ». Que leur évêque est un pauvre pécheur comme nous, mais qu'il est le lieutenant de Pierre et que c'est autour de lui que l'unité se fait.

Font Église ceux qui savent que l'Église n'est pas faite de stars… mais d'étoiles.

Et que chaque étoile compte.

16

La place de la femme dans l'Église

Les lignes bougent

Depuis quelques mois, le pape François a multiplié les déclarations quant à l'amélioration de la place des femmes dans les institutions. Les lignes bougent dans l'Église catholique et c'est très bon…

Non au « machisme »

Au séminaire, il y a soixante-cinq ans, nous étions éduqués dans la peur de la femme, ce qui créait chez certains des réflexes misogynes. La femme était soit une tentatrice à éviter absolument, soit quelqu'un qui servait, servait et servait…

La misogynie des prêtres de l'ancien temps n'est plus de mise. Les jeunes prêtres d'aujourd'hui ont souvent eu une fiancée, ils ont même parfois vécu un certain temps avec une femme.

Le pape lui-même était amoureux d'une fille de dix-sept ans quand il était jeune. Il dit combien il faut continuer de faire reculer le « machisme » au sein de l'Église. « Il est nécessaire d'agrandir les espaces pour une présence féminine plus incisive dans l'Église. Les discours que j'entends sur le rôle des femmes sont souvent inspirés par une idéologie machiste. Le génie féminin est nécessaire là où se prennent les décisions importantes. J'aime à penser que l'Église n'est pas "le" Église, elle est "la" Église. L'Église est femme, elle est mère, et cela est beau! Vous devez réfléchir à ceci et l'approfondir.

« Une Église sans les femmes est comme le Collège apostolique sans Marie. Le rôle de la femme dans l'Église, c'est vraiment l'icône de la Vierge, de Notre Dame, celle qui aide l'Église à grandir! »

Les premiers témoins de la résurrection

Les femmes soulèvent des questions que l'Église doit affronter. Elles sont ultra-majoritaires parmi les catholiques pratiquants et elles deviennent subitement minoritaires, voire carrément absentes, dès que l'on gravit les étages de l'institution. La présence de la femme est pourtant fondamentale dans l'annonce de la foi : souvenons-nous, elles sont les premiers témoins de la Résurrection.

Les femmes au temps des apôtres sont omniprésentes, surtout dans le terrible moment du Calvaire. Même Pierre, le futur pape, et les disciples s'étaient barrés courageusement pour se mettre à l'abri. Au pied de la Croix, les femmes sont restées jusqu'au bout. Un seul homme a osé les imiter : Jean. Marie-Madeleine est la première à voir le Christ ressuscité. C'est essentiel. Le premier être humain à avoir vu le Christ revenu d'entre les morts, c'est donc une femme!

La seule à toucher le corps de Jésus, de son vivant, est aussi une femme, qui lui a lavé les pieds avec du parfum.

En tant que chrétiens, nous sommes toujours invités à revenir à la figure du Christ. Or il n'y a dans les paroles de Jésus aucune prescription sur le rôle de la femme. Il suffit de lire l'Évangile pour s'en apercevoir. Jésus se démarque même radicalement des pratiques de son époque. Il parle à la Samaritaine, femme « de mauvaise vie » et étrangère de surcroît, par la suite il récuse la pratique de la répudiation, comme n'étant pas respectueuse de la dignité de la femme. Il manifeste une étonnante liberté dans ses relations à la femme. C'est l'Évangile qui a ouvert les chemins de liberté pour les femmes mais la société a eu tendance à étouffer leur voix, jusqu'à déteindre sur les pratiques de l'Église.

Parlons du non-droit des femmes dans le monde

Les violences faites aux femmes demeurent un grave problème. Dans plus de vingt-cinq pays d'Afrique noire, de même qu'en Indonésie, en Malaisie, en Égypte, au Soudan, au Yémen, la mutilation génitale, sous forme d'excision, d'infibulation..., est généralisée. Elle atteint gravement la santé physique et mentale.

En 2010, au Pakistan, six cent trente-six femmes sont mortes victimes d'un crime d'honneur. C'est terrible ! Au Maroc, en 2012, Amina El Filali est violée à l'âge de quinze ans. Lorsqu'on la force à épouser son violeur, la jeune adolescente préfère se tuer en avalant de la mort-aux-rats.

Ici on ne connaît certes pas cette barbarie, mais savez-vous qu'une femme meurt tous les trois jours en France sous les coups d'un homme ?

Des sans-droits

Des millions de femmes se voient encore refuser leurs droits fondamentaux et n'ont pas accès à l'éducation, au microcrédit, à la justice, à l'emploi, etc.

Une étude fondée sur soixante-six pays a montré que la condition féminine est particulièrement défavorable dans trois régions : l'Asie du Sud, l'Afrique subsaharienne et le Moyen-Orient. En Inde, une petite fille âgée d'entre un et cinq ans a 75 % de plus de risques de mourir qu'un garçon. Faire passer les filles après les garçons quand il s'agit de les vacciner, de les soigner sont des pratiques fréquentes et souvent fatales. Cette situation est entre autres due au problème de la transmission : il faut un fils et non une fille pour tenir la famille. Il faut perpétuer son nom, assurer la reproduction sociale et biologique. C'est l'ancien temps des monarques.

L'éternelle absente

Les femmes sont toujours très peu représentées dans la vie politique et au plus haut niveau des institutions, qu'elles soient privées ou publiques. Dans les sciences humaines, par exemple, alors que 75 % des étudiants sont des femmes, les hommes occupent la moitié des postes de professeur. Dans l'entreprise (ce n'est pas pareil dans le public), à diplôme, poste et qualités égaux, les femmes sont moins payées que les hommes (trois points de moins dans l'écart de salaires). Parmi les membres des conseils d'administration du CAC 40, seuls 28 % sont des femmes.

(On peut saluer à ce propos le gouvernement de François Hollande qui a pour la première fois respecté la parité… soixante-dix ans après l'obtention du droit de vote pour les femmes en France !)

Dedans et dehors

Mais j'en reviens à l'Église. Quand je la regarde de l'extérieur, je regrette ses lenteurs, ses pesanteurs, son autosatisfaction, son cléricalisme et sa puissance.

Le catholicisme et l'islam sont les dernières religions où l'autorité et la parole restent uniquement masculines. Les femmes souffrent de constater qu'elles n'ont pratiquement pas voix au chapitre dans l'élaboration des orientations et des textes de l'Église, surtout dans les domaines qui les intéressent au premier chef comme la procréation, la contraception, la morale sexuelle et familiale.

Les femmes auront un jour une place… mais quand ?

En France, on compte deux cent mille catéchistes. Cent cinquante mille sont des femmes, c'est-à-dire les trois quarts.

Le cardinal Martini disait que notre Église avait deux cents ans de retard. Il estimait que les femmes devaient avoir la possibilité d'être diacres, de baptiser et de marier. On avait même émis l'idée que le pape nomme des femmes cardinales. Dans un premier temps, les choses seront difficiles à avaler : des hommes en jupe, et les femmes en pantalon ! Il y a encore du chemin à faire…

L'Église repose souvent sur les femmes

On ose prétendre qu'elles ne sont pas formées. Pourtant qui assure les retraites spirituelles et les formations, y compris théologiques ? À 80 %, des femmes. Qui est majoritairement représenté dans les funérailles ? Aux préparations au mariage ? Aux baptêmes ? Les femmes !

Les prêtres ont-ils peur de voir une femme en aube ? On habille bien ainsi les enfants de chœur ! Dans les superbes chorales de Notre-Dame de Paris, les femmes en portent. J'aimerais bien qu'elles revêtent une aube blanche, par exemple pour présider aux funérailles. Cela sacraliserait leur fonction.

Pourquoi hommes et femmes n'offriraient-ils pas le sacrement des malades quand ils et elles apportent la communion, et assurent une présence vivante auprès des souffrants ? Cela soulagerait le ministère du prêtre, très occupé, et éviterait de le transformer un gourou qui apporte ce sacrement quand s'approche le départ pour l'éternité.

Qui trouve-t-on dans les prisons ? Le plus souvent des aumônières. Dans les hôpitaux ? En majorité des visiteuses…

> *Vous êtes le sel de la terre,*
> *Si le sel perd sa saveur, comment redeviendra-t-il du sel ?*
> *Il ne vaut plus rien : on le jette dehors*
> *Et il est foulé aux pieds par les hommes.*
>
> Matthieu 5,13

Honni soit qui mal y pense

D'où vient le refus de l'Église catholique d'autoriser l'accès des femmes à la prêtrise? Dieu est-il masculin ou féminin? Dieu est homme et femme à la fois, car les deux sont à l'image de Dieu.

Alors?

L'Église est lente, nous le savons bien. Dans quatre cents ans, on peut espérer qu'elle ordonnera des femmes! Mais déjà, des diacres demain, cela serait une évolution logique et bienfaisante. Ce serait extraordinaire d'entendre prêcher une femme dans une église!

Il y a cinquante ans, laver les chaussettes des prêtres et fleurir les églises était leur tâche principale. Sans aller, comme les anglicans, vers une intégration immédiate des femmes dans le clergé, l'Église saura, je pense, avancer prudemment. Puissent le pape François et son successeur donner aux femmes une avancée importante. L'Église y trouvera une richesse partagée et une ouverture attendue et prophétique.

17

La vocation

Coup de foudre avec Dieu

Si vous demandez à des amoureux pourquoi ils s'aiment, ils auront toutes les peines du monde à vous expliquer. « On s'aime, vous diront-ils, voilà tout. » Les mots leur manqueront. La vocation se pose à chacun d'entre nous de façon aussi inattendue et mystérieuse.

Impossible d'y résister

C'est un appel au creux de l'être qui engage la personne entière, implique tout son corps et toute son âme. « La vocation ? C'est quelque chose d'intérieur, et quand bien même on essaie d'y résister, ça revient », dit sœur Marina Poydenot, poète et musicienne. « C'est un peu comme une voix mystérieuse, venue de l'extérieur et qui me rejoint au plus profond. »

La vocation est incontournable. Parfois des mecs me disent : « Tu sais, Guy, j'avais la vocation de prêtre, et puis je suis tombé amoureux et je me suis marié. Je suis heureux avec ma femme et mes enfants mais cette vocation reste là. » Je ne réponds rien pour ne pas le faire souffrir, mais en moi-même je pense qu'il aurait peut-être dû pouvoir vivre sa vocation sacerdotale tout en vivant son amour conjugal. À l'Église de le décider après réflexion. L'Esprit saint peut l'y aider comme il a aidé le Christ qui avait des apôtres mariés.

Quel est ton rêve?

Les vocations ne sont pas pléthore, parce qu'elles ne riment pas avec argent, consumérisme, célébrité, sécurité, tape-à-l'œil... La vocation religieuse n'est pas le bon choix pour s'acheter une Rolex ou frimer sur la plage. Question argent, un séminariste me raconta qu'auparavant, comme ingénieur informaticien, il gagnait plus de 3 000 euros par mois.

« Et combien touches-tu maintenant, au séminaire ? lui demandai-je.

– Pas plus de 300 euros ! »

Je me souviens de ce prêtre qui nous disait qu'aux yeux de son entourage il y avait d'un côté la case « consacrée », réservée aux garçons et filles « moches », de l'autre la case « mariage ».

« Comme j'étais plutôt beau gosse, ajoutait-il, combien de gens se disaient : « Quel dommage ! » J'aurais eu une jambe de bois et un œil de verre, tout le monde m'aurait approuvé ! »

Quand je donne des conférences à Paris, dans des écoles friquées, je demande toujours aux étudiants à quoi ils se destinent. Invariablement ils me répondent : « Haute école de commerce... Haute école de commerce... »

En revanche, si je leur dis : « Quel est ton rêve ? », j'entre beaucoup plus profondément dans leurs désirs secrets et j'obtiens des réponses parfois diamétralement opposées. Nous devons nous interroger sur nos rêves et interroger nos jeunes sur les leurs, en leur suggérant que ces rêves-là ne sont pas impossibles, mais qu'ils ne pourront pas être bâtis sans le concours des autres.

Sauter le pas

Si on ne s'adresse aux jeunes qu'en parlant de chômage, de pénurie, de stress au travail, on les incite à poser leur vie sur des rails de sécurité et à conduire leurs rêves sur un plan purement utilitariste.

« Je voudrais vous dire à vous tous, les jeunes : si l'appel du Christ – "Suis-moi !" – surgit dans ton cœur, ne le fais pas taire. Laisse-le se développer jusqu'à la maturité d'une vocation. Prends ta part dans son développement par la prière et la fidélité aux commandements », s'exclamait Jean-Paul II.

D'un autre côté, je peux comprendre que certains reculent. La vocation engage radicalement, elle fiche la frousse en même temps qu'elle fait rêver. Je me souviens d'un mec, aujourd'hui enseignant de philosophie, qui refusa d'embrasser une carrière de violoniste à la suite de l'injonction de son professeur qui lui demanda : « Es-tu bien sûr de vouloir en faire ta vie ? » Mis en face des réalités, il réfléchit longuement et conclut que pour lui, finalement, la musique restait un passe-temps. Finalement, il fut plus heureux de devenir professeur.

Il faut être sûr de soi et avoir fait preuve d'un discernement infaillible pour s'engager dans une vocation. Si cela se confirme, alors c'est une immense aventure qui se présente, la sublimation d'une vie.

Comment parler de sa vocation religieuse dans une société déchristianisée ? Il faut que nous, les prêtres, employions des mots simples, pas de langue de bois. Il y a quelque chose qui me choque quand je bénis de jeunes prêtres : ils me sortent à chaque fois une salade théologique.

Des jeunes prêtres, j'en ai béni quatre cents depuis mes débuts. Mais je me dis toujours : « Est-ce qu'il parlera français celui-là ? » Les jeunes ont une bonté extraordinaire mais un verbiage théologique auquel souvent je n'adhère pas, parce qu'il est loin de la vie des personnes.

> *Je suis la lumière et vous ne me voyez pas*
> *Je suis la route et vous ne me suivez pas*
> *Je suis la vérité et vous ne me croyez pas*
> *Je suis la vie et vous ne me recherchez pas*
> *Je suis le maître et vous ne m'écoutez pas*
> *Je suis le chef et vous ne m'obéissez pas*
> *Je suis votre Dieu et vous ne me priez pas*
> *Je suis le grand ami et vous ne m'aimez pas*
> *Si vous êtes malheureux, ne me le reprochez pas*
>
> Gravé sur un calvaire flamand de l'an 1632

Le témoignage suscite les vocations

Pas une enquête dans nos canards religieux sans qu'on s'étende en gémissant sur le manque de prêtres ou qu'on envisage sérieusement une « Église sans prêtres », comme il existe des voitures sans chauffeur.

Les statistiques ne cessent de démontrer que la baisse des vocations religieuses est un symptôme de la crise de la pratique religieuse. Car un prêtre, ça ne tombe pas du Ciel. Préparer des prières avec les enfants est un début. Je le dis souvent aux parents : « Vous faites faire la communion à vos enfants, vous les lancez dans l'Église avec le catéchisme, vous venez de temps en temps à la messe, mais vous ne priez pas avec eux. Étonnez-vous ensuite qu'à quatorze ans le gosse ait quitté l'Église ! » Je vois en revanche des enfants de chœur de seize ou dix-sept ans qui ont une approche extraordinaire de l'Église par l'autel.

Quand on me dit que la vocation sacerdotale doit naître à la majorité, ça me hérisse. On oriente n'importe quel jeune vers le métier pour lequel il montre le plus de prédispositions, mais s'il veut être prêtre on le somme de réfléchir longtemps... en espérant qu'il se lassera.

Parfois, le premier barrage à une vocation, quelle qu'elle soit, est le cercle familial qui dresse un mur « matérialiste » devant l'aspiration du jeune. Sollicité en grandissant par tant d'appels à la consommation, au mieux-être matériel, il courra vers une vie à bon marché et oubliera cet appel d'amour, de pauvreté, de don total.

J'ai découvert l'amour grâce à mon père et ma mère. Nous étions quinze enfants et nous avons tous été aimés comme des enfants uniques. Ma vocation, je la dois au fait d'avoir été formidablement aimé par mes parents, d'avoir admiré la manière dont ils vivaient. Pas un seul malade, pas un drame dans le quartier sans qu'ils aient été présents, attentifs, prêts à aider.

On était pauvres, mais on possédait la plus grande richesse, celle d'être tous également aimés. Dieu a dû greffer là-dessus cette envie folle que j'ai eue de Lui offrir ma vie. Alors quand j'ai été appelé à treize ans, comment ne pas dire oui ?

« Comme une envie de pisser ! »

Essayez de découvrir en vous la vraie route, la vraie vie : qui est votre maître, qui est votre chef, qui est votre Dieu et qui est votre grand ami.

En 1948, lorsque à treize ans j'ai annoncé à mon père que je voulais être prêtre, heureusement qu'il était assis, sinon il serait tombé le cul par terre. Parmi mes quatorze frères et sœurs, j'étais un enfant particulièrement difficile et rien ne laissait présager qu'il me viendrait l'idée d'être curé.

Mon père, parfois, s'arrachait les cheveux à la perspective de ce que j'allais devenir. Puis il comprit ce soudain désir chez moi. « Comme une envie de pisser ! » plaisantait-il par la suite.

Un incident bénin apparemment, deux ans auparavant, a peut-être été le déclic. J'avais été opéré de l'appendicite. À l'hôpital, le soir, une religieuse nous faisait faire la prière. Elle nous avait demandé de prier pour que l'un d'entre nous soit appelé au sacerdoce. J'ai senti mystérieusement que c'était pour moi. L'impression s'est dissipée puis, deux ans après… ce désir fou!

J'entrai un peu plus tard au séminaire, rêvant de devenir un curé de campagne entouré de poules et de lapins. Mon père ne manqua pas d'annoncer au supérieur que, à coup sûr, je rappliquerais à la maison dans les quinze jours. Je souris à ces souvenirs…

Prêtre n'est pas un métier

Devenir curé, ce n'est pas moi qui l'ai décidé. C'est le Christ qui m'a appelé et l'Église qui a confirmé cet appel. Aux mecs qui m'annoncent : « Je veux absolument être prêtre », je réponds : « Non, mon pote, c'est pas comme ça. C'est Dieu qui t'appelle, et l'Église validera. Tu vas aller au séminaire et on te dira oui ou non. »

Nos évêques semblent paumés devant cette crise des vocations sans précédent. Dernièrement, l'un d'entre nous a posé cette question : « Qui veut du métier de prêtre ? »

Non! Prêtre n'est pas un métier!

Quand on me lance : « Alors, vous êtes prêtre éducateur ? », je réponds que prêtre est ma vocation et éducateur un métier que j'aime passionnément. Mon métier social et laïc. Depuis près de cinquante ans je vis magnifiquement ma vocation, celle de prêtre, qui prévaut sur celle d'éducateur.

Prêtre n'est pas un métier, c'est une folle aventure pleine de risques… Pas beaucoup de repos. La sécurité garantie… dans l'éternité. La retraite… quand on n'en peut plus. Une vie faite d'amour, de don total, de garde-fous qu'on fait sauter au fur et à mesure qu'on avance.

Une vie pleine de cris, d'appels de détresse, de demandes incessantes.

C'est à l'Église de susciter le renouveau des vocations. Le Seigneur n'a pas dit : « Là où il manque des prêtres, faites des commissions et des sous-commissions... » Non, Il a dit : « Priez le maître de la moisson ! » On ne s'en souvient pas assez. Il appelait à la sainteté. Si nous sommes saints, nous donnerons à l'Église ce dont elle a besoin. Je pense qu'un prêtre saint peut avoir une formidable influence sur les vocations.

> *Je compris que l'Amour renfermait toutes les Vocations, que l'Amour était tout, qu'il embrassait tous les temps et tous les lieux en un mot qu'il est Éternel ! Alors, dans l'excès de ma joie délirante, je me suis écriée : Ô Jésus, mon Amour, ma Vocation enfin je l'ai trouvée, ma Vocation, c'est l'Amour !*
>
> Sainte Thérèse de l'Enfant-Jésus

« Dieu seul, et les autres »

Je reste avec cet appel d'enfant : « Dieu seul, et les autres. » Tous les autres, mais surtout les plus abîmés, les perdus, les perdants. Ma vocation de prêtre est un don reçu.

Les lassitudes, les échecs et l'usure peuvent envahir notre âme. Si Dieu appelle et allume en nous la flamme, Il fait qu'elle consume nos attraits, notre nature, notre pente, nos fragilités, nos échecs. On s'affadit si vite. On s'habitue si facilement. On peut brasser la misère à pleines mains sans repérer la couleur des yeux de celui qui implore ou mendie. Un virtuose n'est pas forcément un grand musicien : on peut entendre sans cesse des cris de désespoir sans les écouter.

Après le galop d'essai de l'apôtre qui en veut, qui court partout, qui n'est qu'élan, on peut alors n'avancer qu'à petits pas, reculer même, s'entourer de garde-fous, travailler avec filet et ne plus prendre de risque.

Revenez sans cesse au premier appel de votre vocation. À l'enfance de votre vocation. Remettez continuellement vos pendules à l'heure afin de ne pas vous éloigner de « l'appel de Dieu qui envoie ».

18

Être prêtre aujourd'hui

Un très grand bonheur malgré les difficultés

La veille de son ordination, Don Bosco demanda à sa mère de lui définir la tâche du prêtre. « C'est souffrir, souffrir, souffrir », lui répondit-elle. Combien de fois, jeune prêtre, j'ai médité ces mots. Souffrir de la souffrance des autres. Avec la joie partagée avec tous.

Qui est la brebis perdue ?

En décembre 2013, à Sainte-Mère-Église, le père Emmanuel Serveau se suicidait. Ce prêtre jonglait entre deux paroisses dont il était curé. Ses très nombreuses activités et l'isolement causé par les responsabilités ont dû concourir à son geste de désespoir.

Chaque prêtre a son histoire, un corps, une âme. Beaucoup de chrétiens l'oublient. « Le luxe du prêtre, c'est de pouvoir aimer tout le monde », disait Teilhard de Chardin. Malgré des souffrances passées ou présentes qui le tenaillent, il doit à toute heure être un cœur débordant d'amour. Mais il a des nerfs (parfois fragiles), un corps qui, certains soirs, tombe de fatigue, une affectivité qui le pousse, en Église, à aimer comme Jésus aimait, mais qui parfois souffre terriblement du manque d'amour personnalisé.

L'Église, forte de son milliard de chrétiens, cherche très loin d'elle ses fameuses brebis perdues, vers lesquelles elle se doit d'aller en priorité. Mais prend-elle le risque de les chercher tout près ?

Le jeune prêtre enfermé dans des lois ecclésiastiques, nécessaires certes, mais qui, appliquées avec sectarisme, font fuir les fidèles, ne fait-il pas partie des brebis perdues ?

Le fringant vicaire, passionné par sa tâche ecclésiale, mais jetant aux orties bréviaire, chapelet et retraites, se perdant dans de multiples activités qui n'ont, comme justification, que le mot « apostolique », n'est-il pas à mettre dans le troupeau des brebis qui se perdent ?

Le prêtre brillant, coqueluche de sa paroisse, vivant secrètement le drame d'un célibat qui n'a plus pour lui de signification, n'est-il pas une brebis égarée, sans que personne en ait conscience ?

Prendre du « recul »

Prendre du recul ? Difficile quand on a « charge d'âmes ». « Le prêtre n'est pas pour lui-même, il est pour vous », disait le curé d'Ars. Quand quelqu'un s'approche de moi en me disant : « Excusez-moi, mon père, de vous déranger… », je lui réponds : « Tu ne me déranges pas, au contraire, je suis là pour toi. »

Le prêtre est à l'écoute des gens, le prêtre comprend, le prêtre sait se taire, le prêtre reçoit parfois des confessions très dures, très pénibles. Les gens viennent parce qu'ils savent qu'un cœur les écoute. Ils viennent parce qu'ils savent qu'il ne prêche pas pour lui-même, mais pour Jésus Christ.

Garder une âme de prêtre face à de multiples demandes n'est pas facile. Il faut veiller à ce que le service social ne vous envahisse pas au point de perdre votre âme de feu, vouée à la louange et à l'amour de la Parole de Dieu.

Stressés, surchargés, pris par le culte, passant d'un enterrement à dix-sept heures pour terminer par une réunion paroissiale à dix-neuf, il nous est de plus en plus difficile d'écouter.

Comment un prêtre débordé peut-il se reposer, prier et ensuite se jeter dans la mêlée ? Combien de fois ai-je vu des prêtres et des évêques en réunion dormir sur leur chaise ?

« Aime-toi toi-même » est l'exigence évangélique prioritaire. Deux journées de retraite tous les dix jours dans le silence absolu est mon trip prioritaire. Sinon, bonjour le lien amical avec le Christ qui est force et fraîcheur incomparable ! Il prime tout, il sauve tout. Sinon notre spiritualité bâclée affadit le sel de la terre que nous devons être.

Sinon, on frôle les gens et on les zappe. On est des gens pressés, super-actifs, et finalement superficiels. Notre évangélisation devient aléatoire, nulle même.

S'entourer d'une communauté

« En tout homme et toute femme se trouve une part de solitude, qu'aucune intimité humaine ne peut combler. Pas même l'amour le plus fort entre deux êtres. Qui ne consent pas à ce lieu de solitude connaît la révolte contre les humains, contre Dieu, contre lui-même », disait frère Roger de Taizé.

Rien n'est plus petit, plus fragile qu'un prêtre. L'isolement affectif, la solitude et un ministère asséchant peuvent le tuer. Par voie de conséquence, il peut déraper tragiquement. Pauvres de nous dans notre solitude. Il y a des jours où ça peut nous rendre dingues.

Un prêtre ne doit pas vivre seul. Il est très important qu'il soit entouré d'une communauté.

Je me souviens qu'après un baptême un prêtre me confiait : « Ce soir encore, mon presbytère est vide. » J'ai eu des tas de copains prêtres qui ont fini par renoncer à leur vocation. C'est pour cela aussi que le pape François réfléchit sérieusement à l'ordination d'hommes mariés.

Le Christ était toujours entouré. Son mariage d'amour avec le peuple dès qu'il mettait le nez dehors lui enlevait tout stress. Mais quand la pression était trop forte, il se réfugiait au bord d'un lac ou sur une montagne.

Ses proches et sa famille devaient lui procurer une chaleur affective forte et protectrice. Ses disciples étaient fascinés par lui, par ses miracles, par sa parole aussi, même si elle glissait souvent sur eux comme de l'eau bénite sur les plumes d'un canard.

Travailler seul, je le répète, est suicidaire. On ne peut apporter l'amour si on ne l'entretient pas sans cesse. Pour donner la force de vivre, il faut avoir une grande joie de vivre.

Je ne dirai jamais assez combien mes équipes successives ainsi que mes coéquipiers actuels ont été et sont vitaux pour moi. Ils m'ont toujours pris au sérieux quand il le fallait, et ils ont eu assez de réserve d'humour pour m'aider à briser une image dangereuse que les médias, mes livres et les conférences semaient sur ma route.

La personne est unique au monde

Actuellement, il faut nous accrocher, nous les prêtres, car nous sommes très demandés bien que de moins en moins nombreux, d'où la difficulté d'être vraiment présents pour chaque personne. Le tout est de savoir que cette personne devant nous est unique au monde. Il faut la regarder. Le clochard, il ne baisse pas les yeux quand vous les regardez. Il ne baisse pas les yeux parce qu'il a besoin de savoir que, au-delà de l'aumône qu'on lui fait, c'est surtout lui qui compte.

Il faut voir le Christ dans toutes les personnes.

Comment être prêtre aujourd'hui, ou la Quadrature du cercle

S'il prêche plus de dix minutes…
Il n'en finit pas !
S'il parle de contemplation de Dieu…
Il plane !
S'il aborde les problèmes sociaux…
Il vire à gauche.
S'il aborde les problèmes éthiques…
Il vire à droite.
S'il va travailler en usine…
C'est qu'il n'a rien à faire !
S'il reste en paroisse…
Il est coupé du monde !
S'il marie et baptise tout le monde…
Il brade les sacrements.
S'il devient plus exigeant…
Il veut une Église de « purs ».
S'il reste au presbytère…
Il ne voit personne !
S'il fait des visites…
Il n'est jamais au presbytère !
S'il passe bien avec les enfants…
Il a une religion de gosse !
S'il s'occupe des anciens…
C'est qu'il ne s'intéresse pas aux jeunes !
S'il fait des travaux au presbytère…
Il jette l'argent par la fenêtre !
S'il ne fait rien…
Il laisse tout à l'abandon !
S'il collabore avec le conseil paroissial…

Il se laisse mener par le bout du nez!
S'il sourit facilement…
Il est trop familier.
S'il ne sourit pas tout le temps…
Il est distant!
S'il est jeune…
Il n'a pas d'expérience!
S'il est âgé…
Il devrait prendre sa retraite.
Et s'il meurt… eh bien…
Il n'y aura personne pour le remplacer.

Anonyme, lu sur un ancien bulletin paroissial d'avril 1997

Dieu n'aime pas les surhommes

Au fil des années, je m'aperçois que j'avance cahin-caha. Mais j'avance! On traîne toute sa vie sa fichue peau, et son ivraie qui profite de tout pour envahir le peu de terrain qu'on a défriché.

Ma fragilité me donne une force. Elle me replonge, chaque fois que j'en prends conscience, dans l'immense cohorte des pécheurs de tous les jours. Pécheurs rénovés qui, la faute admise, repartent joyeusement vers une étape nouvelle.

Ma fragilité, je la reconnais et je vis avec. J'ai lu dans l'Évangile que Dieu s'appuie sur elle pour me donner Sa force. Je comprends de mieux en mieux pourquoi le Seigneur a aimé prioritairement les pécheurs. La tendresse particulière de Jésus s'est toujours manifestée pour celui ou celle qui, se reconnaissant coupable, cherchait désespérément à savoir qui pourrait lui pardonner et comment.

J'ai la certitude qu'Il me soutient quand le fardeau est trop écrasant et que moi-même je tente d'aider les autres à assumer leurs angoisses ou leurs révoltes.

Aimez vos prêtres

Votre exigence doit rendre le prêtre bon. Votre bonté doit rendre le prêtre juste. Votre sainteté doit rendre le prêtre saint. Frères et sœurs, priez bien pour vos prêtres.

Surchargé, sans cesse bouffé, écartelé, sur les routes, le prêtre est en danger. Chrétiens, vous devez l'aider dans sa mission.

Votre amitié et votre proximité seront ses deux remparts pour l'aider à montrer l'exemple à votre communauté. Combien de prêtres m'ont dit leur reconnaissance aux fidèles qui les ont portés, soutenus, soulevés par leurs interpellations et leur franchise !

Ils auront alors plus de chance de vous livrer une bonne nouvelle qui sera une force et un phare pour vous. Parce que vous les aurez aidés à devenir des « êtres de lumière ».

Chrétiens, aimez vos prêtres.

Dieu seul me rend capable

Regardez les apôtres ! Douze pauvres types. C'est passionnant de voir que l'Église est née avec des hommes qui n'étaient pas vraiment capables.

Dieu a choisi, entre autres, un pauvre gus comme moi. Après bientôt cinquante années de sacerdoce, j'ai encore la conviction que je ne suis pas capable d'être prêtre. J'avoue que j'utilise des produits dopants de toute nature qui font recette depuis plus de deux mille ans. Ces doses qui me permettent de dépasser mes limites ne sont heureusement pas coûteuses et surtout elles sont sans danger. C'est Dieu qui en détient la posologie, Il me soutient dans la prière.

Prière, humilité, silence, amour et autres produits miracles

Celui ou celle qui prie chaque jour, refusant de croire uniquement en ses propres forces, acquiert par temps calme comme par mer déchaînée une force incalculable.

Celui ou celle qui a l'humilité de croire que Dieu seul est la référence, le point d'appui et sa joie quotidienne, s'inocule une sérénité et une joie pas possibles.

Celui ou celle qui s'arrache de temps à autre à sa tâche de chaque jour pour repenser sa vie, revoir ses certitudes, reprendre ses points forts et surtout ses points faibles, dans le silence de Dieu, par une prière de demande et de pardon, s'injecte une capacité de puissance et de pauvreté immense.

Le prêtre trouve un soigneur miraculeux au cœur de son combat, parce que Sa drogue est l'Amour et que cette drogue-là rend invincible.

Jeune prêtre, contemple tes mains!

L'évêque m'attend, à l'entrée de la salle de conférences. D'instinct, j'embrasse sa main. Il la retire vivement : «Tu dates, Guy. Ça ne se fait plus.»

«Père, je veux par là te dire combien l'évêque qui m'a oint les mains, il y a quarante-neuf ans, m'a rendu plus heureux que je n'aurais jamais pu l'imaginer.»

Jeune prêtre, contemple tes mains! Aujourd'hui, elles ont été consacrées pour le service sublime de l'amour. Maintenant, ta puissance n'aura d'égale que ton humilité.

Pauvre de toi d'avoir été choisi. Par quel mystère fabuleux tu as entendu un jour cet appel pressant, impérieux, qui t'a amené dans la cathédrale où tu viens de dire enfin : «OK! Je bascule tout à ton service. Je me donne à toi pour le service de l'humanité!»

Regarde tes mains. Contemple-les. Et n'oublie pas que l'évêque les a consacrées… pas ta tête.

Il faut, bien sûr, quelques intellos dans l'Église. Mais surtout des ouvriers. On en manque de plus en plus aujourd'hui. On a besoin de tes mains qui vont frapper aux portes les plus fermées.

Elles sèmeront la compassion, le pardon, partout : dans la rue, dans les avions, le train, les bouges sordides, les villas les plus luxueuses, les églises.

Si tes mains ne font qu'appliquer des règles, imbues de leur seul pouvoir, elles seront vomies par le Christ, mais si tes mains se baladent de lits d'hôpitaux en parloirs de prisons, de l'usine où tu bosses à la paroisse où les plus petits sont accueillis en priorité, elles seront celles du Christ fonçant vers le pécheur, courant derrière la prostituée, éperdues de compassion pour les Zachée et autres mécréants.

Si on t'appelle père (et, qui sait, un jour peut-être « monseigneur »), contemple tes mains. Accepte ta paternité spirituelle, mais refuse toute vénération de ta personne. Elle offenserait Dieu et rendrait tes mains captatrices.

Même sales, impures, pécheresses, elles feront passer le mystère d'amour, malgré tout. Saintes, elles donneront à ton ministère une puissance inégalable.

À la sortie d'une église, au Portugal, des anciennes m'ont saisi les mains, les ont ouvertes et embrassées. Ému, je n'ai pu répondre à leur ferveur qu'en baisant à mon tour leurs vieilles paluches paysannes.

Chrétien(ne), embrasse de temps à autre la main ouverte de ton prêtre. Et dis-lui pourquoi. Tu vas sacrément réchauffer son sacerdoce.

Pour toi qui hésites

Je crois toujours, Seigneur Jésus, que ton appel est pour les autres.
Je n'imagine jamais que tu puisses m'appeler, moi.
Je t'avouerai même que je me dis : tant mieux.
Car je voudrais réussir ma vie,
et je crois que te suivre de manière radicale,
dans le sacerdoce ou la vie religieuse,

ce n'est qu'une demi-réussite.
Pourtant, Seigneur,
il m'est arrivé de rencontrer des prêtres,
des religieux, des religieuses respirant la joie de vivre et le bonheur.
Oui, je m'en souviens.
Et ce jour-là encore,
j'ai pensé que ce n'était pas pour moi.
As-tu compris, Seigneur,
que te suivre aujourd'hui,
c'était souvent aller à contre-courant
et que ça, c'est presque impossible ?
Mais, j'y songe tout à coup :
l'impossible ne te fait pas peur,
car tu sais, toi, que l'impossible des hommes
peut devenir le possible de Dieu.

Anonyme

19

La liturgie

Rencontre essentielle avec Dieu

« Ce qui m'énerve, c'est qu'ils s'assoient et se lèvent sans arrêt, et puis on n'y comprend que dalle, sauf le sermon ! » Cette réflexion est caractéristique des jeunes loubards avec qui je vis, et qui me suivent quand je vais célébrer des messes en France. Pour eux, la messe, c'est une cérémonie de Martiens.

C'est à nous, prêtres, de faire comprendre la beauté et le sens des gestes de la liturgie.

Célébrer aujourd'hui

La liturgie, si elle est une fête, peut revêtir une certaine solennité sans pour autant n'être que solennelle. Elle doit d'abord rester humaine, proche, comme au cours de la Cène où, serrés autour de lui, les apôtres, après avoir longuement vécu avec Jésus, reçurent l'eucharistie, dans la simplicité et la joie d'un simple repas.

Je ne suis pas non plus pour une liturgie échevelée qui ne se fonderait que sur l'improvisation du prêtre en oubliant ceux qui participent.

Trouver le bon équilibre n'est pas évident. Ainsi, après Vatican II, j'ai vu des églises dans lesquelles des orchestres faisaient un boucan incroyable, qui ne manquait pas de faire fuir tous les vieux dinosaures affolés. J'ai assisté un jour à un véritable désastre eucharistique. Des prêtres, voulant à tout prix donner dans le moderne, avaient réussi à vider complètement l'église. Les chants supermodernes, mais inadaptés, ne recevaient en réponse que l'écho des voûtes. Quant aux fidèles, ils restaient peureusement groupés au fond de la nef malgré les supplications des prêtres pour les faire avancer. Pour ma part, je n'ai pas pu prier.

C'était la mode, certes, mais le rite n'est pas une mode…

Depuis, j'ai participé à des messes de jeunes, très belles, bien préparées. Je vais toujours voir les organisateurs pour leur dire : « Ça c'est une magnifique cérémonie, car vous avez prié avec votre musique. »

Le corps est un chemin

Les gestes ne sont pas seulement l'expression d'une prière, ils sont la prière elle-même. En posant des gestes et en ouvrant tout notre être, nous l'inscrivons dans nos vies. La signification et la portée du corps dans la prière sont très importantes.

La liturgie engage le corps et tous nos sens, car nous sommes saisis par une atmosphère : des formes et des couleurs, des odeurs comme celles de l'encens et des huiles saintes qui montent vers Dieu avec notre prière.

C'est dans ce que nous avons de plus corporel que nous sommes appelés à vivre les choses les plus spirituelles. Souvenez-vous, quand Simon-Pierre dit à Jésus : « Seigneur, toi, me laver les pieds ? » et que Jésus lui répond : « Si je ne te lave pas, tu n'auras pas de pain avec moi. » C'est magnifique, le Christ qui lave le corps de ses disciples.

Des yeux pour comprendre

Comme j'aime ces visages qui reçoivent la communion, ces yeux qui regardent en face celui qui donne Dieu ! Donner la communion est l'un des plus grands moments de ma vie. La donner lentement à chacun, comme à une personne unique, est un acte irremplaçable.

La liturgie, dévorez-la des yeux si vous le pouvez. La vue permet non seulement de voir l'autel, les vitraux, mais aussi les frères et les sœurs qui nous entourent. La liturgie chrétienne vise à « rendre visible l'Invisible ». Combien de peintures, de sculptures, de vitraux ornent les lieux saints, qui veulent rendre gloire au Créateur.

Une bouche pour dire et pour chanter

Je chante, hélas !, comme une crécelle. Donc, quand on me demande de chanter, je demande au diacre ou au curé de me remplacer. Il n'empêche que j'adore quand les gens chantent, quand la personne prie et vit son chant. Pas parce qu'elle fait des trilles de rossignol, mais simplement parce qu'elle m'aide à prier en vivant elle-même son chant de prière.

« Chanter, c'est prier deux fois », disait saint Augustin.

L'Esprit saint est l'âme de la liturgie. Il convoque mystérieusement les fidèles, leur permet de comprendre la parole proclamée et agit dans les sacrements.

Les lectures doivent être bien prononcées. La parole de Dieu doit être audible par tous. Chacun doit y prêter toute son attention. J'aime entendre déclamer les textes saints d'une voix jeune, forte, nette et vibrante. C'est superbe d'assister à une lecture pleine de foi intérieure. Lorsque j'entends un texte très bien lu, je ne manque jamais de dire à la personne, à la sortie de la sacristie : « Bravo, mon pote, ta lecture était excellente ! »

Les mains

Nous avons été élevés les fesses serrées dans l'église. Avec Vatican I, on ne bougeait pas, mis à part : « Levez-vous ! Assis ! À genoux ! » Aujourd'hui les jeunes tapent dans leurs mains pour créer un rythme, moi je n'y arrive pas, car je n'y ai pas été habitué (et puis à mon âge, avec l'arthrose, les tendinites...), mais je trouve très beaux ces moments d'expression des jeunes.

Voir les jeunes prier avec leur corps, c'est magnifique. Dans la région parisienne, les Africains nous amènent leur puissance de souffle et de geste, c'est une merveille, cette implication corporelle dans la prière.

Le signe de croix

L'homme célèbre avec tout son corps. Quand nous devons entrer en relation avec quelqu'un, nous faisons appel à des signes, à des gestes. Il en est de même lorsque nous devons rencontrer Dieu.

Quand on fait le signe de croix, ce n'est pas pour chasser les mouches qui pourraient traîner dans la cathédrale ! Le signe de croix, tracé lentement, nous permet de vénérer le Père qui a tout créé, qui nous a envoyé son Fils par amour, et l'Esprit saint qui nous le fait comprendre. C'est important de réapprendre ces gestes qui, exécutés machinalement, perdent leur portée liturgique.

Nous avons besoin de médiation concrète. Pour le sacrement des pénitences, lorsque je dis « je te pardonne tes péchés au nom du Fils, du Père et du Saint-Esprit », je fais le signe de la croix.

Des genoux pour se prosterner

Même si ce n'est pas la position prioritaire des catholiques – aujourd'hui il n'y a plus de prie-Dieu –, on ne peut pas dire une prière avachi, complètement affalé. L'attitude est importante.

Chacun doit trouver la sienne. Je peux être à genoux comme en retour à la terre, et m'offrir humblement à celui qui donne sens à ma vie. La génuflexion est un geste qui parle et qui fait vivre la rencontre avec Dieu et avec les autres. C'est joyeusement que je me relève de la confession, après avoir reçu l'absolution.

Des mains pour servir

Ah ! les mains ! Quand nous prenons l'hostie, la main droite sur la main gauche, c'est magnifique !

Il n'y a pas de geste plus beau que ces mains tendues lors de la communion.

La main robuste du maçon, la main usée du vieux, les mains fragiles de l'adolescent et les mains menues du petit qui vient communier.

Menottes de l'enfant qui s'approche timidement sans mesurer encore la grandeur de cet instant, mais qui le ressent finalement souvent mieux qu'un adulte, parce qu'il est pur, donc ouvert à la grâce qui l'envahit.

Mains calleuses du terrien, de l'ouvrier, burinées par la vie, le travail, la dureté de la terre ou des outils.

Mains fines du riche qui ne connaît pas les matins ensommeillés où il faut courir pour attraper son métro, courir encore pour retrouver le nid familial. Mais peut-être ces mains connaissent-elles d'autres détresses ! Celles de l'enfermement qu'imposent toute richesse, toute réussite sociale éclatante, tout pouvoir, tout don gardés pour soi. L'hostie a place dans ces mains-là aussi, à condition que le prêtre leur crie sans cesse qu'elles doivent s'ouvrir pour partager, soulager, aimer.

Mains de prostituées, mains que l'on croit souillées par d'innombrables caresses et étreintes. Jésus a dit de ces mains-là qu'elles auraient aussi leur place dans le Royaume de Dieu.

Mains tatouées... Plus qu'en toute autre main, je sais lire en elles. Je sais que c'est souvent en prison qu'elles ont profité de ces quelques centimètres carrés de liberté qu'il leur restait : leur peau, où inscrire ces signes d'appartenance au monde des rejetés, des piétinés, des abîmés.

Mains tremblotantes du vieillard, qui sait que l'Éternité approche, l'appréhende ou la regarde en face, acceptant l'usure du corps, mais qui refuse que son cœur ne batte plus au rythme du monde d'aujourd'hui.

Mains d'adolescents, impétueuses et décidées, ou hésitantes et timorées.

Mains d'adultes, sûres d'elles-mêmes ou meurtries par la désespérance de voir leurs enfants qui poussent mal.

Mains du garçon, trahi dans un premier amour.

Mains de la fille, qui pense qu'être aimée ça n'existe pas, parce qu'elle a été trop souvent draguée, pelotée, désirée comme un objet.

Mains du couple, qui respire l'amour, la tendresse, et qui écarte en souriant le petit perdu dans leurs jambes, tout en tendant l'autre main.

Un banquet familial

Chaque geste du célébrant dit sa sérénité, sa certitude que Dieu est là, sa joie d'avoir été choisi, lui si pauvre, pour ce moment-là.

La désinvolture, les gestes brusques ou distraits empêchent le chrétien de communier au mystère de ce qui est notre plus grande prière.

Le prêtre ne peut qu'« entrer » et « faire entrer » dans l'eucharistie.

Voir des moines célébrer est toujours pour moi un enchantement, parce que c'est une prière d'une rare puissance. Leurs visages sereins et leurs gestes lents ne semblent plus appartenir à la terre.

On ne peut pas faire des eucharisties bâclées. C'est une immense réunion de famille et, comme toute réunion de famille, elle se prépare.

On m'a demandé souvent de célébrer en blouson noir. Je l'ai toujours refusé. Pourquoi ? Parce que l'aube unifie les ministères particuliers, les peuples pour lesquels on est envoyé. L'eucharistie fait communier à tous les ministères du monde, à toutes nos singularités, à toutes nos différences. C'est le trésor de l'Église universelle. On ne doit en voir que l'éclat rayonnant.

Regardez ces églises magnifiques, superbes. Le Christ peut descendre partout. En été, je fais l'eucharistie dehors. Au milieu des marguerites, des chèvres et des kangourous. La plus belle des cathédrales n'est-elle pas la nature et son extrême magnificence ?

À Rougon, dans mon village de Provence, quand je célèbre, j'ai des petits de quatre ans autour de l'autel. Ils font les enfants de chœur. Demandent au beau milieu de la messe s'ils peuvent aller faire pipi. C'est adorable. Ils veulent soudain faire un bisou à la grand-mère, alors ils y vont.

C'est une nouvelle liturgie.

Il faut absolument pour les jeunes une liturgie simplifiée, ouverte, proche, qui les éclaire. Je me souviendrai toujours d'une salle de huit cents jeunes où l'un d'eux m'interpelle : « Guy, pourquoi s'emmerder à la messe ? » Une ovation a suivi. Que le Christ qui vient les saisisse. À nous de le faire passer.

Fausses notes

Bienheureuses les fausses notes,
car elles aiguisent notre soif de la perfection !

Bienheureuses les liturgies ternes et tristes,
car elles nous font désirer la Liturgie céleste !

Bienheureuses les musiques banales,
car elles nous forcent à les oublier pour penser au texte!

Bienheureuse la pauvreté de l'unisson,
car elle nous révèle la beauté de l'Unité!

Bienheureux les départs ratés,
car ils nous prouvent que cette Unité est difficile à atteindre!

Bienheureuse la polyphonie compliquée,
car elle nous fait découvrir la richesse née de la diversité!

Bienheureuses les voix acides,
car elles nous invitent à ranimer la douceur de notre amitié!

Bienheureuses les voix fausses,
car elles entraînent la patience et la charité de leurs voisins!

Bienheureux le chanteur qui se trompe,
car il donne à son chef de chœur l'occasion de lui pardonner et de lui sourire!

Bienheureux le chef de chœur aux bras lourds,
car sa fatigue le rapproche du Christ en croix ouvrant ses bras pour se donner tout entier!

Bienheureux les sourds,
car ils rappellent que la musique intérieure est souvent plus belle que l'autre!

Michel Veuthey

20

La piété populaire

Un trésor de l'Église

Je suis dans l'église et j'observe… Certaines choses m'étonnent, d'autres m'énervent un peu ; par exemple, quand je vois des fidèles arriver à toute vitesse, faire un rapide signe de croix et se tourner vers une statue de la Vierge Marie ou d'un saint. « Non, pas ça ! me dis-je en moi-même. Quand on arrive dans une église, on fonce vers le tabernacle, la petite lampe rouge, et on regarde le Christ – acteur essentiel de sa vie. »

Quand je les vois accrocher un cierge, je continue à me dire : « Mais merde, qu'est-ce qui les pousse à aller par là tout de suite ? » Et puis je me raisonne. Je me dis que finalement le premier devoir du chrétien est le service des frères et sœurs. Si la personne s'approche de cette manière de la sainteté, alors tant mieux. La dévotion populaire est un engagement et un chemin de sainteté.

Ex-voto

Les ex-voto, souvent magnifiques de naïveté, traduisent la piété populaire. Ils prennent toutes les formes. À Paris, par exemple, dans l'église Notre-Dame-des-Victoires dédiée à la Vierge, on trouve des cœurs en métal doré ou argenté, plus ou moins ornés de gravures, dont certains contiennent un message, une prière, le nom des personnes que l'on recommande à Marie... À Notre-Dame-de-la-Garde, à Marseille, la partie supérieure des murs des chapelles latérales est occupée par des ex-voto représentant des tempêtes, des incendies, des accidents de voiture ou de chemin de fer, un malade dans son lit, etc. À Lourdes, des béquilles sont suspendues ou accrochées aux parois de la grotte...

Trésor de l'Église

La dévotion populaire est un élan du cœur, une action de grâces, une tranquille audace. C'est pour cela que le pape François en parle comme du « trésor de l'Église ». Le 5 mai 2013, il a lancé aux 50 000 membres d'associations de laïcs et confréries venus du monde entier, place Saint-Pierre : « La piété populaire, dont vous êtes une importante manifestation, est un trésor de l'Église que les évêques latino-américains ont défini, de façon significative, comme une spiritualité, une mystique, un "espace de rencontre avec Jésus-Christ". Puisez toujours au Christ, source inépuisable, renforcez votre foi, en ayant souci de la formation spirituelle, de la prière personnelle et communautaire, de la liturgie. Au fil des siècles, les Confraternités ont été des foyers de sainteté pour beaucoup de personnes qui ont vécu avec simplicité une relation intense avec le Seigneur. Marchez avec résolution vers la sainteté ; ne vous contentez pas d'une vie chrétienne médiocre, mais que votre appartenance soit un stimulant, surtout pour vous, à aimer davantage Jésus-Christ. »

Procession au milieu de la lavande

Dans ma petite paroisse du Sud, à Rougon, modeste village de Haute-Provence perché à 930 mètres sur un piton rocheux surplombant les gorges du Verdon, j'étais délégué une fois par an pour les grandes fêtes, car il n'y avait plus de prêtre. Un jour, une vieille Rougonnaise, Mme Constantin, me dit : « Pourriez-vous refaire la procession de la Saint-Christophe le dernier dimanche de juillet ? J'aimerais tant la revoir avant de mourir. »

Je me suis enquis de l'origine de cette fête, qui date de plusieurs centaines d'années, et j'ai fait cette procession. Elle s'étira au milieu de la lavande jusqu'à la chapelle. Il y avait bien peu de monde la première fois, mais la ferveur des anciens du village faisait multitude. J'ai le souvenir inoubliable du bonheur des petites vieilles réunies dans l'église où sonnaient les cloches à toute volée. Voir, sous le scintillement des étoiles, ces personnes chantant l'« Ave Maria » en faisant vaciller la lumière d'un cierge fut une joie profonde pour tous.

Mme Constantin et ses six copines jubilaient.

Quand je suis revenu, quelques mois plus tard, avec un album photo de la procession afin de l'offrir à cette dame, on m'a répondu qu'elle était morte « il y a trois heures ». J'ai posé l'album sur son cercueil et j'ai béni cette sainte femme, auteur d'un acte fondateur.

Tout un programme de réjouissances !

D'année en année, je refais la procession de saint Christophe. Je m'y tiens religieusement.

Elle est maintenant suivie par trois ou quatre cents personnes. La procession rassemble les habitants des environs, quelles que soient leurs idées politiques ou religieuses, ou même leur incroyance.

Avant, il y avait les vêpres le samedi soir et la procession le lendemain ; j'ai organisé la procession le soir et c'est un beau rassemblement. Je fais une exposition très simple du saint sacrement, jusqu'à 2 heures du matin. J'offre des poèmes laïcs et religieux à la fois. Ce n'est pas le peuple habituel des messes, mais on retrouve l'engouement perdu il y a quarante ans.

J'invite chaque année un évêque à présider la fête. Ces éminences découvrent un peuple et son histoire. Les loubards savent très vite les mettre à l'aise et au parfum lorsqu'elles sont un peu guindées. Les bêtes font le reste.

Une fête pétaradante

Voir débouler devant la chapelle, juste avant les cérémonies, l'équipe des jeunes de Faucon, toutes religions confondues, portant vêtements sacerdotaux, aubes d'enfants de chœur, croix et encensoir, est un régal.

Dieu doit se réjouir de voir Ses créatures Le louer, biffant durant un moment leurs différences religieuses. Orthodoxes, protestants et parfois anglicans chantent le Dieu unique.

J'ai ajouté à ce retour aux racines chrétiennes traditionnelles l'apport d'une centaine de motards qui viennent honorer, sur leurs engins pétaradants, une fête religieuse dont ils se foutaient, au départ, comme de leur première chaussette. Conquis par ce folklore mi-religieux, mi-laïc, chaque année ils reviennent pendant deux jours enrichir les festivités du village. Cette présence motarde est particulièrement pittoresque. Et durable.

Les motards partent traditionnellement de Faucon le samedi soir, toutes sirènes hurlantes, montent vers le village, nid d'aigles et de vautours dominant les gorges du Verdon. Ils donnent un spectacle audiovisuel superbe, à la grande joie des villageois qui entendent de très loin les klaxons annonçant leur arrivée et le début des réjouissances.

Les deux-roues encadrent la procession religieuse nocturne et refont le même parcours le lendemain matin pour la grand-messe. J'en ai vu rester longuement dans la chapelle. Rigolard, l'un d'eux m'a confié : « Guy, c'est ma seule messe de l'année. Je ne te dirais pas que je prends mon pied, mais sache que pour rien au monde je ne manquerais ce défilé. »

Le lendemain, il y a généralement un mariage ou un baptême et l'église est bondée. C'est la joie des racines familiales, de la famille rassemblée.

Ça a du sens

Les sens sont importants dans la piété. Toucher les parois de la grotte de Lourdes pour dire : « Je m'appuie sur Marie », ça a du sens. Boire l'eau de Lourdes, qui vient de la source trouvée par Bernadette, cela aussi a du sens. J'aime à toucher des objets sacrés, sans tomber dans la superstition. Je me souviens de l'odeur de l'encens, dans mon enfance : ce n'était pas celle du shit ou de la marijuana, c'était la belle odeur de l'Orient. Comme celle des champs, tous ces éléments participent de la foi.

Pèlerinages

On peut faire la marche vers Saint-Jacques-de-Compostelle, comme des foules de gens chaque année. Tout cela nous relie au sacré.

J'ai fait sept JMJ, sept pèlerinages. J'ai immensément aimé voir les milliers de jeunes venir vers le Christ. Des tas de vocations sacerdotales et religieuses sont nées de ces rendez-vous.

Une chose intéressante à noter est la fréquentation constante des lieux de pèlerinage. Lourdes accueille six millions de visiteurs par an ! Même si la pratique religieuse diminue en Europe, il y a de plus en plus de visiteurs à la grotte miraculeuse. Les croyants vont aussi à Fatima. À Saint-Jacques-de-Compostelle, là où on comptait quelques centaines de personnes par mois, on en voit maintenant des dizaines de milliers ! La dévotion populaire est forte. Les croyants sont en recherche.

Je me souviens qu'à l'occasion des JMJ à Paris il y eut une explosion de joie dans les métros, les bus, un peu partout dans la capitale. C'était fantastique de voir ces milliers de jeunes parlant aux gens, chantant, animant des rames entières.

Il faudrait une JMJ, cette immense fête de piété populaire, tous les mois à Paris!

21

Priez pour l'église d'Algérie

Souffrance et espérance

L'Église dont je suis le plus proche, après celle de Paris à laquelle j'appartiens aujourd'hui, est celle d'Algérie. C'est un sacerdoce que j'ai vécu intensément et qui m'a apporté beaucoup.

Je me sentais « appelé »

J'ai débarqué en Algérie en 1957 comme militaire appelé. J'avais vingt-deux ans et, comme tous les autres troufions, j'ignorais ce qui m'attendait. En fait, je n'aurais jamais dû y aller car je souffrais de rhumatismes articulaires aigus, mais je voulais voir ce conflit de près. Je me sentais « appelé ».

Je ne savais pas que j'y passerais treize ans. C'est-à-dire trois ans de guerre, puis les années de guerre civile, ensuite le séminaire, enfin cinq ans à Blida où, paradoxe, j'ai préparé mon sacerdoce en travaillant au milieu de musulmans.

J'ai tout de suite voulu être infirmier, de façon à ne pas porter d'arme. Je m'occupais des centres de regroupement. L'armée avait fait descendre les gens de leurs montagnes où ils avaient leurs gourbis pour les parquer par milliers dans d'immenses centres insalubres, au milieu de sortes de marécages. La mortalité infantile était dingue. L'hiver, une boue infecte envahissait les lieux; la chaleur y était insupportable l'été.

Je retourne en Algérie

Pour avoir dénoncé la torture, je me suis retrouvé dans un commando disciplinaire où j'en ai bavé pendant six mois. Des marches de nuit de 30 ou 40 kilomètres. Finalement je me suis évanoui près de la frontière tunisienne, et mon service militaire s'est arrêté là, stoppé par un hélico qui m'a ramené à Bône.

Cette guerre, que j'avais haïe par tous les pores de ma peau, m'avait permis de lutter pour l'Homme. Grâce à elle, j'avais pu mettre le doigt sur ce Mal que je retrouverais plus tard chez certains jeunes criminels, et qui déclenchera en moi la même pulsion de les sortir de cette horreur. Cette terre d'Algérie a fait de moi un combattant.

« L'amour seul vainc tout »

De nombreux faits m'ont profondément marqué pendant cette terrible période. Un jour, je discute avec le cardinal Duval. Nos échanges sont régulièrement interrompus par des bruits de toutes sortes, déflagrations, tirs, bombes. C'est alors qu'il me dit, de façon très forte : « L'amour seul vainc tout. » Peu après cela, je tombe sur un attroupement d'Européens qui insultent le cadavre d'un jeune adolescent arabe. Nanti de cette phrase du cardinal Duval, je fends la foule, mets un genou à terre, et je prie. La foule s'est tue immédiatement ! La soutane, dans ces moments horribles, pouvait dissiper la haine.

Une autre fois, dans la grande avenue d'Alger, alors que je croisais un jeune Arabe, j'entends le bruit sec d'une balle de fusil. Il tombe à terre. Aussitôt, des crachats fusent sur son corps : « Raton, bougnoule... »

Il me tend la main. « Reste, reste, ils vont m'achever », supplie-t-il. Je me penche sur le pauvre gosse et pose sa tête sur mes genoux. Jamais je n'ai autant ressenti ce que pouvait signifier une présence chrétienne. Et combien ma soutane faisait rempart contre la haine.

Scandale à la sacristie !

Après mon séminaire, j'ai vécu dans un monde composé à 99 % de musulmans. Quand je faisais un sermon le dimanche, mon supérieur me demandait ma copie et la corrigeait devant moi.

Cette nuit-là, à 2 heures du matin, on sonne au presbytère. C'est le procureur de la République, M. Ben Abdallah.

« Monsieur l'abbé, je voudrais vous voir ! me dit-il.

– Et pourquoi ?

– Je vous annonce le décès de Mme Beaujouant, chrétienne, à l'âge de quatre-vingt-six ans. Elle baignait depuis huit jours dans ses excréments. Est-ce ainsi que vous traitez les quelques chrétiens qui vous restent ? »

Arrive la messe. Je monte en chaire et commence mon sermon qui portait sur la Sainte Vierge : « Au nom du père, du fils et du Saint-Esprit… » Et puis je jette mon papier et j'enchaîne : « Mme Beaujouant est morte ! Elle pourrissait dans ses excréments… »

Le curé a beau me faire signe de reprendre le texte originel de mon sermon, je suis véritablement déchaîné : « Elle pourrissait… dans sa merde et sa pisse depuis huit jours. Que faisons-nous de notre petite communauté chrétienne ? »

C'est comme ça que j'ai appris à prêcher. Avant, je lisais mes prêches ; avant, je m'adressais à la tête des gens.

Depuis ce jour, le feu de Dieu m'a vrillé le cœur.

D'un million à quelques milliers de fidèles

L'Église catholique d'Algérie est considérée par beaucoup comme l'ombre d'elle-même. Au Vᵉ siècle, plus de sept cents évêques étaient dispersés en Afrique du Nord. Dès la fin du VIIᵉ siècle, avec la conquête des Omeyyades, chrétiens et juifs furent contraints de se convertir ou d'émigrer. Le christianisme s'est quand même un peu maintenu par l'intermédiaire des populations berbères, qui menaceront au IXᵉ siècle la dynastie aghlabide. Celle-ci allait répondre par une répression féroce.

Il faudra attendre l'arrivée des pieds-noirs pour que le christianisme reprenne de l'importance en Algérie, où il se maintiendra pendant cent trente ans, avant un nouveau déclin en 1962 lors de leur départ. D'une paroisse qui comptait 20 000 personnes, je me suis au final retrouvé avec une centaine de chrétiens, et peu après mon église est devenue mosquée… Actuellement, la population catholique représente environ 2 000 fidèles.

> *L'Église catholique en Algérie n'est pas une perpétuation de l'Église coloniale, même s'il est clair qu'elle vient de là. La rupture, son acte de naissance, c'est en mars 1962, lorsque le cardinal Duval, archevêque d'Alger, lance un appel à ses religieux pour qu'ils restent en Algérie. C'était le signe d'une conversion intérieure.*
>
> Mgr Jean-Paul Vesco, évêque d'Oran

Des lois très contraignantes

Depuis 2006, la loi interdit les activités religieuses chrétiennes lorsqu'elles sont célébrées en dehors des édifices officiels. Un prêtre a ainsi été inculpé parce qu'il avait dit la messe dans un bois. Sans lieu de culte officiellement désigné, un prêtre ne peut célébrer. L'Église a été atteinte assez fortement par cette mesure.

D'autre part, les visas d'entrée pour les prêtres catholiques sont très difficiles à obtenir. Le vieillissement des prêtres se fait sentir et la relève est très faible. Le gouvernement algérien interdit tout prosélytisme chrétien, tandis que les musulmans peuvent convertir qui ils veulent.

La vie d'un musulman converti au catholicisme en Algérie est difficile : s'il avoue son catholicisme à sa famille, il en est quasiment exclu.

Un signe de l'Esprit saint

Cette Église algérienne, malgré ses déchirements, est porteuse d'une grande espérance qu'il faut célébrer. Les nombreux laïcs qui viennent en Algérie, les coopérants, etc. apportent un souffle nouveau et l'aspiration à vivre pleinement la foi.

Il faut parler des groupes évangélistes en Kabylie, qui ont découvert le Christ et décidé de vivre de lui. À présent, il y a six convertis par jour, essentiellement d'origine berbère. Nous, catholiques, devons considérer cela comme un signe d'espérance.

Je vois un signe de l'Esprit saint dans ces Berbères algériens qui se convertissent et vivent en communauté, car l'Algérien ne peut rien contre ses propres frères. Ici, ce n'est pas nous, Européens ou Américains, qui amenons la conversion, mais les Algériens eux-mêmes qui découvrent que le Christ est vivant et qu'ils peuvent le suivre.

« C'était l'intention de l'Église, comme un signe de respect envers ce pays arabe », explique Mgr Ghaleb Moussa Abdallah Bader, archevêque d'Alger. La nomination d'un Arabe était une réponse aux évolutions en cours dans cette Église. Oui, l'Église a été un moment dirigée par les Français, mais ils sont à présent une minorité dans laquelle ils côtoient des Africains, étudiants ou immigrants. Les autres sont des chrétiens d'Europe, d'Amérique latine et d'Amérique du Nord.

L'amorce d'une liberté de culte

La société algérienne avance. Un fait divers nous le démontre : quand trois personnes qui ne jeûnaient pas pendant le ramadan ont été arrêtées, une telle foule est venue protester au procès qu'elles ont été graciées. C'est l'amorce d'une liberté de culte.

Ce pays ne sera vraiment démocratique que le jour où un musulman pourra devenir chrétien tout comme un chrétien aujourd'hui peut devenir musulman, sans distinction. La presse algérienne titrait récemment : « Algérien et chrétien, pourquoi pas ? » C'est une avancée considérable. La société algérienne est travaillée par le pluralisme. Une quantité de musulmans cherchent une existence plus libre dans un monde pluriel et c'est une richesse très importante, à la fois pour les Algériens et pour l'Église en Algérie.

Personne ne peut résister à l'amour

La France connaît un nombre croissant de couples mixtes : mariages entre juifs et catholiques, entre juifs et musulmans, entre musulmans et chrétiens, entre chrétiens et bouddhistes… Ces couples conjuguent des racines religieuses et/ou des origines différentes, c'est une sacrée aventure où le respect est la plus belle preuve d'amour.

Nous devons aussi faire un effort chez nous. Une première difficulté importante est souvent la rencontre des familles. Des oppositions surgissent soudain. Les parents peuvent refuser cette alliance. Parfois les choses s'arrangent, une ouverture apparaît à la naissance d'un petit.

Chrétiens, encore un effort

Avec les mariages mixtes qu'il y a en France, le conjoint – fille ou garçon – qui se convertit à l'islam doit être respecté totalement dans ce qu'il est devenu. Il faut ouvrir la porte largement, faire en sorte que l'enfant puisse aller tant à la mosquée le vendredi que le dimanche à l'église, et vivre harmonieusement. Rares sont les couples qui arrivent à vivre ainsi leur foi, mais ce sont des couples qui essaimeront. Les parents doivent pouvoir partager leur foi et le culte en toute liberté. Si l'un a le saint Coran à vivre, qu'il le vive ! Et si l'autre veut vivre la sainte Bible, qu'il la vive ! Les deux religions vraiment vécues frapperont de façon extraordinaire les enfants qui choisiront, plus tard, leur foi vécue.

« Tu restes musulman »

Un paradoxe intéressant, c'est que la cohabitation religieuse comporte plus de risques quand les religions sont proches. Y aura-t-il un mariage religieux ou pas ? Le mariage religieux n'a pas le même sens pour un catholique et pour un musulman. On peut divorcer dans un mariage musulman. C'est beaucoup plus difficile dans le mariage religieux catholique.

Une partie de ces couples ne se marie pas, afin de ne pas s'affronter sur le terrain religieux. Mais si les fiancés l'envisagent, c'est une étape clé.

L'éducation religieuse des enfants en est une autre. Quels prénoms leur donner ?

Lors des repas, le porc peut-il être mêlé à d'autres viandes ?

Quand vous êtes de passage dans un pays étranger, vous acceptez de modifier vos habitudes, mais quand vous y êtes installé pour toute une vie, c'est plus difficile ! Lors d'un décès, quel type d'enterrement choisir ?

Dans l'Église catholique, 10 à 15 % des célébrations sont mixtes, ce qui représente 14 000 mariages annuels. Dans tous les diocèses, un prêtre est chargé des relations avec l'islam. Il peut renseigner ceux qui s'interrogent.

La religion catholique figure parmi celles qui se sont le plus assouplies vis-à-vis des mariages mixtes. Elle les admet tout à fait, sans que le conjoint soit obligé de se convertir. Quand un musulman me demande s'il doit devenir chrétien pour se marier, je lui réponds : « Pas du tout ! Tu restes musulman. »

La grâce sacramentelle est valable pour le musulman comme pour le chrétien. Ils peuvent se marier à l'église sans devoir devenir chrétiens, à condition qu'il ne soit pas célébré de second mariage dans l'autre religion… ce qui est pourtant courant.

À la demande de Jamel Debbouze, je l'ai uni à Mélissa Theuriau, sa femme chrétienne. Étonnant mariage où musulmans et chrétiens étaient là, ensemble, dans l'église. Les deux cultures des mariés ont été saluées de façon magnifique.

« Bravo ! »

Connaissez-vous la prière « Le sang des martyrs » ? Dans une lettre de novembre 1996, qui maniait le franc-parler et l'ironie, Pierre Claverie, évêque d'Oran, dénonçait au travers de l'assassinat de sœur Odette, dans le quartier algérois de Kouba, tous les « héros embusqués » de l'islamisme. Sa prière lui valut d'être assassiné dans un attentat à la bombe avec Mohammed, son chauffeur.

Bravo ! Les héroïques combattants de la justice ont encore frappé. Ils ont dû choisir les victimes les plus significatives, prendre en filature ces victimes désignées, durant des jours et des semaines, pour déterminer leur emploi du temps, faire la carte de leurs déplacements, évaluer leur capacité de réaction et, en conséquence, choisir l'armement nécessaire, le point d'attaque, les itinéraires de dégagement.

Bravo ! À vous qui avez choisi ce genre de guerre que vous appelez parfois djihad, guerre sainte contre les ennemis de Dieu, les tyrans et les exploiteurs, les corrompus et les hypocrites, les mécréants, les juifs et les chrétiens. Vous avez, par vos leçons et vos prêches, patiemment formé vos disciples ; les éduquant pour en faire les exécutants dociles des décrets divins, les convainquant de la noblesse de leur mission et leur promettant les récompenses éternelles. Tuer un mécréant, n'est-ce pas une action méritoire ? Vous leur avez aussi donné une formation militaire car, disiez-vous, les forces du Mal se dresseraient pour détruire les forces du Bien : il faudrait donc combattre sur la voie de Dieu. Et puis vous êtes rentrés dans vos foyers pour goûter la paix que Dieu donne au fidèle missionnaire, au théologien scrupuleux, au pieux imam, au sage mufti, au savant cultivé, au prédicateur éloquent.

Bravo ! À vous les chefs politiques et les courageux émirs qui avez élaboré programmes et stratégies pour abattre le tyran et faire advenir la cité idéale. Prudents, vous avez souvent pris vos distances et vous donnez votre bénédiction et vos commentaires sentencieux depuis Paris, Londres, Bonn ou Washington.

Bravo à tous ! Et, au fond, merci. Car vous nous rappelez des choses importantes que nous risquons d'oublier : ne mêlons pas Dieu à nos conflits humains. Laissons Dieu être Dieu et ne nous prenons pas trop vite pour Ses envoyés ou pour les exécuteurs de Ses jugements. Le jugement ne nous appartient pas.

Priez pour l'Église d'Algérie.

22

Quel est votre saint préféré ?

Des étoiles qui nous guident

Les saints sont l'eau vive qu'on atteint en plein désert. Regardez-les, étudiez leur vie. Ils illumineront vos pas. Ces hommes et ces femmes qui ont voulu vivre l'Évangile de façon radicale restent nos guides. Pour eux, pas d'à-peu-près. Leur union à Dieu leur a permis de faire des choses impossibles.

Parmi les nombreux témoins qui se sont invités dans ma vie, j'en citerai quelques-uns.

Sainte Marie

De Marie, je dirais qu'elle est la sainte par excellence. La perfection humaine du Christ vient essentiellement de Marie et de Joseph qui ont été des parents merveilleux.

Marie a donné des signes évidents de sa présence en permettant des miracles… les plus grands miracles ! Les guérisons intérieures, les guérisons de l'âme.

J'ai remarqué que certains jeunes, qui par ailleurs se fichent pas mal de l'existence de Dieu, ont une vénération pour Marie. L'un d'entre eux, un de mes anciens, parle toujours d'elle avec grande tendresse, me disant : « C'est la maman des mamans. »

Très bel hommage à la Mère de tous les humains.

Saint François d'Assise

J'aime saint François parce qu'il a rendu visible l'Évangile. Il n'y a que cette folie qui puisse répondre à la folie du monde.

Chaque saint a un charisme spécial. Saint François d'Assise est parti d'une phrase du Christ : « Soyez doux et humbles de cœur. »

Le nouveau pape a expliqué pourquoi il a pris ce nom : « Je voudrais une Église pauvre et pour les pauvres. François, comme chacun sait, est le nom de la paix. C'est ainsi que ce nom est venu dans mon cœur. Durant l'élection, j'étais à côté de l'archevêque de São Paulo, un ami, et quand les choses sont devenues dangereuses, il m'a réconforté. Lorsque les votes sont arrivés aux deux tiers en ma faveur, il m'a pris dans ses bras et m'a dit : "N'oublie pas les pauvres." Immédiatement, en pensant aux pauvres j'ai pensé à saint François d'Assise, l'homme des pauvres et de la paix. »

Le curé d'Ars

J'ai beaucoup d'admiration pour lui, même s'il ne portait pas de blouson noir et ne jouait pas de la guitare... Il apprenait par cœur ses premiers sermons, non sans peine, sautant une phrase ici et là. Puis il s'est mis à prier, et sa parole est devenue poignante, touchante.

Le curé d'Ars disait de la prière qu'elle est « l'union à Dieu, tout simplement » ; que « plus on prie, plus on veut prier » ; que « ce ne sont ni les longues ni les belles prières que regarde le Seigneur, mais celles qui viennent du fond du cœur »... Il avait un discernement extraordinaire, une grande finesse. Souvent des gens sortaient en pleurant du confessionnal, complètement transformés.

Dieu, pour le curé d'Ars, changeait les cœurs.

Sainte Thérèse de l'Enfant-Jésus

Sainte Thérèse de Lisieux, dite de l'Enfant-Jésus ou mieux encore « la petite Thérèse », est une immense sainte, même si elle a vécu si modestement. Dans *Histoire d'une âme*, elle raconta sa vie et développa la théologie de la « petite voie » qui conduit à Dieu. La pluie de roses qu'elle a promis de répandre sur la Terre, son désir de passer son Ciel à faire du bien sur la Terre nous permettent de croire en elle comme en personne d'autre.

> *Je veux chercher le moyen d'aller au Ciel par une petite voie bien droite, bien courte, une petite voie toute nouvelle. Nous sommes dans un siècle d'inventions, maintenant ce n'est plus la peine de gravir les marches d'un escalier, chez les riches un ascenseur le remplace avantageusement. Moi je voudrais aussi trouver un ascenseur pour m'élever jusqu'à Jésus, car je suis trop petite pour monter le rude escalier de la perfection. Alors j'ai recherché dans les livres saints l'indication de l'ascenseur, objet de mon désir, et j'ai lu ces mots sortis de la bouche de la Sagesse Éternelle : « Si quelqu'un est tout petit, qu'il vienne à moi. »*
>
> Sainte Thérèse de l'Enfant-Jésus

Saint Padre Pio

Padre Pio de Pietrelcina continue de se manifester dans le monde par une odeur de fleur, mais plus encore en éclairant notre conscience, en nous aidant à démêler une situation difficile. Ce grand mystique avait le don de prescience, celui de connaître les âmes. Il a créé un hôpital magnifique, où les gens sont aimés, où les docteurs portent une attention extraordinaire aux malades.

Le 20 septembre 1918, il reçut le don de stigmates. « Je me trouvais au sanctuaire, après avoir célébré la messe, écrivait-il à son confesseur, lorsque je fus envahi d'une paix qui ressemblait à un doux sommeil. Tous mes sens entrèrent dans une quiétude indescriptible. Cela se produisit en l'espace d'un éclair. M'apparut, au même moment, un mystérieux personnage ressemblant à celui que j'avais vu le soir du 5 août, à la différence que ses mains et son côté saignaient. Sa vue me saisit. Je ne saurais dire ce que je ressentis à cet instant et je serais mort si le Seigneur n'était pas intervenu pour soutenir mon cœur, qui bondissait dans ma poitrine.

« Le personnage disparut et je constatai que mes mains, mes pieds et mon côté saignaient. Vous imaginez le tourment que j'éprouvai ; d'ailleurs, je le ressens encore, presque chaque jour. La plaie au côté saigne continuellement, mais surtout du jeudi soir au samedi. Père, je me meurs de peine pour le tourment et la confusion que je ressens en mon âme… Jésus, si bon, me fera-t-il la grâce de soulager la confusion que j'éprouve pour ces signes extérieurs ? »

Saint Benoît-Joseph Labre

Lui, sa vocation, c'était d'être clochard. Cheveux longs, barbe clairsemée, habillé de haillons… Plus sale que lui tu meurs ! Mais toujours le chapelet autour du cou et le bréviaire dans son baluchon. Quand les pauvres hères étaient tous éparpillés au hasard des rues et des saisons, il se choisissait l'endroit le plus humide et le plus sale.

Les limites de son cloître étaient les quatre coins de l'horizon. Routard de Dieu, il prit les chemins de traverse où il rejoignit les exclus pour les conduire sur le Chemin de la Vie. Il alla de basiliques en tavernes, de grottes en églises…

Je prie souvent ce saint pour certains de mes anciens jeunes, qui vivent encore dans le métro.

L'abbé Pierre

Jean-Marie Lustiger disait, à son propos, que c'était « comme si saint Vincent de Paul avait fait un saut de deux siècles », et André Vingt-Trois qu'il était « un pauvre parmi les pauvres ».

L'abbé a lancé l'insurrection de la misère... Il refusait l'injustice et proclamait la charité et la justice, indissociables selon lui.

Il osait dire aux hommes politiques qu'ils avaient menti et qu'à cause d'eux des gens sans logement crevaient dehors. Quel homme actuellement en France oserait traiter devant tout le monde un ministre de menteur et exiger de lui qu'il fasse ce qu'il a promis ?

Je suis sûr que maintenant il doit apostropher saint Pierre parce que certains vont au purgatoire et d'autres en enfer...

Je l'imagine protester : « Non ! Je refuse d'entrer au paradis tant que tout le monde n'y va pas ! »

Frère Roger Schutz

Au cours de la prière du soir du 16 août 2005, au milieu de la foule qui entourait la communauté dans l'église de la Réconciliation, une femme déséquilibrée a frappé à mort frère Roger de trois coups de couteau.

En 1940, lorsque ce jeune Suisse protestant de vingt-cinq ans arrive sur son vélo à Taizé, un petit village de Bourgogne, il veut partager le sort des Français occupés. Il accueille des réfugiés juifs avec sa sœur puis, en 1942, retourne en Suisse. En 1944, il se retrouve à Taizé pour venir en aide aux prisonniers de guerre allemands et aux orphelins.

« Dans ma jeunesse, disait-il, j'étais étonné de voir des chrétiens qui, tout en se référant à un Dieu d'amour, perdaient tant d'énergie à justifier des oppositions. Et je me disais : pour communiquer avec le Christ, y a-t-il réalité plus transparente qu'une vie donnée, où jour après jour la réconciliation s'accomplit dans le concret ? Alors j'ai pensé qu'il était essentiel de créer une communauté avec des hommes décidés à donner toute leur vie et qui cherchent toujours à se réconcilier. »

Cette communauté de Taizé est un des plus beaux rayons d'amour et d'espoir que le XXe siècle nous aura donnés, rayon qui continue encore à nous réchauffer aujourd'hui.

Madeleine Delbrêl

« Madeleine Delbrêl n'était pas un charisme, elle était une spiritualité », disait Gilles François, un prêtre du Val-de-Marne. Elle était assistante sociale à Ivry, engagée en terre de mission au cœur de l'athéisme, dans un milieu hostile à l'Église.

Elle avait le désir que dans la vie simple du chrétien ordinaire, l'absolu soit vécu. L'un des aspects les plus modernes de son enseignement, et sans doute encore le plus difficile, est qu'elle était laïque au cœur de l'Église. Elle pensait : « Nous, laïcs, sommes responsables du visage que l'Église donne à voir au monde extérieur. Là où l'Église n'est plus, les laïcs doivent y être. » Sans le savoir, elle annonçait Vatican II. Elle s'était rendue à Rome, en mai 1952, parce qu'elle était convaincue que la prière de tous les chrétiens manquait aux prêtres ouvriers.

Elle avait un regard de missionnaire, de tendresse souriante. Elle disait qu'elle refusait d'emporter la parole de Dieu dans une mallette : « Cette parole, on la porte en soi, on l'emporte en soi. »

La spiritualité de Madeleine Delbrêl me touche fort : elle vivait ordinairement des choses extraordinaires.

Mère Teresa

Teresa avait un visage rayonnant de pauvreté. Elle incarnait un idéal de solidarité qui fascinait les incroyants et donnait aux chrétiens l'alibi irréfutable d'un Évangile vécu.

Elle pansait les plaies et restait au côté de ceux qui n'avaient plus d'issue. On ne peut pas aller plus bas dans la misère humaine, et on ne peut pas aller plus haut dans l'amour humain.

Son organisation a soulevé les cœurs. Elle a tout donné, vivant elle-même dans une extrême pauvreté. Sa démarche est la condamnation sans appel de notre égoïsme, et nous la portons aux nues.

Teresa a douté. En 1957, elle écrivait : « Il y a tant de contradictions dans mon âme, un tel désir de Dieu et une continuelle souffrance ; je n'ai pas de foi, pas d'amour, pas de zèle… Le paradis ne signifie rien pour moi : il est un lieu vide. »

Elle communiait à l'angoisse du Christ dans sa Passion. Elle disait : « Si un jour je deviens une sainte, je serai sûrement celle des "ténèbres", je serai continuellement absente du paradis pour éclairer la lampe de ceux qui sont dans l'obscurité sur la Terre. » Mère Teresa sera la sainte des athées et des agnostiques.

Gianna Beretta Molla

Je n'oublie pas Gianna Beretta Molla, béatifiée par Jean-Paul II le 24 avril 1994, lors de l'Année internationale de la Famille.

Cette femme, parce qu'elle considérait la vie comme un don merveilleux de Dieu, est morte pour avoir refusé de se faire soigner parce que cela aurait mis en danger la vie de l'enfant qu'elle portait. Il est important de se souvenir qu'il y a de simples humains qui ont une place très grande dans ce monde. Le matin du 28 avril 1962, une semaine après la naissance de sa fille, malgré d'indicibles douleurs elle mourut saintement après avoir répété : « Jésus, je t'aime. Jésus, je t'aime. »

Elle avait trente-neuf ans. Son enterrement fut l'occasion d'une grande manifestation unanime de profonde émotion, de foi et de prière.

« Immolation préméditée », c'est ainsi que Paul VI a défini le geste de la Bienheureuse Gianna. La référence christologique au Calvaire et à l'eucharistie du Saint-Père est évidente.

En définitive, qu'est-ce qu'un saint ?

C'est quelqu'un qui vit les béatitudes.

Charles de Foucauld

La vie de Charles de Foucauld, béatifié en 2005 par le pape Benoît XVI, me parle beaucoup aussi. Au séminaire, le récit de sa vie m'avait vivement intéressé, en particulier quand j'étais en Algérie.

Le monde arabe l'attirait irrésistiblement. Charles de Foucauld a été un précurseur de Vatican II parce qu'il vivait ce dialogue islamo-chrétien en franc-tireur. Il n'était pas de ceux qui planchent interminablement sur le dialogue avec les autres religions. Bouleversé par sa rencontre avec les musulmans, il disait qu'ils étaient dans la continuelle présence de Dieu.

Il vivait et travaillait au milieu des pauvres. Ce fut pour l'Église une redécouverte de la pauvreté.

Charles de Foucauld passait plusieurs heures par jour devant le saint sacrement. Il n'a pas fait de miracles, mais il s'est mis au cœur de l'islam et a vécu comme le peuple musulman. Il voulait suivre Notre Seigneur dans sa pauvreté, c'est-à-dire dans Son abaissement et Son humilité. Son seul exemple a fait signe à tous ceux et celles qui veulent vivre au cœur des plus pauvres avec la radicalité de l'Évangile.

En 1916 des voleurs l'ont attaqué. Trois semaines après sa mort, on a retrouvé sur le lieu du crime son pauvre ostensoir avec une hostie, enfouie dans le sable. A-t-il adoré jusqu'au dernier moment ? A-t-il demandé à son bourreau d'aller chercher une hostie et l'ostensoir à la chapelle ?

Il a résumé sa vie ainsi : « On n'aime jamais assez. »

Soyez des saints!

Tous ces saints sont partis au Ciel, mais nous sommes là; c'est à nous maintenant de vivre en êtres de lumière.

Jean-Paul II disait, lors des Journées mondiales de la Jeunesse de Paris : «Soyez des saints!» Point final. J'ai vu des milliers de jeunes frappés par ces trois mots.

La sainteté n'est pas une vocation réservée aux curés, aux bigotes, aux évêques, aux bonnes sœurs et aux papes : c'est la vocation de tout chrétien. La sainteté est accessible à chacun de nous, à tous les moments de la vie, même au dernier moment. La sainteté est amour et don, dans l'espace d'une vie ou dans l'espace d'un instant.

Nous avons mille et un visages de la vie des saints. Certains étaient caractériels, j'en suis sûr. Mais tous avaient cette constante de l'humilité. Ils se sont effacés devant Dieu. De cette façon ils transpirent Dieu. Le curé d'Ars disait que les saints n'ont pas tous bien commencé, mais qu'ils ont tous bien fini.

Chacun d'entre nous peut le devenir

Dieu nous a bâtis pour une journée... Alors aimez à tout casser : c'est la «théologie des vingt-quatre heures». Vingt-quatre heures pour aimer et être aimé; pour les autres et pour Dieu. Dans une journée, on fait mille gestes. Et si l'on mettait tout notre amour dans ces gestes au lieu de les accomplir machinalement? La grâce de Dieu passe par le temps présent. Si nous acceptons tout avec amour, c'est un chemin formidable et privilégié de sainteté. Suivez l'enseignement de saint François de Sales et de sainte Thérèse de l'Enfant-Jésus qui donnent au moment présent une puissance extraordinaire : «Le plus petit acte d'amour est béni de Dieu.» Surtout si l'acte n'est pas visible! Ce n'est pas l'acte que l'autre reconnaît comme bien qui est bon aux yeux de Dieu, mais l'acte solitaire que l'on fait pour Dieu.

J'aime ce passage de l'Évangile où le Christ dit : « Si tu donnes un verre d'eau avec amour, il te sera rendu au centuple. » Un verre d'eau, qu'est-ce que c'est ? Rien du tout. Mais donné avec amour... Mettez toute votre puissance dans ce que vous faites, au moment où vous le faites. Sachez accueillir l'événement, ne pas le subir : l'accepter. Seuls les hommes et les femmes de prière accueillent l'événement, l'assument.

La sainteté est à ta portée : « Lutte, aime et prie, là où tu es. »

Inutile de quitter ton travail, ta femme, ton mari ou tes enfants pour te jeter à corps perdu dans une grande cause. Lutte, aime et prie où tu es, et sois certain qu'on te béatifiera un jour. C'est garanti !

Et ne t'imagine pas que les saints sont forcément issus du monde des chrétiens. Tant d'êtres vivent une sainteté discrète, oubliée, sauf aux yeux de Dieu.

Des saints de notre temps ?

Philippe et Claire ont quatre enfants. Militants chrétiens, ils en ont adopté un cinquième. Trisomique. « C'est un ange qui ne parle qu'avec son cœur. Il unit nos enfants », me confient, avec émerveillement, ses parents. Il est signe de la sainteté familiale d'aujourd'hui.

Cette mère italienne, enceinte, apprend que sans une opération son enfant mourra ; mais que cette même opération la tuera. Elle accepte aussitôt et décède. Malheureusement, son bébé la rejoint quelques jours après.

Notre sainteté ?

Vivre un max l'amour de Dieu et des autres. Se défoncer durant vingt-quatre heures, dans la volonté de Dieu. Ne rien chercher d'autre. Se foutre complètement du bien qu'on fait. Mais le faire simplement.

Surtout ne rien comptabiliser.

Allez ! Et laissez pousser vos auréoles. Mais regardez toujours celles des autres...

Litanie des saints anonymes

Saints et saintes de Dieu qui n'avez pas trouvé de date dans nos calendriers, mais qui avez reçu de Dieu une place éternelle, priez pour nous.

Vous, les humbles laboureurs de la terre, qui avez accueilli les fruits de la Création, priez pour nous.

Vous, les femmes de ménage, cuisinières et bonnes d'enfants qui, jour après jour, avez semé la tendresse, priez pour nous.

Et vous, travailleurs dans les usines obscures ou à la chaîne, toujours attentifs aux autres, priez pour nous.

Vous, les artistes, et vous, les gens du spectacle, qui avez apporté un peu de la beauté et de la joie de Dieu sur notre terre, priez pour nous.

Et vous, qui avez prêté une oreille attentive à toute solitude et avez toujours accueilli les désespérés, priez pour nous.

Vous, les simples prêtres de paroisse et les religieuses de couvent, qui fidèlement avez servi Dieu et témoigné de Lui, priez pour nous.

Vous, les parents, parfois incompris, qui, à la sueur de votre front, avez travaillé pour vos enfants, priez pour nous.

Vous, grands-parents, qui avez enveloppé de tendresse vos petits-enfants, après avoir éduqué leurs parents, priez pour nous.

Vous, les éducateurs, qui avez voulu communiquer votre foi et votre espérance, vous qui avez veillé sur les jeunes pousses de notre humanité, priez pour nous.

Et vous, les enfants morts trop jeunes, qui avez égayé la terre de vos balbutiements et offert votre joie juvénile, vous qui avez suscité tant de larmes d'amour, priez pour nous.

Vous, les missionnaires partis porter l'Évangile jusqu'au bout du monde, priez pour nous.

Vous, les apôtres de nos campagnes et de nos villes, après avoir parcouru routes et chemins pour inviter à la conversion, priez pour nous.

Vous, dont les noms ne seront jamais inscrits sur une tombe, anonymes des charniers et des guerres sans merci, priez pour nous.
Et vous, qui avez connu la gloire humaine, mais êtes toujours restés pauvres de cœur, priez pour nous.

Charles Delhez

23

Saints Jean XXIII et Jean-Paul II

Le Christ veille mystérieusement sur chaque pape

Les papes sont-ils tous saints ? Peu d'entre aux accèdent à la canonisation. Au Moyen Âge, les saints, c'étaient les priants, les martyrs, les figures de sainteté, les fondateurs d'ordre surtout. Pourquoi ce soudain besoin de François de canoniser ses prédécesseurs ?

J'aime ce mot de l'archevêque de Paris André Vingt-Trois : « Jean XXIII et Jean-Paul II ne sont pas saints parce qu'ils ont été papes. Heureusement, cela nous laisse espérer parce qu'il est plus difficile sans doute d'être saint quand on est pape. »

Des hommes de l'universel

Les papes ont l'attention aiguisée par les déchirures de la Chrétienté au cours de l'Histoire. La charge d'unifier l'Église autour du seul Christ et de sa bonne nouvelle est lourde, complexe. Maints périls les guettent.

Aller plus loin en respectant les religions non issues du Christ est à la mesure d'un athlète de haut niveau. Trouver en certaines d'entre elles des vérités qui nous manquent et les mettre en valeur est un sport d'équilibriste. Aller chez l'autre, à la mosquée ou à la synagogue, sans compromettre la doctrine ecclésiale, est une nouvelle pratique pour les papes. C'est un signe des temps, une des plus grandes avancées de nos dernières décennies.

Accepter que chacune de leurs paroles soit pesée, décortiquée, voire déformée, est un risque majeur pour eux. Ils l'acceptent. Leur trip de tous les instants, c'est surtout d'annoncer un Dieu incarné, qui nous fait vibrer de Son amour et de Sa miséricorde.

Enfin, les papes ne perdent pas de vue les plus fragiles, les plus petits, les souffrants, les oubliés et les plus pauvres. Ils ont lu la vie du Christ. Ils tentent de faire passer ce message au monde. Ils se doivent d'être, au nom du Christ, des hommes au verbe clair, direct et sans concession.

Un athée me disait un jour : « En regardant bien les papes depuis des décennies, j'admire les hommes prestigieux qu'ils sont, malgré leurs différences. » Chapeau, l'athée ! J'aimerais que tous les catholiques puissent avoir le même jugement sur leurs papes.

Jean XXIII et Paul VI ouvrent les fenêtres

L'avènement de Jean XXIII reste pour moi l'événement spirituel le plus important du siècle. Par le concile Vatican II, ce pontife a été l'initiateur prophétique de l'ouverture de l'Église et du renouvellement de son rapport au monde. Jean XXIII nous a fait goûter le renouveau de la lecture des Pères de l'Église et de la Bible. Et il a fait éclater la bulle de l'Église, enfermée sur elle-même.

Face aux critiques, son « Laissez piailler les moineaux » reste pour moi toujours d'actualité. Il parlait avec des mots qui allaient droit au cœur.

Angelo Giuseppe Roncalli fut pape de 1958 à 1963. Né à Sotto il Monte, province de Bergame, il était le fils d'une famille paysanne italienne. Quelle « carrière » ! Admis à la tonsure à quatorze ans, docteur en théologie et ordonné prêtre à vingt-deux, nommé évêque à quarante-quatre, nonce apostolique en 1944, cardinal en 53, pape en 58 et… saint en 2014.

De là à penser qu'Angelo Roncalli était un arriviste on franchirait un pas qui serait un non-sens total, car simplicité, humilité et humour le caractérisaient. Alors qu'il visitait un couvent, comme une sœur lui disait : « Très saint Père, je suis la supérieure du Saint-Esprit », il lui répondit : « Et moi, je ne suis que le vicaire du Christ. »

La devise de Roncalli était « Obéissance et paix ». Lorsque cet homme âgé fut élu le 28 octobre 1958, au lendemain de la mort de Pie XII, les chrétiens pensaient que c'était un « pape de transition ». Pourtant, le 25 janvier 1959, il lançait une homélie qui annonçait ni plus ni moins un synode diocésain pour Rome, un concile œcuménique pour toute l'Église et une refonte du droit canonique. Pardonnez le peu de vision du pape « de transition » !

Les buts évoqués de Vatican II dans le discours d'ouverture du 11 octobre 1962 étaient originaux : il ne s'agissait pas de définir de nouvelles vérités, mais de réexposer la doctrine traditionnelle de manière plus adaptée à la sensibilité moderne.

Ce pape a créé l'extraordinaire convocation du concile de Vatican II. On raconte que, lorsqu'un évêque lui demanda la raison de ce concile, Jean XXIII ouvrit sa fenêtre et lui répondit : « Pour mettre du vent frais dans l'Église ! »

Et quel vent ! Le général de Gaulle devait ainsi commenter le concile : « C'est l'événement le plus important du siècle, car on ne change pas la prière d'un milliard d'hommes sans toucher à l'équilibre du monde ! »

Le « bon pape Jean », quand il est mort, cinq ans après son élection, le 3 juin 1963, d'un cancer, fut veillé par le monde entier.

Mener au large le navire

Ces papes se ressemblent plus qu'on ne le pense. D'ailleurs, si le cardinal Wojtyla a choisi le double nom de Jean-Paul II, ce fut pour assumer l'héritage du concile Vatican II que Jean XXIII imagina et que Paul VI mena à son terme.

Le 3 juin 1963, la mort de Jean XXIII confirma l'intuition que Roncalli avait confiée peu avant au cardinal Suenens : « Mon rôle fut de mettre à la mer l'énorme et lourd navire. Un autre aura pour rôle de le mener au large. » Ce sera celui de Paul VI, puis de Jean-Paul II.

Jean-Paul II, une phénoménale présence

Le pape Jean-Paul II a eu cette première parole extraordinaire : « N'ayez pas peur. » Trois mots qui ont envoûté son parcours. C'était pourtant périlleux pour lui. Originaire d'un pays sous influence communiste, où le christianisme était à peine toléré, il a donné un coup de pied décisif dans le mur de Berlin. Gorbatchev a déclaré que c'était en partie grâce à Jean-Paul II que le mur était tombé.

Jean-Paul II ! Inédite personnalité. Sa fabuleuse présence scénique, sa capacité à saisir par la parole et le regard ont marqué croyants et incroyants. Grâce à son charisme auprès des jeunes, il nous a entraînés sur les routes d'Amérique, de Pologne, de France, d'Espagne et bien ailleurs où je l'ai suivi.

Ces rassemblements ont réchauffé mon sacerdoce. Impossible, lors de ces immenses transhumances juvéniles, de ne pas être saisi par la joie et l'allégresse des jeunes du monde, ainsi que par leur foi. Combien de vocations ont fleuri à la suite de ces rassemblements !

Premier de cordée, il nous a appelés au plus haut et au plus noble. Ses paroles nous ont fait vivre. Il nous a appelés vers l'éternité en souffrant devant le monde entier jusqu'au bout.

Mes JMJ

Ce que j'ai aimé par-dessus tout, chez Jean-Paul II, ce sont les JMJ ! Les premières que j'ai faites étaient en Espagne. On était

300 000 dans la boue, avec des tentes, tout un bordel et sans communication extérieure. Je me souviens qu'ils avaient rasé une colline et que les jeunes avaient ramassé tout le bois qu'ils avaient trouvé. Il y avait des milliers de petits feux allumés parce qu'il faisait froid la nuit.

Je me souviens des JMJ de Częstochowa, en Pologne. Jean-Paul II avait voulu qu'on aille camper chez les gens. Avec mon équipe, on était les derniers dans la liste. On s'est retrouvés dans un HLM d'une pauvreté extraordinaire.

Ensuite, Jean-Paul II a fait une édition des JMJ aux USA, à Denver. Là, je logeais avec mon équipe dans une villa de six pièces. Il y avait deux enfants, un poisson rouge, un tapis pour le chien et une piscine chauffée... Mais l'un comme l'autre ont été des pèlerinages dont j'ai gardé un souvenir merveilleux.

Un rassembleur au charisme prodigieux

Jean-Paul II a réuni toutes les religions à Assise. C'est là que les intégrismes sont partis en bataille contre lui, en prétendant qu'il mélangeait toutes les religions. Ils ont nié Jean-Paul II très profondément en le traitant de « satanique » car, selon eux, il avait montré que toutes les religions étaient égales.

Il fut l'artisan de la réconciliation avec les juifs. En 2000, lors de son pèlerinage historique en Terre sainte, il est allé au Mur des Lamentations, le lieu le plus sacré du judaïsme, demander de nouveau humblement le pardon de Dieu pour les souffrances infligées aux juifs par les chrétiens au cours de l'Histoire.

La demande de pardon était contenue dans une prière inscrite sur une feuille de papier que le souverain pontife avait déposée dans une fente du Mur : « Dieu de nos pères, Vous avez choisi Abraham et ses descendants pour amener Votre nom aux nations : nous sommes profondément attristés par le comportement de ceux qui, au cours de l'Histoire, ont fait souffrir Vos enfants et demandons Votre pardon. »

Ce pape Nobel des Nobel de la paix fut sur ce point un prince et un ambassadeur extraordinaire. Tout en consolidant la tradition catholique, il a dit que « les juifs étaient nos frères aînés, et en un sens nos frères préférés ». Quelque chose d'indissoluble s'est fait avec nos frères juifs.

Il nous a interpellés. Que faisons-nous dans ce dialogue interreligieux, notamment avec nos frères musulmans ? Allons vers eux.

De même, l'œcuménisme prime. Soyons unis autour du même Livre. Le scandale majeur des chrétiens est notre division. « On ne peut pas respirer en chrétien avec un seul poumon. Il faut avoir deux poumons, c'est-à-dire oriental et occidental », disait-il, consacrant une grande part de ses forces déclinantes à ce projet qui l'obsédait. Il se fondait sur cette phrase de l'Évangile : « Œuvrer pour qu'Il soit un afin que le monde croie. » Cet immense bonhomme a eu des gestes prophétiques.

La paix passe par le pardon

Jean-Paul II a montré que la paix n'est pas seulement l'absence de guerre : elle se construit. Nous n'avons pas à utiliser la chaire pour endormir les gens ou les amener à un quelconque combat politique. Mais, pour que règne la paix, l'Église doit défendre l'homme jusqu'à donner son sang. Le plus grand geste du pontificat de Jean-Paul II a été d'aller dans la cellule d'Ali Agça, celui qui, le 13 mai 1981, sur la place Saint-Pierre, l'avait troué de trois balles pour le tuer, et de lui dire : « Je te pardonne. » Toutes les encycliques sur la miséricorde ne vaudront jamais un tel geste face au monde.

Un héros des Droits de l'homme

Jean-Paul II avait une façon politique mais chrétienne de rassembler des millions de personnes. Son pontificat laisse l'image d'un homme à la fois attaché à la tradition et soucieux d'une Église ouverte au monde.

Si Jean XXIII eut la prescience d'ouvrir les portes de l'Église, Jean-Paul II eut la force de faire appliquer les statuts de Vatican II. À ses yeux, Vatican II fut « la grande grâce dont l'Église a bénéficié au XXe siècle ».

Lorsqu'en février 1998 il nomma de nouveaux cardinaux, il ajouta : « Regardant avec vous au-delà du seuil de l'an 2000, j'invoque du Seigneur l'abondance des dons de l'Esprit divin pour toute l'Église, afin que le "printemps" du concile Vatican II puisse trouver son "été" dans le nouveau millénaire, c'est-à-dire en pleine maturité. »

Mais c'était aussi un homme de prière. Il avait toujours les lèvres qui remuaient, il priait sans cesse, partout. On avait la sensation d'un homme totalement voué à Dieu, au rayonnement extraordinaire.

Le jour où il est mort, en 2005, des calicots ont surgi de toutes parts, qui portaient l'inscription : « Saint, tout de suite ! » Ce qui fait que le pape Benoît XVI a introduit son procès en béatification cinq ans après sa mort.

Le signe du Christ vivant

Les papes sont dès leur élection le signe du Christ vivant, champion de la vie, de toute vie. Leur apparence extérieure n'a aucune importance et leur « sensibilité politique » non plus.

Du traditionnel au progressiste, ils doivent embrasser toutes les sensibilités de l'Église du monde entier, les mille et une cultures qui font la richesse du monde.

Jean XXIII et Jean-Paul II ont eu le courage de regarder les plaies de Jésus, de toucher ses mains blessées et son côté transpercé. Ils n'ont pas eu honte de la chair du Christ, ils ne se sont pas scandalisés de lui, de sa Croix; ils n'ont pas eu honte de la chair du frère (cf. Is 58,7), parce qu'en toute personne souffrante ils voyaient Jésus. Ils ont été deux hommes courageux, remplis de la liberté et du courage [parrhèsia] *du Saint-Esprit, et ils ont rendu témoignage à l'Église et au monde de la bonté de Dieu, de sa miséricorde.*

Ils ont été des prêtres, des évêques, des papes du XXe siècle. Ils en ont connu les tragédies, mais n'en ont pas été écrasés. En eux, Dieu était plus fort; plus forte était la foi en Jésus-Christ rédempteur de l'homme et Seigneur de l'histoire; plus forte était en eux la miséricorde de Dieu manifestée par les cinq plaies; plus forte était la proximité maternelle de Marie…

Extrait de l'homélie du pape François.
Messe de canonisation,
dimanche 27 avril 2014, à Rome.

Quant au pape François

Sa façon de « faire le pape » résonne fortement aux oreilles de ceux qui ont vécu le pontificat de Jean XXIII. Lui aussi sort sans hésiter du Vatican pour aller à la rencontre des prisonniers et des enfants malades. Lui aussi ouvre un champ de réformes inattendues. Lui aussi appelle les cardinaux ses « frères », et recadre la Secrétairerie d'État. Lui aussi improvise un discours simple et chaleureux, et des homélies et des allocutions compréhensibles par tous.

Lui aussi déclare : « La pauvreté doit rester un des titres les plus beaux et les plus respectables du pape. »

Nous ne sommes pas au bout de nos surprises…

IV

JOURS DE FÊTES

24

La fête des anges gardiens

Ne les laissez pas au chômage

Le 2 octobre nous fêtons les anges gardiens, ces anges adorables qui nous protègent. Mais arrêtons de les réduire à des êtres dodus et gras comme des moines, avec de blanches ailes de cygne. Les anges sont des protecteurs toujours présents. Ils sont aussi des messagers et de très bons guides.

Tout homme a son ange gardien. Il est comme le frère jumeau de son âme. Son rôle est multiple...

Anges gardiens

Lorsque vous êtes embarrassé, priez votre ange gardien d'aller voir celui de votre interlocuteur. Il fait en général un très bon travail. Quand un mec m'exaspère et se montre particulièrement agressif, je lui envoie mon ange gardien en ambassade. Je lui dis : « Ange de lumière, devance-moi, fonce voir cet enfoiré, et que ta présence l'assouplisse un peu. »

Envoyez-lui ce messager du Seigneur, ce messager de miséricorde et de lumière. Cet amour-là vient de Dieu. Il est super-important.

Les anges sont vos protecteurs invisibles. Alors ne les laissez pas au chômage, ils n'attendent qu'un appel de vous ! Remerciez-les, engueulez-les si vous voulez, mais sachez que leur présence aimée et désirée vous ravira!

Souvenez-vous que nous sommes avec Dieu quand notre âme est en état de grâce, et loin de lui quand nous sommes en état de péché grave; mais son ange – notre ange gardien – ne nous abandonne jamais... C'est notre ami le plus sûr et le plus sincère quand nous n'avons pas le tort de l'attrister par notre mauvaise conduite.

Padre Pio

Compagnons de vie

Les plus « grands » d'entre nous ont donné l'exemple.

Quand saint François de Sales se rendait dans une province, il saluait d'avance l'ange gardien de celle-ci.

« Nos anges gardiens, déclarait saint Bernard, nous aident et nous protègent dans toutes les positions, toutes les circonstances de notre vie. Ils travaillent à notre salut avec une sollicitude active, infatigable, que rien ne peut décourager. Ils le font en nous montrant la voie à suivre, en écartant les obstacles, en combattant avec nous, en nous fortifiant dans les dangers. »

Pie XI avait une très grande confiance en son ange gardien. Il l'avait acquise en lisant les paroles de saint Bernard. Lorsque, devenu pape, il envoyait des représentants à travers le monde, il disait toujours : « Que votre ange vous guide. »

Pie XII, quelques jours avant sa mort, évoquait les anges comme nos compagnons de voyage.

Lorsque Angelo Roncalli, devenu Jean XXIII, prenait congé d'un prélat, il avait coutume de dire : « Que le Seigneur soit sur votre chemin et que Son ange vous accompagne. » Quand il contemplait la foule du haut du balcon de Saint-Pierre-de-Rome, il pensait tout autant à la multitude des anges qui l'accompagnait. Il a déclaré également que l'inspiration du concile lui avait été donnée par un ange.

La pureté d'un enfant

Il y a un ange pour une personne, pour une paroisse, pour un diocèse, pour toute une famille. Certains gosses parlent à leur ange et ça leur paraît naturel. La pureté d'un enfant attire l'ange. Savez-vous combien de miracles ont été accomplis par des enfants ?

J'aime bien que le Christ rassemble les apôtres et leur dise : « Vous devez être comme des enfants. » C'est ainsi que nous pouvons nous faire accompagner d'un ange qui sans cesse contemple Dieu. Je me suis longtemps demandé pourquoi l'ange de l'enfant contemple Dieu. Tout simplement parce que l'ange n'a pas à se préoccuper de lui venir en aide. L'enfant est si pur que l'ange n'a rien à surveiller, alors il se tourne vers Dieu !

Les enfants sont bien plus proches de Dieu que vous ne l'imaginez. Fréquemment, dans l'histoire de l'Église, des mamans ont vu leur enfant parler à quelqu'un d'invisible. Quand on leur demande à qui ils s'adressent, les petits répondent : « À mon ange ! » Ils ont la pureté nécessaire pour les voir. Croyez en la sincérité des enfants. Ensuite, lorsque leur pureté s'estompe, les anges deviennent invisibles.

Mais ils restent toujours présents.

Un don de Dieu

Les charismes, les dons de voyance ou de lecture dans les cœurs viennent de Dieu, mais nous parviennent par le canal des anges. Il est consolant de songer que Dieu nous a donné des défenseurs plus nombreux et plus puissants que les démons. Dès sa naissance, chacun d'entre nous est confié à la garde d'un esprit céleste. Les païens et les hérétiques ne sont pas privés de ce bienfait-là. C'est un don de Dieu pour tous.

Les chrétiens ne sont pas les seuls à porter un culte aux anges. Combien de fois des musulmans, pendant la guerre d'Algérie ou après l'indépendance, m'ont confié que leur ange veillait sur eux. Ils parlent de l'ange du bien et de l'ange du mal. Ils reconnaissent même l'ange Gabriel qui a soufflé sur Marie lorsqu'elle a conçu le Christ.

Les juifs aussi croient aux anges gardiens, plus puissants que les démons.

On dit qu'on a l'ange du mal et l'ange du bien à côté de soi. Dans ma vie d'éducateur, je dois avoir un ange 5e dan de karaté!

Les Anges sont nos pasteurs; non seulement ils portent à Dieu nos messages, mais ils nous apportent aussi ceux de Dieu. Ils nourrissent nos âmes de leurs douces inspirations et des communications divines; en bons pasteurs, ils nous protègent et nous défendent contre les loups, c'est-à-dire contre les démons.

Saint Jean de la Croix

Les anges nous épargnent une foule de maux et de dangers. Ils nous préservent de la tentation et nous soutiennent dans nos découragements, dans nos souffrances. Ils combattent avec nous et nous permettent d'éviter ses pièges. Si nous tombons, par fragilité ou par malice, ils nous relèvent grâce aux remords, à la foi ou à la crainte de Dieu. Ils réparent nos fautes et intercèdent pour nous auprès de la divine miséricorde. Ils nous éclairent dans la maladie. Ils nous assistent durant le Jugement dernier. Ils viennent visiter les âmes au purgatoire.

Passeurs et ambassadeurs

La croyance populaire dans les anges protecteurs n'est pas sans fondement biblique. La protection fait partie de leur cahier des charges. Les croyants de tous les temps ont trouvé de précieuses promesses dans les anges.

Daniel, dans la fosse aux lions, a été miraculeusement protégé par les anges.

Gema Galgani, une sainte femme qui voyait souvent son ange, chantait : « Vive Jésus » et son ange, à côté d'elle, chantait encore plus fort. Et puis ils bavardaient. Un jour qu'elle était grippée, son ange lui apporta une tasse de thé qui la remit parfaitement d'aplomb. Lorsqu'elle avait du courrier, il l'affranchissait pour qu'elle puisse correspondre avec son père spirituel…

En 1830, à Paris, un ange rendit visite à Catherine Labouré pour lui demander de venir à la chapelle où la Sainte Vierge l'attendait.

Dans une abbaye dirigée par saint Stanislas, des moines occupés à la prière n'avaient pas le temps de faire la cuisine. Qu'importe ! Quand ils eurent terminé, ils trouvèrent la table dressée. Les anges avaient préparé leur repas… parce que leur père abbé était un grand saint.

Une vérité de foi

Il est bon de rappeler que l'ange gardien est une vérité de foi fondée sur les Écritures. Plusieurs passages l'attestent. Dans l'Évangile selon saint Matthieu, Jésus parle des « anges, des petits enfants, qui voient sans cesse la face de Dieu dans le Ciel ».

Les Actes des apôtres présentent la délivrance de Pierre par les anges. Les Pères de l'Église parlent de l'ange gardien, aide et protection de chaque fidèle.

Au IIIe siècle, la croyance en l'ange gardien est si ancrée dans l'esprit chrétien qu'Origène lui consacre de nombreux passages.

Saint Hilaire de Poitiers, dans son *Commentaire de l'Évangile selon saint Matthieu*, montre l'ange gardien présidant aux prières des fidèles et les offrant à Dieu par le Christ sauveur. C'est une grande dignité pour les actes de l'Église.

Dans l'Ancien Testament, les juifs croyaient déjà que chacun était mis sous la protection d'un ange. Lorsque nous avons des difficultés dans la vie, il faut prier nos anges gardiens. Ils nous guident et offrent à Dieu nos prières. Ils nous aident dans la pureté de nos gestes.

On peut dire que la manifestation la plus élevée de la célébration de Dieu constitue une liturgie céleste. C'est une joie, dans le canon de l'eucharistie, de découvrir la présence des anges.

Les anges ont de plus une fonction de témoins auprès de Dieu. Dans cet univers invisible se trouvent les anges décrits dans l'Évangile. Ils ont été créés comme nous mais ne sont qu'esprit. Ils n'ont pas de corps visible. Doués d'une existence purement spirituelle, ils ont une relation plus directe que nous avec Dieu.

À chaque eucharistie, nous invoquons les anges. Dans le Credo, nous proclamons que nous croyons à l'univers visible et invisible. L'invisible concerne les anges.

Le Seigneur disait que les anges sépareront les bons et les mauvais au moment du Jugement dernier. Dans nos églises, les anges ne cessent d'adorer le saint sacrement. C'est la raison pour laquelle, à côté de l'autel, des anges sont toujours sculptés en compagnie de la Sainte Vierge.

Dans l'Église, les anges sont aussi un dogme.

L'Évangile montre le Christ sans cesse escorté par eux, de sa naissance à Bethléem (« Les anges dans nos campagnes… ») ; à la tentation du désert, quand l'ange maudit, l'ange de la haine et de la mort, lui dit : « Je te donne le monde… », jusqu'à son agonie au jardin des Oliviers où le Christ, pour permettre l'exécution du plan divin, refuse que les anges interviennent.

Quand Jésus-Christ est ressuscité, ce sont encore des anges qui annoncent la nouvelle aux femmes.

Priez votre ange gardien. Il ne vous quitte pas. Il et un puissant messager, invisible et toujours présent.

25

L'Avent

Quatre semaines pour illuminer toute l'année

Dès la fin du mois de novembre, les commerçants préparent l'Avent. On trouve des boîtes Lego « Advent calendar » ; des calendriers de l'Avent « digitaux » qui vous aident à faire votre shopping, etc. Les Français sont extrêmement religieux !...

Une attente joyeuse

L'avènement signifie la « venue », c'est-à-dire le mystère de l'incarnation. Nous allons pendant un mois prier pour le temps où la Sainte Vierge était enceinte. Il aurait fallu faire un Avent de neuf mois, mais que voulez-vous...

La période de l'Avent célèbre le triple avènement du Christ : sa naissance à Bethléem, sa venue dans le cœur des hommes de tout temps, et son retour glorieux à la fin des temps. Pendant une période de quatre semaines, marquée par chaque dimanche, on prépare joyeusement la célébration de cette attente de Jésus.

La création tout entière est en attente. À travers la naissance du Christ, tous les enfants de Dieu se manifestent. Nous attendons que Dieu se fasse homme parmi les hommes. C'est une aventure extraordinaire. Il vient pour nous donner une bonne nouvelle, qui nous rassemble. Deux mille ans après, nous sommes plus d'un milliard deux cents millions à croire à cette bonne nouvelle.

L'Église se fait voix de cette attente. Elle répète avec une force et une assiduité continue : « Seigneur, viens ! »

Soyez vigilants

Le premier dimanche de l'Avent nous appelle à la vigilance, à veiller durant ce temps. En hébreu, Nazareth signifie être « attentif, vigilant pour se garder de la souillure et du mal ».

Dans son discours eschatologique où il annonce sa deuxième venue, Jésus multiplie ses appels à veiller sans savoir « quand le maître de la maison reviendra » (Mc 13, 33-37) ; « Tenez-vous prêts, car c'est à l'heure à laquelle vous ne pensez pas que le Fils de l'homme va venir » (Mt 24, 44).

Des symboles importants

Les premières couronnes de l'Avent sont apparues en Allemagne au XVIe siècle. Faites de branchages et toujours peintes en vert, elles symbolisent la vie plus forte que tout. La couronne est un symbole doté de significations multiples. Elle est ronde comme le Soleil qui reparaît après Noël, ou comme pour indiquer que le temps des fêtes est cyclique et nous revient chaque année. Elle signifie le retour du Christ.

Elle peut être placée sur une table avec quatre bougies allumées, pour symboliser la lumière de Noël. Chaque dimanche de l'Avent, on allume une bougie de plus. Ces bougies rappellent les grandes étapes du salut avant la venue du Messie. La première est le symbole du pardon accordé à Adam et Ève, la deuxième celui de la foi d'Abraham et des patriarches, la troisième celui de la joie de David, enfin la quatrième est le symbole des prophètes qui annoncent un règne de justice, de paix et d'amour.

Dès le XIe siècle, les sapins sont installés sous les porches et dans les églises. Cet arbre, qui garde sa verdure toute l'année, est symbole de la vie au milieu de l'hiver. En Alsace, le sapin est décoré dès 1521. En 1560, les protestants, réticents à représenter la naissance de Jésus par une crèche, comme les catholiques, choisissent le sapin de Noël pour représenter l'arbre de vie, proche de celui d'Adam et Ève. Le sapin commence à être illuminé au XVIIe siècle, pour montrer la lumière de Jésus.

Le Père Noël est quant à lui inspiré de l'image de saint Nicolas, fêté le 6 décembre. Il était accompagné du Père Fouettard. Exporté au États-Unis au XVIIe siècle par les migrants allemands et hollandais, il s'est transformé en Père Noël, plus convivial. Cette figure du Père Noël est popularisée par la publicité de Coca-Cola…

Préparez la crèche. Évidemment, vous avez Joseph, Marie, le bœuf l'âne et les moutons. Tout est là. Vous les avez sortis avec les guirlandes et les boules. La crèche fut créée par saint François d'Assise, qui inventa même la première crèche vivante, en l'an 1223, dans le petit village de Greccio, en Italie. Il a voulu faire mémoire de la Nativité en prenant un vrai bœuf, de vrais agneaux… L'enfant Jésus, Joseph, la Vierge Marie, les mages, les bergers, les paysans étaient joués par les gens du village.

C'est le moment pour nous de préparer des crèches faites avec de la colle et des prières. (Les marchands vendent d'innombrables crèches qui ne sont absolument pas mystiques.) Préparez vos enfants au mystère de la crèche.

Un temps de gestation

L'Avent, c'est Marie qui attend son bébé. C'est pour nous aussi un temps de gestation. En donnant naissance au Verbe, au Christ, Marie a fait confiance au Seigneur. Comme elle, nous nous mettons au service du Seigneur. Marie est comblée de grâces et nous appelle à vivre de l'Esprit saint.

Même si, d'un point de vue historique, le 25 décembre n'est pas la date anniversaire exacte de la naissance du Christ, c'est notre anniversaire de la venue du Christ. Avec l'Avent, Dieu fait de l'histoire humaine un temps de gestation. Un temps de joie.

Soyons des veilleurs ! L'Avent annonce le printemps. Ramassons les feuilles mortes et essayons de vivre ce temps le plus profondément possible.

Nous devons attendre le Seigneur chaque jour et pas seulement pour Noël. « Le chrétien est celui qui reste vigilant chaque jour et chaque heure, sachant que le Seigneur vient », disait saint Basile. Nous devons porter en nous le Christ dans notre cœur, pour le faire renaître à chaque Noël. Le Seigneur vient pour nous chaque jour. Chercher Dieu est dans notre avenir, voir Dieu est dans notre passé et essayer de respirer Dieu est dans notre présent. Nous devons nous laisser interpeller par ce cri plus actuel que jamais :

> *Chrétiens chargés de garder toujours vivante sur Terre la flamme du désir, qu'avons-nous fait de l'attente du Seigneur ?*
>
> Pierre Teilhard de Chardin

Misons sur l'espérance

Beaucoup de gens souffrent dans le monde et ont peu d'espérance. Nous n'avons plus le temps en tout cas de nous attacher à la venue de quelque événement, excepté l'événement commercial. Combien de peuples se battent dans le monde : en Syrie, en Palestine, au Mali, en Ukraine, en Irak. Alors comment, au milieu de tout cela, tendre encore vers la lumière de l'Avent ? Comment sentir que le Sauveur, un nourrisson, va amener sur terre quelque chose qui va nous transformer ? Le pape François répond à cette interrogation : « Misons sur l'espérance, sur l'espérance de la paix, le temps de l'Avent redonne l'horizon de l'espérance, une espérance qui ne déçoit pas… parce que le Seigneur ne déçoit jamais. »

L'Avent, c'est un temps de grâce où Dieu s'est fait homme pour rendre l'homme à Dieu. C'est l'histoire extraordinaire d'un enfant né pour sauver le monde. Nous cherchons Dieu, nous avons un accès privilégié à Lui grâce à un enfant qui est né et qui est reconnu comme Son fils.

La puissance de l'Évangile est d'expliquer que Jésus a vécu de façon éclatante pendant trente-trois ans avec nous. Et qu'il fut le « roi des perdants » : une naissance humble, une maigre paie, une mort sur la croix. C'est là qu'est sa puissance. Il nous a apporté la résurrection. Il est devenu l'un de nous.

Nous avons cette chance merveilleuse, nous chrétiens, de croire que nous avons eu un Dieu visible parmi nous pendant trente-trois ans.

Vivez un Noël solidaire !

Nous devons utiliser le temps de l'Avent à la préparation d'un Noël solidaire.

Avant de penser aux objets, voyez avec les gosses qui vous allez inviter à cette fête de Noël. Demandez à vos enfants d'imager Noël. J'ai vu souvent dans les familles des dessins de gosses dignes des plus beaux ex-voto. Si on leur parle du mystère de la naissance du Christ, c'est important qu'ils le mettent en images.

Question jouets, évitez, si vous voulez bien, les mitraillettes, les pistolets et autres objets meurtriers. Tolérez la voiture de police (même si la sirène est vite énervante). Pour le camion de pompiers, il n'y a pas de problème, évidemment.

Noël est un défi à relever. Ne perdez pas votre temps à opposer le Noël chrétien au Noël païen. D'accord, cette fête est récupérée mais on finit par le savoir ! Informez plutôt vos bambins que quatre personnes sont malades de froid dans votre ville, parce qu'elles dorment dehors. Vous pouvez leur proposer : « OK, tu auras un joli cadeau, mais prépare aussi quelque chose pour cette personne que tu croises tous les jours dans la rue. »

Les petits gosses comprennent ce langage, ils ont un cœur incroyable.

Noël bientôt

Si tu ne penses d'abord qu'à lorgner les vitrines
pour savoir ce que tu vas acheter pour tes gosses,
alors Noël c'est râpé.

Si tu succombes au désir de tes mômes
qui veulent une voiture de police,
une mitraillette en plastique
et la panoplie du para,
Noël c'est râpé.

Si tu as déjà acheté le Petit Jésus en sucre
et ses parents en chocolat sans oublier
un seul de ses bestiaux en caramel de la crèche,
Noël c'est râpé.

Si tu commences à dresser la liste des gens à inviter
en prenant soin d'exclure les chiants, les emmerdeurs,
ceux et celles qui vont troubler la fête tranquille,
Noël c'est râpé.

Si tu ne prends pas le temps de méditer durant cet Avent
le merveilleux mystère de la nuit de Noël,
la pauvreté de l'enfant Jésus,
le dénuement absolu des immigrés qui sont ses parents,
Noël c'est râpé.

Mais si tu lorgnes déjà le jeune couple de chômeurs
de ton immeuble qui, sans toi, fêterait cette nuit-là
dans un peu plus de détresse et de solitude,
alors Noël c'est gagné.

Si tu n'attends pas pour dire à l'ancienne qui vit seule,
un mois à l'avance, qu'elle sera ton invitée
pour qu'elle savoure d'avance durant un mois
ces quelques heures où elle sera reine,
alors Noël c'est gagné.

Si tu prends la peine de réfléchir
à ce mystère d'amour et de pauvreté
qui, au cours des âges, a été défloré,
foulé au pied et travesti en fête égoïste,
fête de beuverie et de gueuleton,
alors Noël c'est gagné.

Si tu continues dans l'année qui vient
à vivre ce mystère en pensant que le partage
ce n'est pas seulement l'affaire d'une nuit,
alors Noël illuminera toute ton année.

Guettons les premières fleurs

Les mots « amandier » et « veiller » ont la même racine, sans doute parce que l'amandier est le premier arbre à fleurir au printemps. Quand je m'en vais à Faucon avant le printemps, je vois toujours des amandiers sur la route. Il n'y a plus de feuille, il n'y a plus rien, mais je sens les odeurs. L'amandier offre la première fleur après l'hiver. Attendons-nous assez le Christ aujourd'hui ? Dans ce monde qui prépare Noël mais qui est broyé par l'image, l'apparence, les désirs matériels, comment attendons-nous le Christ ? Préparons nos jeunes au mystère de l'humanité d'un Dieu fait homme.

26

Contes de Noël

Ne vous laissez pas voler cette fête

Les trois clochards

Il gèle à pierre fendre en Bretagne quand j'arrive à l'église…

Trois clochards sont là. Ils proposent de me payer un pot après l'office. Je leur dis que c'est d'accord. Quand je sors de l'église, trois dames viennent me trouver et me disent « Père, venez donc boire quelque chose avec nous pour vous réchauffer ! » Je leur réponds : « Je regrette, mais je dois déjà boire un verre avec les trois clochards. Mais accompagnez-moi si vous voulez. »

Elles viennent, on boit un verre. Vicieusement, je demande à mes copains clodos :

« Où dormez-vous ?

– Dans une cabane, on trouve du bois et on fait un feu.

– Et vous mangez quoi ?

– Ce qu'on ramasse à la fin du marché. »

Je n'ai rien dit d'autre. Silence gêné. Les femmes se taisent.

Quelques semaines plus tard, je reçois cette lettre de l'une d'entre elles :

« Père Guy Gilbert,

« Après le pot bu ensemble, nous avons été interpellées par ce que ces pauvres avaient dit de leurs conditions de vie. Nous avons pensé à tout ce que nous avions et même à notre chat qui dort près du radiateur.

« Nous avons pensé que c'était inadmissible de laisser ces gens vivre comme cela. Nous sommes allées les voir, nous les avons accueillis au chaud. Nous avons été une fois par semaine au marché avec eux. Ils nous ont rendu des menus services. C'était sympathique parce que nous n'étions pas de simples donatrices. Ils ont eu à manger correctement pendant tout l'hiver. Nous n'avons jamais oublié ce verre que nous avions bu avec vous et eux. Nous avons essayé de faire quelque chose pour un partage équitable. »

« Vous nous avez volé Noël »

Il y a quarante ans, je fêtais mes Noëls dans la permanence à Paris. Chaque année, une vieille femme, Émilienne, venait aussi : c'était elle qui présidait le repas avec les loubards. Il s'agissait d'un repas un peu spécial : comme ils arrivaient déjà un peu soûls, je ne disposais que deux bouteilles de vin rouge pour une dizaine de mecs. En revanche, je préparais un énorme plat de pâtes avec une dinde. Grâce à la nourriture, leur ivresse se résorbait et l'on pouvait sortir. On entendait les gens chanter, danser, etc.

Un jeune m'a dit un jour : « Vous nous avez volé Noël. » Il avait parfaitement compris ce qu'était Noël : une fête pour saluer la pauvreté du Christ, son humilité et sa naissance au milieu de nous. Il avait compris cela de façon théologique. Face à toutes les misères que nous voyons autour de nous, nous sommes démunis. Ne nous comportons pas en bons bourgeois tranquilles, surtout un soir de Noël. Sortons, ayons des gestes précis de solidarité, ce sera extraordinaire ! Il faut continuer de voir que des gens souffrent à côté de nous et vivent dans une misère très grande, même si par pudeur ils ne l'avouent pas toujours.

Miracle de la messe de Noël

Il y avait une fois une messe de Noël avec des bons bourgeois. Devant le porche, un clochard attend. Un mec sort et dit au clochard : « Écoutez, mon ami, faites-moi l'honneur de venir manger chez moi ce soir. » Sa femme tombe des nues, mais le clochard vient quand même. Très bon repas, bien arrosé. À la fin, le gars se demande : « Moi je vais aller dans mon plumard bien chaud et lui va retourner dans la rue ? » Alors il lui propose : « Vous avez bien mangé, là, mais vous n'allez pas vous les cailler dans la rue. Je vous mets un matelas dans le garage chauffé et vous serez bien. » Le lendemain, le mec se dit : « Mais je vais quand même pas le foutre dehors ! » Comme le clochard est un bon travailleur, le type lui trouve un boulot puis un logement. Un an plus tard, à la même messe, le clochard revient, cette fois-ci en costume. Il dit à ceux qui l'ont aidé : « Je voudrais assister à la messe puisque c'est là que je vous ai rencontrés. » La messe se passe et lors de la prière universelle, le clochard, à la fin des intentions universelles, monte à l'autel, et dit au micro : « Moi je voudrais prier pour les personnes qui m'ont hébergé il y a un an et sauvé. »

Steph et Philippe

Ce récit vécu est très triste, certes, mais si beau parce qu'il parle d'amour et d'amitié.

Ce samedi soir, Steph avait ouvert un petit coffre dans lequel il gardait toutes les photos que je lui avais envoyées quand il était en prison. Le coffre était plein. On discutait avec lui des péripéties de sa vie particulièrement difficile. Le lien qu'il avait eu avec son frère jumeau, Philippe, était extraordinaire. Ils étaient tellement insupportables à Faucon que j'avais dû les prendre séparément, un mois chacun. Ils foutaient un tel bordel quand ils n'étaient pas dans la même prison que l'administration pénitentiaire les remettait ensemble pour avoir la paix.

Lorsque, il y a maintenant plus de vingt ans, un soir de Noël, Philippe a été retrouvé mort, ça a été une catastrophe pour Steph. Ce dernier n'a survécu à la disparition de son frère que grâce à l'amour admirable qu'une femme lui portait.

J'avais passé quatre heures avec lui, ce samedi-là. Steph était sur son lit, dévoré par un cancer généralisé. Ce gaillard de 85 kilos n'en pesait maintenant plus que 33. Il était cadavérique mais son moral était intact, vivant. Le docteur lui avait donné quelques semaines d'embellie avant l'échéance finale.

Je savais qu'avec sa belle ils étaient mariés civilement. Quand je leur avais proposé de les bénir pour authentifier leur amour, ils avaient accepté avec joie. Et je les ai vus se passer tendrement les anneaux...

« Mais nous n'avons pas de témoin ! s'était exclamée Alexandra.

– Les quatre chats suffiront ! » lui avait répondu Steph.

C'était superbe.

Dix jours avant de mourir, il me dit :

« Est-ce que je vais revoir mon frère jumeau ?

– Oui, Steph, je lui réponds, tu vas revoir Philippe. C'est la première personne que le bon Dieu te permettra de voir. »

Pendant les dix jours de la fin de sa vie, il parlait quotidiennement à sa femme de Philippe, qu'il allait revoir...

Pascal me tire dessus

Vers 3 heures du matin, une nuit de Noël, on m'appelle d'un bar. Pascal, un gars armé d'un pistolet à barillet et complètement soûl, menaçait les clients. Je connaissais bien le gars, aussi la personne qui m'appelait m'a-t-elle supplié d'intervenir. Je suis parti aussitôt.

Dès que je m'avançai vers lui, il tira sur moi à bout portant. Par une chance incroyable, il n'y avait pas de balle pour ce premier coup. Il me reconnut alors et se jeta dans mes bras. Je pris le pistolet, la balle était engagée. J'ai passé le reste de la nuit avec lui.

Une nuit de Noël qu'on n'oublie pas.

Chevaucher la terre et le ciel

José s'était endormi sur la paillasse. Enroulé dans son sac de couchage, il a été pour moi, cette nuit-là, l'objet d'une longue contemplation sur le mystère de la crèche.

On avait, pour l'occasion, un budget juste suffisant pour que nos jeunes filent sur les pistes de neige à perdre haleine. La horde dormait donc dans une vieille écurie désaffectée mais propre.

Le visage d'angelot de José (treize ans) me rappelait le Bébé divin descendu sur terre. Pour José, la comparaison s'arrêtait l'espace du temps de sommeil. Martyrisé longuement par des parents bourreaux, il était, dans la journée, particulièrement insupportable. Ses traits durs révélaient la violence qui l'habitait encore. Il nous en faisait baver.

On en bave toujours avec ses successeurs... De plus en plus. À quatorze ans, libéré provisoirement de prison par son juge compréhensif et humain, Fabrice, l'un des derniers jeunes qui m'ont été confiés, avait été inculpé pour avoir accepté deux « contrats ». L'un lui ordonnait, pour une somme dérisoire, de tuer un adulte. L'autre de brûler une ferme. « J'ai fait sortir les chèvres avant », m'a-t-il précisé. Quant aux locataires de la ferme, qu'ils crament était le dernier de ses soucis.

Les jeunes sont de plus en plus enserrés dans un étau de violence qui nous sidère, nous terrifie et nous interpelle. Les plus durs, voire les plus extrêmes, des jeunes de ce temps nous sont confiés. Je l'ai accepté, c'est un choix personnel. Ma curiosité m'a toujours poussé à rejoindre l'extraordinaire part de cristal qui habite les plus violents de nos enfants. Je sais, avec mes équipiers, à quel prix et par quel combat.

Avoir le cœur et l'âme habités en permanence par l'amour de Dieu est ma recherche constante, inlassable, sans laquelle ce combat terrestre n'aurait été depuis longtemps qu'un très vieux souvenir. Je ne m'explique ma durée, dans ce monde juvénile d'une extrême complexité, que par une grâce divine journalière.

Le mystère de la crèche, je le revis avec eux dans la chapelle de Provence où je célèbre à minuit. Je contemple leurs visages groupés autour de l'autel.

Pour moi, voir le Christ naître, c'est le voir arriver dans notre crèche loubarde à travers le visage d'adolescents abîmés au-delà de l'imaginable. Les aider à grandir est la passion de ma vie.

Il me faut seulement chevaucher la terre et le ciel avec l'appui de Joseph et Marie, éducateurs incomparables.

Un sourire qui vaut de l'or

Pour finir, *Un sourire qui vaut de l'or*, une belle histoire, inventée cette fois, qui vient du cœur d'un auteur anonyme.

Il était une fois un vieux berger qui aimait la nuit, son silence, son ciel parsemé d'étoiles. Ces étoiles, il les connaissait par leur nom. En les regardant, il disait souvent à son petit-fils :

« Il va venir.

– Quand viendra-t-il ? demandait l'enfant.

– Bientôt ! »

Les autres bergers riaient.

« Bientôt ! Tu répètes cela depuis des années ! »

Mais le vieux berger ne les écoutait pas. Une seule chose l'inquiétait, son petit-fils aussi commençait à douter. Et quand lui ne serait plus là, qui donc redirait aux plus jeunes ce que les prophètes avaient annoncé depuis toujours ? Ah ! S'il pouvait venir bientôt ! Son cœur était tout rempli de cette attente.

« Portera-t-il une couronne en or ? demanda soudain le petit-fils.

– Oui ! Certainement.

– Et une épée d'argent ?

– Pour sûr !

– Et un manteau de pourpre ?

– Peut-être. »

Et le petit-fils semblait heureux.

Assis sur un rocher, le garçon jouait de la flûte. Le vieux berger écoutait attentivement la mélodie simple et pure, l'enfant s'exerçait jour après jour, matin et soir, pour être prêt quand le roi viendrait.

« Serais-tu prêt à jouer pour un roi sans couronne, sans épée et sans manteau de pourpre ? » demanda un jour le berger.

« Ah non ! répondit son petit-fils. Un roi sans couronne, sans épée et sans manteau, est-ce un roi ? Pourrait-il me récompenser pour mon chant ? C'est de l'or et de l'argent que je veux ! »

Il voulait que les autres ouvrent de grands yeux et le regardent avec envie. Le vieux berger était triste. Il se demandait qui donc aurait le cœur assez pur pour accueillir un roi sans couronne et sans richesse.

Cette nuit-là apparurent alors les signes qu'il attendait. Le ciel était plus lumineux que d'habitude et au-dessus de Bethléem brillait une belle étoile. Des anges vêtus de lumière proclamaient une joyeuse nouvelle : « N'ayez pas peur ! Aujourd'hui vous est né un Sauveur ! »

Le jeune berger se mit à courir au-devant de la lumière. Sous son manteau, tout contre sa poitrine, il sentait sa flûte. Il arriva le premier et regarda l'enfant nouveau-né. Celui-ci, enveloppé de langes, reposait dans une mangeoire. Un homme et une femme le contemplaient, tout heureux. Le grand-père et les autres bergers arrivèrent bientôt et tombèrent à genoux devant l'enfant.

Était-ce là le roi qu'on lui avait promis ? Non ! Ce n'était pas possible, ils se trompaient. Jamais il ne jouerait son chant ici ! Très déçu, il repartit et plongea dans la nuit. Il ne vit même pas la lumière qui grandissait autour de la grotte. Soudain, il tendit l'oreille. Quels étaient ces pleurs dans la nuit ?

Mais il ne voulait rien entendre et pressa le pas pour s'éloigner. Les pleurs continuaient. « Et si c'était l'enfant qui m'appelait ? » se dit-il. N'y tenant plus, il rebroussa chemin. Il vit alors Marie, Joseph et les bergers qui s'efforçaient de consoler l'enfant. Il ne pouvait plus résister !

Tout doucement, il tira sa flûte de sous son manteau et se mit à jouer pour l'enfant. Et tandis que la mélodie s'élevait, toute pure, l'enfant se calma et le dernier sanglot s'arrêta dans sa gorge. Il regarda le jeune berger et se mit à sourire.

Et alors celui-ci comprit dans son cœur que ce sourire valait tout l'or et tout l'argent du monde.

27
Évangéliser la Saint-Valentin
La belle aventure des fiançailles

Pour la Saint-Valentin, le pape François a mis en valeur la préparation au mariage en demandant aux fiancés de quarante-six pays de venir à Rome… C'est ainsi que 10 000 couples d'amoureux se sont retrouvés sur la place Saint-Pierre.

Quelques mois plus tôt, en visite à Assise, il avait insisté sur la nécessité d'une bonne préparation au mariage. « Qu'est-ce que le mariage ? C'est une véritable vocation, comme le sont le sacerdoce et la vie religieuse, a-t-il dit. Deux chrétiens qui se marient ont reconnu dans leur histoire d'amour l'appel du Seigneur, la vocation à faire de deux personnes, un homme et une femme, une seule chair, une seule vie. Et le Sacrement du mariage enveloppe cet amour avec la grâce de Dieu, il l'enracine en Dieu même. Avec ce don, avec la certitude de cet appel, on peut partir en sécurité, on n'a peur de rien, on peut tout affronter, ensemble ! »

« S'il te plaît », « merci », « pardon »

Le pape a exhorté les couples à ne pas avoir peur des choix définitifs et surtout à se demander « pardon ». Il a eu une phrase très belle et pleine d'humour : « Le mari parfait n'existe pas, la femme parfaite n'existe pas, et encore moins la belle-mère parfaite. »

Les séparations qui se multiplient sont le signe d'un temps où l'on confond l'attrait pour des choses matérielles et celle que l'on ressent pour une personne. On a un appartement, puis on l'échange contre un autre plus chic, et puis on s'en lasse… on n'est jamais satisfait. En amour c'est pareil si on ne porte pas en soi une dynamique, une spiritualité qui nous poussent haut, très haut, et tout le temps de notre vie.

Le pape a fondé sa catéchèse sur trois mots : « S'il te plaît », « merci » et « pardon ». Le dernier mot est le plus important. Je me souviens que, lorsque j'ai marié le prince Laurent, le fils du roi des Belges, j'ai fait un sermon – divulgué partout dans la presse laïque – dans lequel je disais aux jeunes mariés : « Le plus important, Laurent, c'est que tu demandes pardon à Claire tous les soirs et que toi, Claire, tu demandes pardon à Laurent tous les soirs. » C'est ce qui a le plus frappé les gens qui écoutaient.

Beaucoup de couples se séparent parce qu'ils n'ont pas su se demander pardon. Ils n'ont pas su se parler…

La Saint-Valentin

À l'origine de cette fête, il y a deux saints dont l'un a été martyrisé. Ils n'ont pas de rapport avec les amoureux. La date de leur fête, le 14 février, est celle à laquelle les Romains fêtaient les Lupercales, grande célébration de l'amour et de la fécondité. L'Église a donc repris une fête romaine de l'amour. La fête religieuse a commencé avec le pape Gélase, en 495. Elle a été authentifiée par Alexandre VI Borgia qui, en 1496, a proclamé Valentin patron des amoureux.

Au XXe siècle, la fête a été supprimée du calendrier de l'Église, ce que je regrette.

À Paris, des milliers de fiancés attachent un « cadenas d'amour » aux rambardes du pont des Arts et du pont de l'Archevêché pour symboliser leur union ou leurs sentiments (au point d'avoir fait céder une partie du grillage du pont des Arts en juin 2014...).

En Italie, on s'offre traditionnellement des chocolats le jour de la Saint-Valentin. Plus le chocolat est gros, plus l'amour est grand. Les Français, fleurs à la main, aiment à se considérer comme les plus romantiques. En Grande-Bretagne, un mystérieux Jacques Valentin sonne aux portes et file à toute vitesse en laissant des bonbons sur le seuil. En Estonie, c'est le jour de l'amitié. En Catalogne, les hommes offrent une rose aux femmes et les femmes un livre aux hommes. Au Japon, les femmes offrent des chocolats aux hommes. En retour, les femmes reçoivent du chocolat blanc (ou des bijoux, ou de la lingerie de couleur blanche!). En Arabie Saoudite, interdiction formelle de célébrer la Saint-Valentin : cette fête encouragerait les relations entre les couples non mariés...

Sur le chemin de l'amour

Les fiançailles sont importantes parce qu'elles permettent non seulement aux jeunes gens de se découvrir plus profondément, mais aussi de mieux connaître l'environnement, la famille de son futur conjoint. J'ai remarqué bien souvent combien la présence, la qualité des parents était importante. Connaître, apprécier sa future famille, dialoguer avec elle est essentiel... Et si rien ne se passe comme on le rêvait, la rupture vaut mieux que le divorce.

Les fiançailles guident les fiancés sur le chemin de l'amour. Il est primordial de se préparer à cela, en faisant par exemple une retraite. Que ne s'immiscent pas dans le mariage des mensonges ou des zones d'ombre. En cela, les fiançailles permettent de se parler cœur à cœur. C'est important de confier sa vie à l'autre, de lui raconter quelle vie sentimentale on a menée auparavant, qu'il ou elle sache exactement où l'on en est. Cela rassure.

Respecter le corps et le cœur

Dans notre société, on parle quotidiennement de faire l'amour. Mais n'est-ce pas de sexe qu'il s'agit, plutôt que d'amour ? Les publicités pour atteindre le sommet de l'orgasme remplissent des pages entières : bizarre de lire par ailleurs qu'un nombre grandissant d'hommes ont des difficultés à bander, qu'ils doivent s'aider de petites pastilles bleues...

On a parfois l'impression que tout cela est mécanique : parler de « baiser » l'autre, c'est comme se masturber dans l'autre, cet autre qui n'est qu'un objet essentiel du plaisir.

Alors que, au contraire, faire l'amour c'est avant tout vouloir le plaisir de l'autre. C'est là qu'un être s'aperçoit qu'il est vraiment aimé. Faire l'amour, c'est se donner à l'autre pleinement. Point n'est besoin de dire qu'on l'aime : il le sait, il le ressent. C'est le mystère de la sexualité, un grand mystère quand il est pleinement partagé.

Faire l'amour ou vivre l'amour ?

Valoriser le sexe au rabais et les « Fais ce que tu veux quand tu le sens » revient à mépriser les jeunes et à les tirer vers le bas.

Inciter les jeunes à faire l'amour à tout prix, c'est les insulter. Quand on leur dit « Baise », en quelque sorte, en ajoutant évidemment : « Protège ta viande avec de la cellophane », on les prive d'une rencontre future, parmi les plus belles, qui les fortifiera, les soudera à l'autre et les appellera au plus haut.

Il est de plus en plus intenable de défendre l'innocence enfantine et adolescente et, en même temps, de l'agresser sexuellement, sous les formes les mieux déguisées : pubs, émissions de radio, films, sites Internet.

Dans ce moment très riche de leur vie, notre responsabilité et celle des pouvoirs publics s'exercent dans la présentation qu'on leur fait du mystère de la sexualité. Mais le croyant donnera un sens très profond à la sexualité.

On se chante l'amour

On ne fait jamais d'abord l'amour.
On se dit l'amour.
On se chante l'amour.
On se prépare à l'amour.
On désire le cœur d'abord.
Le corps suivra.
Plus tard.
On attend cette rencontre.
On la prépare.
On veille pour cela sur ses yeux : ses lectures, la télé, le cinéma, Internet…
Sur ses oreilles : la musique, les discussions qu'on refuse…
Enfin sur son cœur.
On ne fait jamais d'abord l'amour.
On se prépare à l'amour.

Non au vagabondage sexuel

L'Église demande de ne pas faire l'amour avant le mariage. Elle dit que l'accent trop mis sur le plaisir partagé serait dangereux parce qu'il n'y aurait plus que cela qui compterait. Il est vrai que les amoureux qui ne se connaissent que par l'acte sexuel risquent de ne jamais voir le caractère de l'autre, ni saisir la richesse de sa différence.

Si l'on accepte le mystère de l'autre, si on le respecte, on doit forcément découvrir la présence de Dieu dans l'existence de son ou sa partenaire. Un jour, un jeune s'exclamait devant moi : « Faire l'amour, pour moi, c'est sacré. » Il préparait l'événement. Il le goûtait un max à l'avance. C'était un perfectionniste qui ne se laissait pas aller à saisir n'importe quelle proie passant à sa portée.

La pulsion sexuelle peut, si elle est sauvée de ses propres errances, avoir une fulgurante beauté. Nous devons le dire aux enfants. Les y préparer. De nombreux fiancés s'y essaient dans l'Église. Qu'ils continuent avec ténacité, audace et persévérance. Oui, on peut dire que la sexualité est un des ultimes lieux de refuge du sacré.

Ne pas avoir de relations sexuelles avant le mariage religieux avec quelqu'un pour lequel on a le coup de foudre, à mon sens seuls les saints en sont capables aujourd'hui ! À cause d'un monde extrêmement érotisé, je dirais même parfois pornographique, interdire le sexe avant le mariage devient pratiquement impossible. C'est de l'héroïsme chrétien actuellement que de ne pas faire l'amour avant le mariage.

Pour ma part, je ne suis pas opposé à ce qu'un couple vive ensemble avant le mariage religieux, à condition qu'ils se jurent de rester fidèles toute leur vie. Ne serait-il pas profitable que des jeunes qui se sont promis fidélité puissent s'installer en couple ? Et que l'Église bénisse leur accord qui entérine une fidélité qu'ils se sont déjà promise ? C'est avec joie qu'en maintes occasions j'ai baptisé un enfant dix minutes avant de marier ses parents !

N'oubliez pas que le mariage, selon l'Église catholique et romaine, est définitif. Je vois d'ailleurs souvent des gens qui, dans leur veuvage, sont non pas heureux mais satisfaits de savoir qu'ils vont retrouver l'autre dans l'au-delà, que leur mariage continuera ailleurs.

Un de mes gars s'était marié, un gars très difficile à vivre. Vingt ans plus tard, je le revois. Je ne l'imaginais pas autrement que divorcé. Or il me lance : « Dis aux gens que ce putain de sacrement de mariage, c'est une force formidable ! »

N'oubliez pas que l'amour de Dieu est au-dessus de l'amour humain. C'est cela qui confère au mariage toute sa puissance. Je connais aussi des gens qui voulaient se séparer. Ils ont chacun fait une retraite et se sont rabibochés, car ils étaient chrétiens.

Auparavant, nos jeunes se préparaient au mariage en trois mois. « Il faut que cette préparation dure un an », ont annoncé les évêques. Je suis entièrement d'accord avec eux sur ce point. Je pense même que ce délai est encore trop court. Nous tombons de plus en plus souvent sur des couples qui veulent se marier à l'église et qui doutent : « Peut-être que Dieu existe, peut-être qu'Il n'existe pas… ? » Je dois gratter pendant des heures.

Amoureux provisoires

Un fait m'a fort éclairé. À l'aéroport d'Orly, je discute inopinément avec un mec. Beau gosse, cravate, la trentaine. Il m'explique avoir fait dix ans d'études d'ingénieur et de nombreux stages pour se perfectionner dans son métier. Soudain, il me révèle sa souffrance, décelable dans ses yeux.

« Un coup de foudre, mon père, et tout a été embarqué en quelques mois. Deux ans après, ma femme s'est barrée avec mon gosse. Je viens de divorcer, c'est très dur… »

Comme le disait Henri Jeanson, aimer ne doit pas être un « verbe irréfléchi ». La faiblesse de l'amour est l'amour fusionnel, toujours destructeur. En général, il tient peu de temps. Vous voyez des couples enthousiastes qui s'aiment à fond la caisse. Et six mois plus tard, la passion est morte, ou une autre les dévore…

« J'ai entendu parler de quelqu'un qui voulait devenir prêtre, mais pour dix ans, pas plus, raconte le pape François. C'est la même chose pour de nombreux couples, qui se marient en pensant : "Tant que dure l'amour, ça va, après, on verra." Nous sommes amoureux du provisoire, alors que les propositions de Jésus sont définitives. »

Repensant à ce jeune cadre de l'aéroport d'Orly, je me dis qu'à la plus grande aventure de sa vie il n'avait accordé que quelques mois de son temps, alors qu'à son métier il avait consacré dix ans de sa vie…

Le mariage est une maison que l'on construit chaque jour, pierre après pierre. On n'a pas assez de toute une vie pour découvrir le mystère de l'autre.

28

Le carême

Un chemin du pardon

Toi qui me lis, arrives-tu à demander pardon à Dieu ? Arrives-tu à pardonner aux autres ? Arrives-tu à te pardonner à toi-même, à t'accepter tel que tu es ?

Église pécheresse et pardonnée

Le carême est un moment de partage extraordinaire. Ce n'est pas seulement se priver de manger. On jeûne pour alléger son corps et permettre à l'esprit de monter : notre but est l'élévation. Nous cherchons à lutter contre la pesanteur du corps. Mais le carême, c'est surtout faire silence, prier et pardonner.

Le cardinal Martini, alors qu'un jour il présidait une ordination de prêtres à Saint-Pierre en Gallicante – où l'on commémore la trahison de Pierre –, a dit ceci : « Vous ne devez jamais oublier qu'en cet endroit s'est passé le plus grave péché de l'Église naissante : un homme a trahi son ami le plus cher, qui l'avait choisi pour conduire l'Église. N'oubliez jamais que vous êtes de cette Église, à la fois pécheresse et pardonnée. »

C'est une parole très vigoureuse.

Commencer par le meilleur

Le chemin du pardon commence par la confession. Ma manière de confesser, je la tiens d'un moine. Il y a bien longtemps, alors que j'allais confesser mes péchés, ce moine me dit : « Dis-moi ce qui est beau dans ta vie. Dis-moi ce que tu aimes vivre. »

C'était la première fois que j'entendais quelque chose de si admirable. Aujourd'hui, quand je confesse je commence par cela.

Le cardinal Martini disait la même chose : « Seigneur, purifie-moi, éclaire-moi, illumine-moi. Qu'il y ait en moi moins de lourdeur, moins de tristesse, moins de scepticisme et moins d'orgueil. » Il continuait encore : « S'il est chaque fois si pénible et si difficile de dire ses péchés, pourquoi ne pas commencer par les bonnes actions ? » Pour lui, la confession n'était pas l'énumération des péchés commis mais le récit des choses joyeuses vécues, pour ensuite parler de l'ombre.

Le baiser de paix

N'oublions pas les paroles du Notre Père : « Pardonnez-nous nos offenses comme nous pardonnons aussi à ceux qui nous ont offensés. »

Pour certains… ce n'est pas gagné.

« Les personnes les plus dures de votre entourage sont une grâce pour vous », disent les saints. Je peux vous dire qu'en quarante-neuf ans j'ai vérifié cette phrase maintes et maintes fois. L'amour gratuit et le pardon m'ont appris la solidarité.

« Comment donner la charité aux autres, disait saint Vincent de Paul, si nous ne l'avons pas entre nous ? Observons si nous l'avons, non pas en général, mais si chacun l'a en soi, s'il l'a à la mesure nécessaire ; parce que si elle n'est pas brûlante en nous, si nous ne nous aimons pas les uns les autres comme Jésus-Christ nous a aimés et si nous n'accomplissons pas d'actes semblables aux siens, comment pourrions-nous espérer diffuser un tel amour sur toute la terre? Il n'est pas possible de donner ce que l'on n'a pas.»

À chaque messe que je célèbre, au moment du baiser de paix, je dis: «Nous allons nous donner la paix du Christ.» Mais je ne m'arrête pas là. Je dis aussi: «Essayez de penser à quelqu'un que vous n'aimez pas. Pensez à ce prénom, gardez-le et essayez de faire l'effort de lui pardonner.»

Le carême, c'est le temps de la réconciliation. Que vous mangiez moins de crottes au chocolat, au final cela n'a pas d'importance. Mais surtout: réconciliez-vous! Mettez-vous en marche!

Au-delà de l'aveu de nos fautes, c'est la grâce que nous devons chercher, pour progresser, et Dieu ne demande qu'à nous pardonner. Le sacrement de réconciliation n'est pas une ligne d'arrivée, c'est un point de départ! Vous êtes tout neuf, et vous bondissez! Réconciliez-vous en actes et en paroles, et vous pourrez ainsi avoir une relation superbe avec le Seigneur et vous ferez un bon carême.

Le sacrement du pardon

Il y a un grand rocher, à Faucon, où l'été je célèbre les messes. Une fois, un jeune vient me voir, me parle de ses turpitudes. Je lui dis, dans mon cœur: «Que Dieu te pardonne tes péchés.» Puis des pigeons blancs passent, et j'ajoute: «Tu es comme ce pigeon, tu es tout blanc.»

Ce sacrement est bouleversant. Le Seigneur, par moi, libère les autres. J'ai vu des gens quitter le confessionnal en pleurant après s'être soulagé d'un poids immense.

Aimer ses ennemis, est-ce possible?

Il m'a écrit ceci du fond de sa cellule: «Je suis inculpé de complicité de meurtre. Je suis innocent. Malheureusement, mon meilleur copain m'a mouillé dans son affaire parce que, justement, je ne voulais pas y participer. Il est devenu mon ennemi. Selon ma foi de chrétien, je dois l'aimer! Est-ce possible?»

Je vais tenter de te répondre, Jean!

Un jour je me suis fait agresser par un mec qui, voulant m'escroquer, n'a pas supporté que je lui résiste. C'est en regardant dans la glace mon visage meurtri que j'ai appris à l'aimer. Ça n'a pas été évident les premiers jours. J'y arrive mieux maintenant.

Quand j'ai appris par un surveillant (qui en a été le témoin) qu'un jeune mineur en prison, pour avoir craché à la figure d'un surveillant qui l'avait malmené, a été conduit au mitard, bourré de coups et, ses vêtements arrachés, jeté nu dans un cachot, des bouffées de haine m'ont assailli. Il m'a fallu m'accrocher à mon bréviaire, le soir, pour demander au Seigneur de résister à ce sentiment violent.

J'ai mis un temps fou à ne plus haïr l'inspecteur de police qui avait tenté de me faire passer pour un indicateur afin que mes loubards me butent.

Quand je vois le tiers monde affamé et les fortunes capitalistes qui se bâtissent sur cette faim, j'ai envie de massacrer chaque tyran. Seuls la prière et un combat de tous les jours me permettent d'espérer, d'avancer «sans haine, sans armes et sans violence».

Reste, intacte, ma haine du capitalisme dans ce qu'il porte de tyrannique et d'écrasant, sous les couleurs falsifiées de la liberté.

Voilà, Jean, quelques réponses.

Notre vocation est celle de l'amour et du pardon.

Dans ma mission, c'est au milieu des cris de haine et de désespoir, et nulle part ailleurs, que je dois la vivre… comme toi face à ton copain.

Aimer ses ennemis est une des plus belles aventures (et des plus difficiles) qui soient.

Pardonner aux morts

Le Dieu de l'Évangile est un Dieu de miséricorde. Se réconcilier avec Dieu : voilà le carême. Se réconcilier avec les autres. Se réconcilier avec soi-même : voir où je suis, où je vais.

Il y avait dans ma vie quelqu'un de très cher pour qui j'avais eu la dent dure et réciproquement. Je ne lui avais pas pardonné certaines choses. Or j'ai fait la connerie, après sa mort, de ne jamais prononcer son nom lors du mémento des morts. Au bout d'un certain temps, j'ai réalisé ma faute et j'ai prononcé son nom à la messe. J'ai découvert alors quelque chose de très signifiant au niveau théologique : on peut pardonner aux morts, parce que c'est la communion des saints. La communion entre la Terre et le Ciel est totale.

Combat contre les souffrances spirituelles et matérielles

Le pape François nous a donné trois missions pendant le carême : combattre les injustices matérielles, les injustices morales et les manques spirituels.

Le temps de carême, parmi tous les temps liturgiques, est celui qui devrait le plus nous faire penser à la condition humaine. Aller vers les malades est très important. J'ai un petit carnet avec le nom des gens qui souffrent et qui vont mourir, que j'appelle toutes les semaines. Il faut essayer d'aller voir de tout près les personnes en détresse.

Le carême est un temps de dépouillement et de lien avec les autres. L'engagement chrétien doit se faire. Matériellement, moralement et spirituellement.

Le pape François a dit qu'il n'était pas possible que des gens crèvent de faim. Il y a une lutte pour aider l'humanité. À Rome, alors que je quittais la place Saint-Pierre, des clochards m'ont sauté dessus parce qu'ils avaient vu que j'étais curé. Après avoir donné à un, deux, trois, chaque fois que je sortais de nouveau de la place j'en trouvais dix autour de moi. Bien plus encore qu'à Paris, ce qui paraît inimaginable.

Donner est très bien, mais si l'on ne se souvient pas ensuite de la personne à qui l'on a donné, de la couleur de ses yeux, notre don n'est que de la merde. C'est comme glisser des sous dans un parcmètre.

Le pouvoir, le luxe et l'argent deviennent des idoles. En France, nous sommes dans le « tout acheter » qui nous fait basculer peu à peu dans une misère morale, cette misère qui rend esclave du vice : dépendance à l'alcool, à la drogue, au jeu, à la pornographie. La misère spirituelle frappe lorsque nous nous éloignons de Dieu et que nous refusons son amour. En France, nous sommes spirituellement en danger.

Dix règles pour un bon carême »

1. Prie. Chaque matin, le « Notre-Père » et chaque soir le « Je vous salue Marie » ;
2. Cherche dans l'Évangile du dimanche une petite phrase que tu pourras méditer toute la semaine ;
3. Chaque fois que tu achètes un objet dont tu n'as pas besoin pour vivre – un article de luxe –, donne aussi quelque chose aux pauvres ou à une œuvre. Offre-leur un petit pourcentage. La surabondance demande à être partagée ;
4. Fais chaque jour quelque chose de bien pour quelqu'un. Avant qu'il ou elle ne te le demande ;
5. Lorsque quelqu'un te tient un propos désagréable, n'imagine pas que tu doives aussitôt lui rendre la pareille. Cela ne rétablit pas l'équilibre. En fait, tu tombes dans l'engrenage. Tais-toi plutôt une minute et la roue s'arrêtera ;
6. Si tu zappes depuis un quart d'heure sans succès, coupe la télé et prends un livre. Ou parle avec ceux qui habitent avec toi : il vaut mieux zapper entre humains et cela marche sans télécommande ;

7. Durant le carême, quitte toujours la table avec une petite faim. Les diététiciens sont encore plus sévères : fais cela toute l'année (une personne sur trois souffre d'obésité) ;
8. « Pardonner » est le superlatif de donner ;
9. Tu as déjà si souvent promis d'appeler quelqu'un par téléphone ou de lui rendre visite. Fais-le finalement ;
10. Ne te laisse pas toujours prendre aux publicités qui affichent une réduction. Cela coûte en effet 30 % moins cher. Mais ton armoire à vêtements bombe et déborde également de 30 %.

Cardinal Godfried Danneels

29

Convertissons-nous à l'espérance

La montée vers Pâques

Le carême se termine bientôt. Vous avez certainement divisé par deux les sucreries que vous mangez quotidiennement. Vous avez probablement interrompu la télévision que vous aimez tant regarder pour passer une demi-heure avec le Seigneur. Vous n'avez pas mangé de viande le vendredi, mais du poisson. Vous avez surtout demandé pardon et vous avez pardonné à ceux qui vous ont offensé.

Le temps de l'espérance

Voici venu le temps de la conversion à l'espérance Nous sommes très pessimistes, il n'y a qu'à lire les journaux. De nombreux jeunes ont des difficultés à trouver un emploi. Ils sont inquiets pour leur avenir professionnel. Les agriculteurs sont confrontés à l'angoisse et à la précarité. L'agriculteur, c'est quelqu'un qui attend avec anxiété la pluie ou le beau temps, or ça ne tombe pas toujours quand il faut, avcc autant de régularité que la paie du salarié. Et quand tout va bien, subitement une averse de grêlons réduit tout à néant. Certains agriculteurs ressentent un grand sentiment d'abandon.

Nous sommes confrontés à une mutation importante. Teilhard de Chardin le prédisait avec une prescience extraordinaire il y a cent ans : « Nous ne traversons pas un orage, nous changeons de climat. » C'est exact. Ce changement de climat atteint les réalités humaines, culturelles, sociales et mentales. D'où l'urgence de l'espérance.

Horreurs en boucle

Nous nous sentons profondément démunis face aux graves problèmes de société, à la misère qui hante les trottoirs des grandes villes déshumanisées, aux guerres, aux famines, aux attentats, au désastre écologique…

Et ce ne sont pas les émissions de télévision qui nous aident à prendre une distance ou à réfléchir. Bien au contraire, les médias nous hantent, nous harcèlent et nous matraquent.

On a calculé qu'une personne plantée devant son téléviseur se coltine au minimum 670 meurtres, 15 viols, 20 scènes de cul et une incalculable multitude de débilités par semaine dans le monde. Tu passes d'un attentat meurtrier à une pub pour un bain moussant, puis d'une prise d'otages sanglante à l'élection de Miss France… Certaines informations te glacent le cœur, d'autres te vident le cerveau.

Les médias repassent les horreurs en boucle, ça fait de l'audimat et ça vend de la pub au milieu. « Une image vaut mille mots », dit-on, certes, mais l'émotion qu'elle véhicule ne permet pas le discernement. L'image nous glace et nous tétanise. Elle ferme les écoutilles de l'esprit critique, nous fait tanguer d'un côté ou de l'autre, selon la politique du moment, et nous force à « choisir un camp ».

Quant à la publicité qui s'intercale, « science de stopper l'intelligence humaine assez longtemps pour lui soutirer de l'argent », elle utilise la beauté divine comme instrument de conquête et de tromperie. Alors cette beauté devient produit marchand, objet et instrument.

C'est Mozart en musique de tiroir-caisse, c'est la jolie fille du coin remplacée par une anorexique dont on veut nous faire croire qu'elle correspond aux canons de la féminité. Pour vendre une voiture ou une perceuse électrique, on nous montre un cul ou des jambes...

Parfois la beauté devient pire que la laideur.

> *Les démons proposent ces couleuvres que sont les choses du monde. Ils présentent ses joies comme étant éternelles, en quelque sorte.*
>
> Sainte Thérèse d'Avila

Méditez

Pour décoder la violence de ce monde et retrouver une certaine sérénité, il faut pouvoir différencier le bon grain d'une émission et l'ivraie dans laquelle elle se vautre.

Ayez une prudence de Sioux.

« Méditez » les catastrophes que l'on vous présente.

Faites monter une réflexion (mieux encore : une prière) qui refuse de se fixer sur un seul camp. Refusez le blanc comme le noir.

Un criminel que l'on vous présente à la télé comme un monstre vous ferait vaciller si vous l'entendiez crier en plein tribunal la terreur que lui inspirait son père, son premier bourreau. On perçoit alors qu'il aurait pu avoir une tout autre existence. Et on se tait. La télévision passe sur ces « circonstances atténuantes », les journaux, moins. Alors lisez plutôt la presse afin de ne pas succomber à cette atroce perversité qu'est l'étalage médiatique des crimes sadiques, dont l'effet est de nous déstabiliser, de nous « bestialiser », et de générer une véritable angoisse.

Or un chrétien ne peut pas désespérer du monde. La charité est le maître mot de l'Évangile et ce mot-là, souvenez-vous-en, a mille fois plus de puissance qu'une image, car il est rempli de l'amour de Dieu.

Les médias banalisent la souffrance

Les vrais problèmes de société sont souvent traités à une vitesse stupéfiante, affligeante. On banalise tout. On vous présente une guerre après une opération humanitaire. On rend compte des « scores » de part et d'autre comme pour un match de foot. Les jeunes gobent malheureusement ces flashes d'information qui les désemparent et les rendent inaptes à différencier le bien du mal, le beau du sordide.

Nous sommes tous des handicapés

Il y a tant de blessures dans la vie. Nous sommes tous des handicapés. Chacun est crucifié à l'endroit où il aime. Dans mon sacerdoce, avec mes équipiers je tenterai toujours, jusqu'au bout, de dessiner le visage de l'espérance.

« Société sans espérance », clament les marchands de pessimisme. D'accord, les atteintes à notre humanité existent cruellement, mais une spiritualité laïque faite de courage, de solidarité, peut dynamiser à fond ceux et celles qui la pratiquent. Nous, chrétiens, avons un trésor prestigieux où nous pouvons puiser, à condition de croire aux paroles du Christ : « Sois sans crainte, je suis avec toi. »

Nos appels innombrables ne lassent pas le Christ, toujours prêt à nous transmettre sa force. La prière est la source de notre propre force.

Ici et maintenant

Avec Pâques, nous sommes animés par l'Esprit saint, qui nous fait comprendre le Christ ressuscité. Dieu nous veut heureux maintenant et pas seulement après notre mort. Dieu agit en nous, par nous. Il espère en nous.

Les catéchumènes, ces adultes qui demandent le baptême, fleurissent en France. Ils vont vivre autrement. Essayons de penser à ceux qui vont être baptisés à Pâques. Souvent, les catéchumènes se plaignent, estimant que les communautés ne les accueillent pas très bien. Certains ont vécu des parcours difficiles. Ce témoignage m'a particulièrement touché : « À l'issue d'un été de débauche – j'emploie le terme dans sa signification la plus étendue –, je fus pris en plein milieu d'une nuit d'un besoin de prier, raconte l'un d'eux. J'en fus le premier surpris puisque Dieu, c'était pour les autres. Et puis, me dis-je, tu ne sais même pas prier. Tu es ridicule tout seul au milieu des bois (au loin la fête battait son plein), si les gens te voyaient, ils riraient bien.

« J'aurais pu mettre ça sur le compte de l'alcool mais j'étais désespérément sobre et désespérais tout court. Soudain, je ne me sentis plus seul et une chaleur bienveillante s'empara de mon cœur et me plia les genoux pour la première fois.

« Et pour la première fois, je lui adressais officiellement ma demande de pardon et de miséricorde. Dans ma prière sans issue, une lumière venait de m'indiquer une porte. J'allais mettre six ans à l'ouvrir. »

« Tous ont une grande soif spirituelle, dit Mgr Boulanger, évêque de Sées. Dans un monde saturé de son, ils sont très sensibles au silence. Ils aiment se recueillir dans les églises pour prendre du recul. C'est parfois là qu'ils ont ressenti, pour la première fois, la présence de Dieu. Dieu nous mène à des choix douloureux et des transformations éprouvantes souvent. »

Dieu agit

Le pape a dit dernièrement : « Ne nous laissons pas voler l'espérance. » Dieu agit dans le monde entier, pour le couple et les enfants d'abord. Mais Il agit aussi pour l'amour que l'on porte aux anciens. Il continue d'agir à travers les enseignants, les élus, Il sait s'il faut prier pour eux actuellement. Demain ils vont en baver, les pauvres!

Il ne faut pas penser que Dieu agit pour des pourris, mais plutôt en fonction du désir de servir de l'homme ou de la femme politique. Dieu agit enfin pour nous : prêtres, diacres, animateurs pastoraux… Voilà l'espérance de carême que nous avons à vivre.

Il faut nous convertir à l'espérance. Ce monde est dur, nous le savons tous. Et encore, nous, nous avons ce qu'il faut pour vivre normalement, voire plus. Je vois l'importance fondamentale de la spiritualité chez les jeunes. Les jeunes ont un immense besoin d'espérance, ils ont besoin de croire en eux, d'envisager l'avenir, de chercher ce qu'ils veulent faire, de discerner leurs dons.

Jésus, espérance des jeunes d'aujourd'hui

Tu regardes la télé? Du sang. Du cul. On se bat un peu partout dans le monde. La Syrie explose… L'Égypte, l'Irak, la Tunisie n'en finissent pas d'essayer de se stabiliser, et les morts se comptent jour après jour… Dément!

T'écoutes ta musique? « Drogue-toi, baise, profite de la vie », te serine-t-elle dans l'oreille. Débile!

T'es à l'école et t'es pas con. Tu sais que tu te farciras ta part de chômage, le jour où l'école te projettera dans la vie. « Que le meilleur gagne », te dit-elle en guise d'au revoir. Bonjour l'angoisse!

Alors souvent t'es paumé, stressé et l'espoir t'y crois pas, face à ce que cette société porte de dureté et de violence. Et je comprends.

Mais en revanche, à l'espérance chrétienne je crois, et toi aussi tu peux y croire.

Je vis, depuis que je suis prêtre, avec des loubards, sur un terrain terrible, marécageux, sans espoir apparent. Et pourtant, je vis une formidable espérance.

Je n'entends que des cris de désespoir, de « j'veux plus vivre », « la vie c'est con », et pourtant je crois que l'espérance sauvera tout.

Laquelle ?

Celle du Christ qui sauve, veille au grain, me porte, me guide, ce Jésus qui est ma lumière. Sans le Christ, la vie n'a aucun sens. Avec lui, je peux tout vivre, tout faire, tout désirer, tout créer.

Comment j'y arrive ?

En luttant, d'abord...

Ne jamais baisser les bras. Plus c'est dur, plus je m'accroche. Parce qu'il est là, justement quand tout va mal. Et il me l'a dit, Jésus, dans l'Évangile : « Je serai avec vous jusqu'à la fin des temps », c'est-à-dire : « Fonce, je suis avec toi. »

En aimant, ensuite.

« L'amour vainc tout... » Absolument tout. Si tu sais ça, tu sais tout. L'amour est la seule chose qui te rend radieux, pétant feu et flamme.

Attention ! L'amour gratuit, le don de toi, cet amour auquel Dieu te pousse, il faut le Lui demander, et chaque jour. Il te le donnera, au-delà de ce que tu peux imaginer.

Le jour où...

Le jour où tu refuseras de t'avachir devant la télé pour regarder des émissions connes...

Le jour où tu décideras de faire un cross pour bouger tes jeunes muscles au lieu de rester dans des bars où tu t'emmerdes...

Le jour où tu maîtriseras tes mp3 en ne choisissant ni la musique hard ni celle qui t'entraîne dans des rêves inaccessibles ou désespérants...

Alors l'espérance naîtra en toi. Parce que tu te mettras à genoux. Tu prieras, mal au début, mais Jésus s'en fout que tu pries mal.

Prie avec tes mots. Prie Jésus comme l'ami qui t'écoute, t'attend, te fait signe.

Et la réponse arrivera, fulgurante.

Parce que tu sauras que t'es plus seul, avec tes merdes, tes angoisses et un avenir que tu sens noir.

Prie sans cesse pour demander au Christ qui est Amour : « Ne me lâche pas. » Il te donnera une force pas possible.

La grande semaine

Nous commençons la « grande semaine » par les Rameaux. J'aime bien ce moment, c'est un des plus beaux de l'union de l'Église. Si vous allez aux Rameaux, apportez du buis mais ne vous cassez pas après la bénédiction de vos branches. Ne croyez pas que c'est une protection contre l'incendie ou autre. Il faut que ces derniers bénissent votre maison. Mais n'en faites pas un sortilège extraordinaire. Assistez à la messe des Rameaux, qui commence par la Passion de Jésus.

Le dimanche des Rameaux, c'est une des douze grandes fêtes de l'année liturgique. On célèbre alors l'entrée du Christ à Jérusalem, où il fut accueilli triomphalement par le peuple brandissant des palmes. C'est là que le prêtre se remémore ce jour célèbre.

Les gens posaient des rameaux de palmiers mais aussi leur manteau sous les pieds de Jésus. La première question qu'il faut se poser est celle-ci : quel manteau suis-je prêt à abandonner pour rendre hommage à Jésus ?

Lundi, mardi, mercredi, il n'y a plus de cérémonie, à l'exception de la messe chrismale. J'aime beaucoup assister à cette messe merveilleuse, pendant laquelle on procède à la bénédiction des saintes huiles et à la confection du saint chrême par l'évêque.

Le jeudi saint inaugure le *triduum* pascal. Il est connu par la cérémonie du lavement des pieds, qui fait mémoire à ce moment extraordinaire où le Christ s'est mis à genoux pour laver les pieds de ses disciples, soulignant par là que lui, le Fils de Dieu, était au service de l'humanité.

Mais le jeudi saint est très important aussi parce qu'il commence par la messe au cours de laquelle Jésus institua l'eucharistie. C'est l'eucharistie qui nous unit. Nous répétons exactement la même chose que ce que Jésus a fait. L'eucharistie est la présence visible du Christ. Quand je dis la messe, je demande à l'organiste et à la chorale de faire silence et je déclare : « Adorons le Christ, qui est présent ici. »

Après le jeudi saint, l'eucharistie est solennellement transportée dans le reposoir, lieu où l'on peut méditer l'agonie de Jésus et son appel formidable.

Le vendredi saint, il n'y a pas de messe. L'Église est en deuil. Souvent on suit le chemin de croix, à 15 heures. On essaie de revivre la Passion du Christ.

Un jour, alors que j'avais quinze ans, après une longue balade avec mes frères et sœurs nous étions tombés sur une église, un vendredi saint. Le porche était ouvert et je voyais le prêtre gesticuler. Je n'avais pu m'empêcher de rire. Me rendant compte que c'était sa « prédication », je me suis tu et ai arrêté de me marrer parce qu'il vivait vraiment, de tout son corps, la Passion du Christ ! J'ai alors compris les souffrances endurées par le Christ. Avant, c'était intellectuel. Mais devant l'expression si évocatrice, si naïve aussi du prêtre, j'ai compris combien le Christ avait souffert.

Le samedi saint, il n'y a pas non plus de messe. On ne célèbre ni baptême ni mariage ce jour-là. C'est uniquement pendant la veillée pascale que les catéchumènes sont baptisés.

> *La semaine sainte est la grande semaine à cause de la grandeur et de la sainteté des mystères que l'on y célèbre.*
>
> Saint Jean Chrysostome

Couleur blanche ou dorée

Durant cette semaine, le Christ a sauvé l'homme du péché et l'a mené à la vie éternelle. C'est pourquoi l'on peut dire que la fête de Pâques est le sommet du calendrier chrétien. C'est aussi pour cela que les églises sont marquées de la couleur blanche ou dorée, symbole de la joie.

Durant la semaine sainte, nous allons rappeler les moments très durs où le Seigneur a vécu son Calvaire. Nous allons mettre nos pas dans ses pas. Il ne s'agit pas seulement de visiter les lieux où il était en semant la bonne parole. Comment éviter une simple reconstitution historique, artificielle ? On se transpose vingt siècles en arrière. Les célébrations eucharistiques doivent nous y aider.

Essayez de ressentir les sentiments qui furent ceux de Jésus-Christ, et le Seigneur vous donnera la grâce.

Laissez-vous habiter par l'Esprit saint, qui a la tâche de vous faire comprendre le parcours du Christ.

Aimez jusqu'au bout.

Nous célébrons, avec les Rameaux, l'accueil triomphal de Jérusalem réservé à Jésus. Qui est Jésus ? Il est Dieu et homme à la fois.

Certains voient surtout l'homme, certains voient surtout Dieu. C'est merveilleux de sentir que le Christ a mangé et a ri avec d'autres. C'est son premier miracle. Ce qui m'a frappé surtout, c'est le dernier regard du Christ. Il est exceptionnel. Au crucifié à côté de lui, celui qui demande pardon, il annonce : « Tu seras avec moi ce soir au paradis. » C'est ce qui m'a le plus émerveillé dans la Passion du Christ. Juste avant de rendre son dernier soupir, Jésus pardonne au pécheur à côté de lui. Le Seigneur n'abandonne jamais quelqu'un dans le besoin.

Le bracelet d'or

Un jour une dame arrive à ma permanence. Comme elle porte un manteau de fourrure, par provocation exprès je la fais attendre. Au bout d'une demi-heure, je lui demande ce qu'elle veut. Elle dépose sur mon bureau une enveloppe et l'ouvre. Elle contenait un bracelet en or massif serti de diamants. Puis elle me dit : « C'est ce qu'il me reste de plus précieux, des voleurs ont cambriolé mon appartement. Quand j'ai vu la porte fracturée, j'ai tout de suite pensé à ce bijou. Mais je l'ai retrouvé. Les voleurs ne l'avaient pas pris en considération parce qu'un de mes petits-fils avait eu la bonne idée de le peindre de couleurs très ternes. Eh bien, ce bracelet qui me vient de mon arrière-grand-mère, je vous le donne pour vos jeunes. »

Le parfum de la gratuité, ce parfum magnifique que Marie-Madeleine avait mis sur les pieds de Jésus, était la chose la plus précieuse qu'elle pouvait donner.

Qu'avons-nous de plus précieux à donner ?

30

Un pont entre Ciel et Terre

L'Ascension, une fête méconnue

Quarante jours après la Résurrection, le Christ s'élève aux Cieux sous le regard de ses disciples.

Questions d'interprétations

En lisant les Pères de l'Église et les mystiques, on se rend compte qu'à travers les âges cette fête de l'Ascension fut vécue de manière fort différente. Saint Augustin, par exemple, a interprété cet épisode sous l'angle de son pessimisme personnel. Pour lui, le Christ est monté au Ciel parce que sur la Terre nous n'avons finalement pas grand-chose à attendre de bon.

La Terre serait un lieu où dominent le péché et la mort. Le Ciel au contraire serait celui où règnent Dieu et la vie éternelle. Cette manière pessimiste de voir, très inspirée par Platon – qui voyait dans le corps le tombeau de l'âme –, se retrouve chez de nombreux mystiques.

On oublie une chose fondamentale : Dieu lui-même a pris chair dans une peau d'homme. Si la chair était si mauvaise, Il serait resté pur esprit et aurait évité de se mêler à ce qui est mortel. Pour nous, le Dieu des chrétiens a pris chair afin de la diviniser et de donner tout son sens à notre vie terrestre. C'est pourquoi cette fête de l'Ascension n'a de signification que si on la relie immédiatement à la fête de la Pentecôte, celle de l'Esprit de Dieu qui, malgré le départ physique du Christ, ne nous quittera jamais.

Déjà là et pas encore

Je vous le répète, Jésus s'est incarné en vivant avec nous pendant trente-trois ans, après nous avoir délivré son enseignement, après nous avoir offert sa vie. Il est monté aux Cieux et s'est assis à la droite du Père. C'est de là-haut qu'il nous envoie l'Esprit saint. Dès lors, nous sommes les enfants de Dieu sur terre. Nous sommes, comme le disait saint Paul, « le temple de l'Esprit saint ». La Terre ne peut plus être uniquement considérée comme un purgatoire ou un lieu de souffrance, contrairement à ce que disait saint Augustin. Elle devient le lieu où nous vivons le don de Dieu.

Dans le chapitre V de l'Évangile selon saint Matthieu, le Christ nous dit que le royaume de Dieu s'est avancé. Le royaume de Dieu, c'est-à-dire le Christ lui-même. C'est pourquoi les théologiens nous disent que nous sommes ici-bas dans un entre-deux. C'est-à-dire dans le *déjà là* et le *pas encore.*

Le *déjà là*, c'est la révélation de Dieu sur la Terre. Le don de son corps dans l'eucharistie. Le baptême qui nous anime et nous guide ; mais ce *déjà là* a pour pendant un *pas encore.*

Ce *pas encore*, c'est la pleine révélation de Dieu. La vie que nous atteindrons tous et toutes à un moment donné de notre existence terrestre et céleste. On ne peut pas séparer les deux. Notre existence ne se terminera pas le jour de notre mort terrestre mais continuera sous une autre forme, dans les Cieux et en compagnie de Dieu.

De quoi me suis-je suis allégé ?

L'Ascension devient donc une fête essentielle pour tout chrétien. Elle nous rappelle à cette exigence de faire nôtre chaque jour de notre existence : aujourd'hui, qu'ai-je fait pour m'élever vers le Seigneur ? Aujourd'hui, de quoi me suis-je allégé pour m'élever vers le Seigneur ?

Nous autres qui sommes dans la même barque, prêtres ou laïcs, nous avons tous la même tendance : celle d'être emporté dans le flot du quotidien et du divertissement. Combien de gens disent : « Comme les journées passent vite, comme le temps passe vite ! » Si nous ne nous arrêtons pas un instant pour prendre du recul sur ce temps qui passe, les jours se succèdent, identiques. Si nous bouffons la vie, en nous investissant complètement dans le temps présent, nous ne pouvons pas dire qu'il passe vite. Le temps passe bien.

« Qu'ai-je fait de ma vie aujourd'hui ? » C'est une question fondamentale pour chacun d'entre nous. Il faut, tous les soirs, essayer de faire l'examen général de sa vie. Personnellement, je tente de le faire en me disant : « Quels sont les points positifs ou négatifs de ma vie d'aujourd'hui ? » On peut se poser des questions et apporter des réponses. Nous savons que nous sommes encombrés par beaucoup trop de choses dans une journée.

Vivre dans le présent

Je vois souvent des personnes d'une tristesse incroyable, et je me demande comment elles ont pu perdre toute joie. Alors que d'autres ont des moments joyeux toute la journée, quoi qu'il arrive.

Si vous vivez une telle mésaventure, dites-vous que la première recette est de puiser dans les choses simples et naturelles de l'existence. Et puis de mitonner à feu doux…

Vivre dans le présent, d'abord. Vous êtes souvent engloutis, perdus dans votre passé ou projetés dans l'avenir. Alors vous n'éprouvez que remords ou craintes, et vous manquez les joies de l'instant présent.

Vous ne voyez pas le temps qui passe. Aimez à fond, vivez pleinement ces heures présentes, investissez-vous. Hier n'est pas meilleur, demain on ne sait pas. Dieu vous a bâtis pour une journée.

Pour avoir une confiance absolue en ce qui vient, il faut vivre pleinement le moment présent. Le pire, c'est de vivre hier ou demain. J'ai déjà parlé de cette idée que j'aime bien : la « théologie des vingt-quatre heures », soit vingt-quatre heures pour aimer et être aimé. Vingt-quatre heures pour les autres et pour Dieu.

La grâce de Dieu passe uniquement par le temps présent. Si vous acceptez tout avec amour, ce sera un chemin formidable et privilégié de sainteté. Tout faire par amour.

J'aime l'enseignement de saint François de Sales qui donne au moment présent une puissance extraordinaire : « Pensons seulement à bien faire aujourd'hui, et quand le jour de demain sera arrivé il s'appellera aujourd'hui, et lors nous y penserons. »

Les petits gestes

Au jour le jour, multipliez les petits gestes, « car il n'y a rien de petit au service de Dieu ». Le plus petit acte d'amour est béni de Dieu et « c'est rendre les petites actions fort grandes, que de les faire avec un grand désir de plaire à Dieu », disait une fois encore saint François de Sales.

Surtout l'acte qui n'est pas visible ! On pense généralement que c'est le geste que l'autre reconnaît comme bien qui est bon aux yeux de Dieu, mais non, c'est l'acte solitaire que l'on fait pour Dieu.

Quand je vais au restaurant, je suis très sensible à la manière dont les serveurs – ou serveuses – s'occupent de ma personne, et des autres évidemment. Certains manifestent une vraie attention : c'est très important.

Au séminaire, quand j'étais jeune, on nous apprenait à accomplir les petites choses avec amour, à mettre toute notre puissance dans ce que l'on faisait, au moment où on le faisait. S'appliquer. Pour cela, il faut accueillir l'événement, ne pas le subir : accepter, c'est différent. Seuls les hommes et les femmes de prière accueillent l'événement, l'assument.

L'annonce de la venue de l'Esprit

L'important, c'est de savoir quels ont été les points essentiels des dernières vingt-quatre heures. Qu'ai-je fait pour m'élever ? Comment ai-je vécu le don de l'Esprit saint qui m'a été donné ? Est-ce que j'ai fait fructifier aujourd'hui les dons du Saint-Esprit ?

L'Ascension est un événement important pour le salut de l'homme. On pense parfois qu'il n'est porteur d'aucune bonne nouvelle pour l'humanité. C'est pourtant un moment de la vie du Christ qui est fondamental pour les hommes. Jésus ne nous abandonne pas, il annonce la venue de l'Esprit saint à ses disciples et promet d'être avec eux jusqu'à la fin des temps pour annoncer au monde la bonne nouvelle.

L'Ascension n'est pas une fête qui concerne uniquement Jésus et ses disciples. Elle concerne toute l'humanité. Elle préfigure notre vie dans l'éternité et prépare la venue de l'Esprit saint, qui permettra la propagation du message de Pâques. Sans Ascension, pas de Pentecôte ni aucune annonce de la bonne nouvelle.

L'Ascension fait partie de l'événement inouï de Pâques. Par sa mort et par sa résurrection, Jésus est appelé à rejoindre Dieu pour vivre dans la gloire céleste.

Esprit de Dieu, souffle de vie

À tous les « puissants » donne l'esprit d'humilité.
À tous les « solitaires » donne l'esprit communautaire.
À tous les « radins » donne l'esprit de largesse.
À tous les « coincés » donne l'esprit d'ouverture.
À tous les « vieux » donne l'esprit de jeunesse.
À tous les « jeunes » donne l'esprit de sagesse.
À tous les « tordus » donne l'esprit de droiture.
À tous les « exclus » donne l'esprit d'intégration.
À tous les « égarés » donne l'esprit de discernement.
À tous les « pressés » donne l'esprit de patience.
À tous les « agités » donne l'esprit de quiétude.
À tous les « fanatiques » donne l'esprit de tolérance.
À tous les « mal-aimés » donne l'esprit d'amour.
Parfois je suis « coincé, tordu, pressé, égaré, vieux, radin, fanatique »,
Donne-moi ton Esprit.

Bernard Hubler

31

Quand l'Esprit saint souffle dans nos voiles

La Pentecôte

Cinquante jours après la résurrection du Christ, les apôtres se trouvent réunis dans une maison quand tout à coup, raconte saint Luc (Ac 2, 1-4), survient du Ciel un bruit « pareil à celui d'un violent coup de vent ». La maison dans laquelle ils se tiennent s'en trouve toute remplie. Alors leur apparaît « une sorte de feu qui se partage en langues ». Frappés dans l'esprit et dans le cœur, ils « se mettent à parler en d'autres langues, et chacun s'exprime selon le don de l'Esprit ». Forts de ces langages, les craintifs apôtres sortent courageusement annoncer les « merveilles de Dieu ».

Le bruit, le vent et le feu symbolisent la présence divine. Les langues de feu symbolisent le don – l'Esprit saint – fait à chacun d'eux pour enseigner la chrétienté à travers le monde.

Priez l'Esprit saint

Vous invoquez Dieu, bien sûr ; vous Lui demandez des choses évidemment. Mais l'Esprit saint, l'invoquez-vous ? Comment le priez-vous, et quand ? Uniquement pendant la messe ?

Il faudrait au moins que les curés expliquent pendant la messe ce qu'est le Credo, au lieu de le faire réciter rituellement par l'assemblée.

Quand je fais une messe, j'explique par une courte phrase chaque temps du Credo. Par exemple, je dis : « L'Esprit saint, c'est la troisième personne de la Trinité. C'est elle qui nous fait comprendre le mystère du Père qui a tout créé et qui a envoyé le fils. »

Ensuite, ce Credo, il faut le vivre dans la semaine. Nous devons fignoler la figure de l'Esprit saint. C'est lui qui éclaire notre intelligence, notre appréhension du monde, notre discernement.

Les sept dons

Les sept dons de l'Esprit saint n'ont rien de théorique.

L'*intelligence.* C'est être réceptif à l'Esprit saint dans l'appréhension de notre monde et de notre foi. « Croire pour comprendre et comprendre pour croire » (saint Anselme).

Le *conseil.* C'est non seulement écouter les conseils des autres, mais aussi savoir – de par la lumière de l'Esprit saint qui est en nous – aider par nos conseils ceux et celles que nous rencontrons.

La *sagesse.* C'est parfois de fermer sa gueule !

La *connaissance.* Nous croyons tous connaître notre Église. Imbéciles que nous sommes ! Ce n'est pas facile. Il faut placer son intelligence et sa connaissance sous l'Esprit saint pour comprendre l'Église. « L'essentiel est invisible pour les yeux » (Antoine de Saint-Exupéry).

La *piété.* Ce terme paraît bien désuet aujourd'hui. On imagine ces grenouilles de bénitier qui récitent leur chapelet en pensant à autre chose. Pieux rime souvent avec extrêmement ennuyeux. Quelle erreur ! Être pieux, ce n'est pas être confit en dévotion, son bréviaire à la main, histoire de montrer à tout le monde que l'on prie ; êtrc pieux, c'est montrer qu'on est capable de chercher Dieu, à tout moment et en tout lieu.

La *force* est une réalité dangereuse aujourd'hui. On nous dit qu'il faut être fort et que si l'on est faible on sera broyé, laminé. « C'est quand je suis faible que je suis fort », dit saint Paul.

Quand on est faible humainement, on va puiser sa force dans le Christ.

La *crainte* est peut-être le don qui est le plus mal compris. Faut-il avoir peur de Dieu? Non. La crainte, selon la tradition biblique, c'est l'amour révérencieux de Dieu. C'est reconnaître que Dieu est tout-puissant. Il n'est pas question d'avoir peur.

C'est le baptême qui met ces dons dans notre cœur. Il faut travailler et demander à Dieu de nous aider de l'intérieur.

Fruits et dons

Le fruit de l'Esprit et le don de l'Esprit sont différents. Le fruit est le produit naturel d'un principe de vie intérieur qui se développe de manière continue. Les dons, en revanche, sont conférés par la générosité de quelqu'un en dehors de nous. C'est merveilleux de voir les dons de Dieu. Regardez saint Paul : il persécutait les chrétiens puis, un jour, une lumière éblouissante le fit tomber de cheval et devenir aveugle pour quelques jours. Quand il revit, il fut ébloui par Dieu.

Le développement du fruit de l'Esprit demande du temps. Il est amené à la perfection grâce à des éléments extérieurs, comme les plantes ont besoin de soleil, de pluie, de vent.

Il se trouve que ces dons peuvent être conférés de façon soudaine par Dieu, à n'importe quelle étape de l'espérance du chrétien. Certains croyants du Nouveau Testament ont reçu un don au moment de leur baptême. On est en droit de se demander : « Comment le Seigneur peut-il le faire pour quelques-uns et pas pour d'autres ? »

Rappelez-vous la parole du semeur : il est sorti pour semer. Il a répandu les graines à profusion, sans se soucier du terrain sur lequel elles tombaient. Les résultats ont été évidemment différents… Que les graines fructifient ne dépend pas du semeur, mais du terrain qui les reçoit. Il en va de même pour l'Esprit, qui est donné à tous mais ne tombe pas sur les mêmes terrains.

Il est des éléments de notre vie qui nous font vivre sur des sols pierreux, d'autres sur des champs de ronces. Nous n'en sommes pas toujours responsables.

Jésus était également proche de deux larrons suppliciés avec lui. Un seul a réussi à reconnaître celui qui pouvait ressusciter. L'un lui disait : « Mais qu'est-ce que tu fous là ? Tu peux te sauver tout seul ! » L'autre a dit au Christ : « Je t'en supplie, Seigneur, accepte-moi pour qu'on se retrouve ce soir au paradis. » Le Seigneur lui a répondu : « OK, on va boire un verre au paradis ce soir. »

L'un n'était pas disposé à recevoir le don, l'autre était d'une limpidité et d'une humilité extraordinaires.

> *À chacun, la manifestation de l'Esprit est donnée en vue du bien commun.*
>
> Saint Paul 1 Co 12, 7.

Les Pères de l'Église ont comparé les dons à la voilure d'un navire. Le Saint-Esprit donne une plénitude à l'initiative humaine, qui est conduite au-delà d'elle-même. Et le Seigneur souffle sur la voile. Par moments, Il ne souffle pas. Par moments, Il souffle très fort. Nous devons admirer l'Esprit saint dans ce qu'il fait.

Le pape François, dans une homélie au Vatican, a évoqué ce texte présenté comme émanant de théologiens anciens : « L'âme est une espèce de bateau à voile, l'Esprit saint est le vent qui souffle dans la voile pour le faire avancer, les impulsions et les poussées du vent sont les dons de l'Esprit. Sans sa poussée, sans sa grâce, nous n'avançons pas. L'Esprit saint nous pousse à ouvrir les portes pour sortir, pour annoncer et témoigner la bonne vie de l'Évangile, pour communiquer la joie de la foi, de la rencontre avec le Christ. »

Une prière poussée par je ne sais quel vent me vient à l'esprit

Viens nous aider à mettre un grain de soupçon, Esprit saint,
Dans nos certitudes, quand elles ne sont pas le Credo;
Une brassée de confiance en nos cœurs
Quand les idées ne sont pas de nous.
Viens, Esprit saint, mettre un zeste d'humour
Dans nos discussions si sérieuses,
Un brin de jeu dans nos engrenages et nos articulations,
Pour qu'elles ne se coincent pas,
Un brin de fraternité
Dans nos oppositions légitimes,
Une pincée de sel de la sagesse sur les plaies de nos péchés.
Cela cuit mais cela guérit.
Esprit saint, mets-nous une cuillerée de miel
Dans nos gorges enflammées par tant de bavardages,
Une étincelle de ton feu dans la paille de nos innombrables recherches.
Esprit saint, mets une goutte d'eau, ou la trombe de ton eau vive,
Sur ce qui est souillé et sur ce qui est aride.
Une ombre de ta fraîcheur sur nos fièvres et nos souffrances.
Viens, Esprit saint,
Donne-nous le coup du cœur en nos vies
Pour Jésus et pour son Père,
Et surtout, mets du vent dans nos voiles,
Que nous puissions appareiller et cingler au large pour la pêche.

Mgr Roger Bourrat

32

C'est la Fête des mères

Et tout particulièrement de notre mère Marie

La mère est le grand arbre auquel s'accrochent le père et les enfants. La mère veille sur tout le monde en même temps, elle fait du bien-être de ses enfants et de son mari une priorité, elle réduit les espaces qui se creusent entre le père et ses enfants.

La mère est aussi le guide auprès de qui tout le monde vient prendre conseil, affection et compréhension. Elle est miséricorde et juge en même temps.

La Fête des mères n'est certes pas de nature religieuse, mais Dieu nous ordonne d'honorer et de respecter nos parents : « Enfants, obéissez à vos parents en union avec le Seigneur, car cela est juste » (Éph 6, 1) ; « Honore ton père et ta mère, afin que tes jours se prolongent dans le pays que l'Éternel, ton Dieu, te donne » (Ex 20, 12).

Une mère, c'est si beau

C'est par le regard de ma mère que j'ai compris la mère de l'enfant Jésus. Maman m'a tellement marqué. Elle symbolise pour moi cette phrase que je trouve superbe : « Une mère, c'est si beau que même Dieu en a voulu une. » Quand un jour nous avons demandé à notre mère : « Comment as-tu divisé l'amour entre tes quinze enfants ? », elle a simplement répondu : « Je l'ai multiplié. »

Pierrot, un de mes frères, adorait ma mère. Un jour, elle lui donne une punition parce qu'il avait fait une connerie. Elle sort de la pièce pour aller dans sa chambre et mon frère de dix ans l'insulte très grossièrement dans son dos. Ma mère entend. Elle ouvre la porte. Pierrot se dit : « Maman a entendu ce que j'ai dit » et se met à pleurer. Ma mère lui dit alors : « Seules tes larmes seront ta punition. » Elle avait compris son désarroi de gosse.

J'ai toujours gardé cette petite histoire comme une merveille d'amour de mère.

> *Les mamans, ça pardonne toujours ; c'est venu au monde pour ça.*
>
> Alexandre Dumas

Mères célibataires

Je pense aux mères célibataires. Elles sont entre 1,5 et 2 millions en France, et ce chiffre est en constante augmentation. Ces personnes m'appellent souvent pour me dire que leur enfant déraille. Je reçois presque un mail par jour de la part de mères en détresse face à leur enfant en pleine crise d'adolescence.

On peut dire que ces mères célibataires sont aussi bonnes que les autres en matière d'éducation. Elles se montrent capables de transmettre autant de valeurs à leurs enfants que les autres familles, mais leur tâche demeure très difficile, surtout pendant l'adolescence de leur enfant. Il faut deux êtres pour gérer un enfant. Au début, le petit peut difficilement se séparer de la mère, il est sorti de son ventre.

Je pense aussi à ces femmes qui partent travailler huit jours après leur accouchement... Je comprends tout à fait qu'une femme choisisse de travailler, à la fois pour garder son équilibre personnel et celui des finances de son ménage. Mais une nourrice ne remplacera jamais la mère. Notre société ignore le besoin d'amour de l'enfant au profit de la compétitivité, de l'économie.

Marie, notre mère spirituelle

Il est intéressant de déterminer ce qu'a été le rôle de la Vierge Marie, la « servante du Seigneur ». Bien que probablement présente dans toutes les scènes de l'Évangile, elle ne veut pas être au centre de l'attention. Toute mère d'un nouveau-né a un profond attachement pour son enfant. C'est encore plus vrai pour Marie. Servante du Seigneur, Marie est contemplative. Elle ne s'est pas contentée de faire son devoir pour son enfant. On la sent toujours présente auprès de lui.

Marie a porté Jésus mystérieusement, par l'opération du Saint-Esprit, dans son palais, c'est-à-dire son ventre. Toutes les femmes qui ont eu un enfant reconnaîtront que le ventre d'une mère est un palais.

Jésus a été dans le palais de Marie pendant neuf mois. Il y a dormi avant ses trente-trois années de vie sur terre. Marie a vu Jésus enfant, adolescent puis adulte.

Nous disons que le Christ est parfait en tant qu'homme. Il est parfait en tant que Dieu. Cette perfection humaine du Christ vient essentiellement d'un homme et d'une femme, Joseph et Marie. Ils ont été des parents merveilleux et des éducateurs exceptionnels. N'oublions pas cela. Dieu a choisi Marie pour sa perfection extraordinaire et Joseph, si discret, pour être un père adoptif hors pair.

Je vois ces parents bercer leur enfant adorable. Tous les deux assistent à ses premiers pas. Puis ils observent ses premiers éveils d'adolescent. Ils admirent la perfection du Christ. Ils pouvaient l'admirer d'autant plus que cette perfection-là était due aux immenses éducateurs qu'ils étaient.

Marie est mère de l'Église. Elle est bénie entre toutes les femmes. Au pied de la Croix, Jésus a dit à Marie en désignant Jean : « Voici ton fils. » Cela veut dire que Jésus a confié toute l'Église à sa mère il y a deux mille ans et jusqu'à la fin des siècles.

Marie dit alors à Jean : « Je suis ta mère. » Elle devint ainsi mère de l'Église.

Priez la mère du Christ

La puissance d'intercession de Marie est prodigieuse. Nous pouvons prier Marie par le chapelet. Des centaines de milliers de temples à travers le monde lui sont dédiés. Il n'est pas question de mettre Marie au-dessus de Dieu mais de reconnaître sa place, la plus grande après Dieu sur terre.

J'aime beaucoup réciter le chapelet, cette prière répétitive. On croit facilement que c'est bon pour les vieilles. Je ne suis pas d'accord. J'aime beaucoup le chapelet parce qu'il nous met dans un climat de prière. Il nous élève. La méditation des mystères lumineux, douloureux, joyeux et glorieux nous permet de comprendre la vie du Christ.

Jésus-Christ de sa naissance à sa mort. Cela permet à chaque dizaine de chapelet de donner une intention de prière.

On dit souvent de moi que je suis un prêtre moderne. Pourtant, je suis un prêtre qui aime le chapelet. J'en possède un que je garde avec moi et j'ai toujours sous la main un dizainier, ce petit morceau de fer à dix points. J'aime beaucoup prier Marie.

Marie s'est manifestée dans des lieux privilégiés : Lourdes, Fatima, vous connaissez cela. Elle a donné des signes évidents de sa présence en permettant des miracles. Elle a guéri de nombreux malades et invalides.

Les plus grands miracles sont les guérisons de l'âme. Les plus grands miracles de Marie sont les guérisons intérieures.

Marie entend, croit et a compris la volonté de Dieu en tout. Priez Marie pour cette Fête des mères. Priez pour vos mères, vos belles-mères, vos grands-mères.

Acceptez-moi comme votre enfant

Ayez mémoire et souvenance, très douce Vierge, que vous êtes ma Mère et que je suis votre fils ; que vous êtes puissante et que je suis un pauvre homme vil et faible.
Je vous supplie, très douce Mère, que vous me gouverniez et me défendiez dans toutes mes voies et actions.
Ne dites pas, gracieuse Vierge, que vous ne pouvez ; car votre bien-aimé Fils vous a donné tout pouvoir, tant au ciel comme en la terre.
Ne dites pas que vous ne devez ; car vous êtes la commune Mère de tous les pauvres humains et particulièrement la mienne.
Si vous ne pouviez, je vous excuserais, disant : il est vrai qu'elle est ma Mère et qu'elle me chérit comme son fils, mais la pauvrette manque d'avoir et de pouvoir.
Si vous n'étiez ma Mère, avec raison je patienterais, disant : elle est bien assez riche pour m'assister ; mais hélas, n'étant pas ma Mère, elle ne m'aime pas.
Puis donc, très douce Vierge, que vous êtes ma Mère et que vous êtes puissante, comment vous excuserais-je si vous ne me soulagez et ne me prêtez votre secours et assistance ?
Vous voyez, ma Mère, que vous êtes contrainte d'acquiescer à toutes mes demandes.
Pour l'honneur et la gloire de votre Fils, acceptez-moi comme votre enfant, sans avoir égard à mes misères et péchés. Délivrez mon âme et mon corps de tout mal et me donnez toutes vos vertus, surtout l'humilité.
Enfin, faites-moi présent de tous les dons, biens et grâces, qui plaisent à la Sainte Trinité, Père, Fils et Saint-Esprit.
Ainsi soit-il.

Saint François de Sales

V

Croire

33

Apprendre à prier

Pour accéder à l'essentiel

La prière est-elle un dialogue ou un monologue ? Quand nous prions à pleins tubes et à plein cœur, nous avons soif des réponses de Dieu. Elles sont mystérieuses parce qu'Il est caché. Nous ne Le voyons pas. Nous ne pouvons que Le ressentir. Nous ne pouvons L'atteindre que par la prière et Il ne nous répond que par des signes. Il ne répond pas ? Impossible ! Il ne résiste pas à une prière faite de plein cœur. Il répond à chacun… Si nous avions l'évidence de Dieu, nous ne serions pas libres ! Dieu refuse de nous submerger de Son évidence et nous donne la possibilité de la rencontre et du libre amour. Sinon, la pure rencontre avec le Christ ne pourrait se faire.

Les surprises de Dieu

J'ai observé qu'Il exauce nos prières aux moments où nous nous y attendons le moins. Ce sont les surprises de Dieu. J'en ai été le témoin en plusieurs occasions. Et parfois Il nous répond au-delà de ce que nous avions espéré.

L'Évangile nous apporte des indications précieuses sur la puissance de la prière. « Si tu as la foi, disait Jésus, tu peux déplacer cette montagne, tu peux déplacer cet arbre. » Cette image nous indique que nous avons un pouvoir prodigieux, qui dépasse celui des puissants de ce monde.

Dieu nous fait d'innombrables signes à tous les âges de la vie. Il fait signe aux enfants et aux adolescents. Il fait signe aux adultes et aux anciens.

Dieu nous aime et Il a besoin de notre amour. Il attend que nous Lui disions que nous L'aimons.

Dieu nous fait des signes que nous ne pouvons percevoir que si nous sommes des hommes et des femmes de silence et de prière. Si nous courons comme des fous, si nous « n'avons pas le temps », nous n'aurons pas la capacité de percevoir les signes de Dieu dans notre vie.

Des sourires et des signes

Il est dit dans l'Évangile qu'aucune prière faite avec un cœur pur ne sera rejetée par le Seigneur. Toute prière sera comblée. Comment voulez-vous que Dieu résiste à votre prière ? Comment voulez-vous que les parents résistent au regard du gosse qui leur demande de l'aide ? Admirez le regard merveilleux des enfants : la lumière, la beauté, la clarté. Nous devons être des enfants pour Dieu. Il ne résistera pas et alors Il nous répondra.

Mets-toi ceci dans la tronche et dans le cœur : toute prière que tu feras sera exaucée, mais pas forcément comme tu le désires. Nous pouvons demander de mauvaises choses sans nous en rendre compte. Demande chaque matin à Dieu de t'envoyer des sourires et des signes. Tu verras qu'une personne viendra à ta rencontre, que quelque chose se produira. Tous les jours, demande à Dieu un sourire. Dis-Lui : « Envoie-moi un signe de Toi. » Quel que soit ton âge, jeune ou ancien, sache faire silence et prie chaque jour. Va te réfugier dans un coin tranquille. Dieu te fera signe.

Ne l'oublie pas : Dieu te répondra toujours.

D'abord, fais silence en toi

Pour prier, fais silence. Plus tu feras silence, plus Dieu entrera en toi. Il n'y a pas de technique spéciale, juste dire : « Seigneur, je passe ce moment avec Toi. Il est pour Toi seul. » Et puis se taire. Parce que la prière est une voix du cœur.

Si tu arrives à prendre un quart d'heure par jour pour Lui déclarer ton amour et réfléchir sur ta vie, tu verras tes ombres et tes lumières. Ne crois pas que ce soit réservé aux vieux et aux curés, c'est donné à tout le monde. Plus tu incuberas le silence – à la montagne, en forêt, dans un parc ou en pleine mer –, plus riche tu seras.

Garde ensuite la nature dans ton cœur. Deviens un militant du silence. « Dieu est l'ami du silence, disait Mère Teresa. Les arbres, les fleurs et l'herbe poussent en silence. Regarde les étoiles, la lune et le soleil, comme ils se meuvent silencieusement. » Le silence a le don de relativiser notre action. Il nous pousse à ne pas nous croire indispensables, donc à rejeter l'orgueil qui est une de nos plus puissantes tentations.

Lorsque je sens que je travaille dans le vide et que l'écoute m'est par trop pénible, la fuite dans le silence est ma seule réplique face à l'ennemi qui sommeille en moi. Il me force à tourner mon regard vers Dieu. Ma capacité de travail est accrue après les heures de silence que je m'impose.

La prière et le silence sont les atouts maîtres du chrétien qui veut avancer dans la mission qui lui est confiée. Ta force morale, tu la puiseras infiniment plus dans le silence que dans les épinards, le ginseng ou je ne sais quelle super-vitamine. Le silence dégagera les huiles essentielles de ta vie.

> *Pour apprendre à prier, il faut se mettre à prier.*
>
> Saint Jean Climaque

Comment prier?

Je crois qu'il vaut mieux un élan du cœur que des paroles ânonnées. Le Seigneur se fiche des paroles qu'on lit à toute vitesse.

J'aime entendre le phrasé des moines récitant des psaumes. Ils psalmodient lentement, avec sérénité, comme on marche en montagne, un pas après l'autre, en recueillement, pour ne pas être essoufflés.

Il n'est pas nécessaire de lire beaucoup pour avoir une vie intérieure plus riche et plus intense. François Mauriac disait : « Tout dépend de l'esprit dans lequel vous êtes pour accueillir en vous ce que vous lisez. » J'adhère à cette parole. Que la prière sourde de vous naturellement.

Les ténèbres nous tentent et nous attirent. Il faut une certaine volonté pour s'en extraire et méditer son chapelet. Je ne prétends pas pour autant avoir chaque fois des illuminations. Non, mais je m'accroche, et une grande joie ensuite m'envahit. C'est mon rendez-vous avec Dieu. Il est essentiel.

En définitive, peu de livres vous apporteront des révélations spirituelles. Je crois tellement plus à la puissance de la vie intérieure qu'à l'action éducative! La qualité de ma prière, sa profondeur, mon intimité avec Dieu dynamisent ma vie et celle de mes semblables. Surtout, soyez naturels! Rien d'autre.

> *Il vaut mieux mettre son cœur dans la prière sans trouver de paroles que trouver des mots sans y mettre son cœur.*
>
> Gandhi

Prie n'importe où

Nous pouvons prier n'importe où, au travail, sur la plage ou dans le métro. Mais nous devons bien nous préparer à cette intimité avec Dieu. Après avoir décollé, nous sommes installés dans un lieu choisi, dans la position qui nous convient, avec le livre qu'il nous faut. J'aime bien prier au sommet d'une montagne. Assis calmement en altitude, je contemple. Dieu est follement amoureux de notre silence. Dans nos chambres ou dans nos voitures, sous la douche ou au restaurant, nous pouvons prier en faisant silence à l'intérieur de nous.

Le Christ s'en allait, dit l'Évangile, quand la foule l'oppressait. Il allait prier dans la montagne ou au bord d'un lac. Dieu demande que nous nous cachions comme des amoureux. Je vis les meilleurs moments de prière en regardant l'horizon, sur un sommet ou dans la profondeur d'une forêt. Nous devons tout quitter pour Dieu et nous pouvons le faire partout. Il suffit que ce soit une priorité pour nous. C'est la plus haute forme d'amour : tout pour Dieu. Prie en travaillant, en jouant, en faisant l'amour, à l'école…

Écoute

Écoute. Écoute inlassablement. Notre monde crève de manque d'écoute. Plus que jamais nous en avons besoin.

L'écoute, c'est accueillir l'autre à plein cœur, le capter toutes antennes dehors. Écouter à plein cœur, c'est être le serviteur de l'autre, c'est se rendre très humble. Pour être serviteur, il faut être pauvre soi-même. Que le patron soit, par l'écoute, le serviteur de ses employés, de ses ouvriers. Le chrétien doit avoir cette autre attitude et ainsi une influence autrement bénéfique sur le monde. À la maison, la femme qui s'occupe du ménage et des enfants est la plus grande parce qu'elle sert les plus petits.

Alors soyez son serviteur. Le prêtre dans son église est le serviteur des plus petits de son quartier, de son village, de sa communauté paroissiale. Celui qui sait véritablement écouter est un grand être de lumière parce qu'il est l'humble serviteur de son interlocuteur. Soyez des êtres d'écoute et soyez des serviteurs les uns des autres.

Écoutez vraiment. De l'intérieur. Pas entendre, mais écouter, rentrer à l'intérieur de l'être, en révéler des choses incommunicables autrement. Pour cela, être bien construit, parfaitement éveillé grâce à la prière. Prier, prier. Une simple lettre reçue ! Bien lire une lettre, c'est écouter palpiter à travers les mots celui ou celle qui, souvent, écrit malhabilement. C'est cibler, dans des phrases hachées, le sens caché. Enfin s'écouter, soi, dans le silence absolu. Dieu t'écoutera dans le silence de ton âme pacifiée.

N'attends pas d'être un saint pour prier

Si tu penses ne pas être à la hauteur, que Dieu ne t'écoutera pas à cause de tes fautes, surtout ne te décourage pas. Le Seigneur aime tout le monde, du plus saint au plus pécheur.

Voilà ce qu'Il nous dit : « Je connais ta misère, les combats et les tribulations de ton âme : la faiblesse et les infirmités de ton corps ; Je sais ta lâcheté, tes péchés, tes défaillances ; Je te dis quand même : "Donne-Moi ton cœur, aime-Moi tel que tu es." Si tu attends d'être un ange pour te livrer à l'amour, tu ne M'aimeras jamais. Même si tu retombes souvent dans ces fautes que tu voudrais ne jamais connaître, même si tu es lâche dans la pratique de la vertu, Je ne te permets pas de ne pas M'aimer. Aime-Moi comme tu es. À chaque instant et dans quelque disposition que tu te trouves, dans la ferveur ou dans la sécheresse, dans la fidélité ou dans l'infidélité. Aime-Moi tel que tu es. Je désire voir, du fond de ta misère, monter l'amour. J'aime en toi jusqu'à ta faiblesse. J'aime l'amour des pauvres. Qu'ai-Je besoin de ta science et de tes talents ? Ce ne sont pas des vertus que Je te demande, et si Je t'en donnais, tu es si faible que bientôt l'amour-propre s'y mêlerait ; ne t'inquiète pas de cela.

« J'aurais pu te destiner à de grandes choses ; non, tu seras le serviteur inutile ; Je te prendrai même le peu que tu as, car Je t'ai créé pour l'amour.

« Aime. L'amour te fera faire tout le reste sans que tu y penses ; ne cherche qu'à remplir le moment présent de ton amour. Aujourd'hui, Je me tiens à la porte de ton cœur comme un mendiant, Moi, le Seigneur des seigneurs. Je frappe et J'attends, hâte-toi de M'ouvrir. »

> *Si vous ne trouvez pas une prière qui vous convienne, inventez-la.*
>
> Saint Augustin

Il y a mille façons de prier, la tienne compte autant

Apprendre à prier sera toujours nouveau. Les formes de prière sont innombrables. Dire à Dieu qu'on L'aime est un tel enchantement que, pour garder cet amour neuf, on a besoin de renouveler sans cesse notre façon de prier.

Quand un amoureux aime sa gonzesse, il le lui dit quarante fois par jour : « Je t'aime, je t'aime… » Vingt minutes après, il recommence.

Ils ne disent pas autre chose, sinon décider d'un lieu, d'une date de rendez-vous. Le Seigneur, je Lui dis : « Je T'aime » et, dans mon agenda, au seuil d'une année nouvelle, je réserve mes rendez-vous avec Celui qui est tout dans ma vie. Dates et lieux. Deux jours tous les dix jours pour une retraite.

Le Notre Père est la plus grande et la plus belle prière, la plus prestigieuse pour un chrétien. C'est celle du Christ. Après elle, nous avons les psaumes. Les moines et les moniales les connaissent très bien : ils les chantent dès 4 heures du matin. Je choisis une phrase, je la lis et j'arrête.

Le psaume 50 par exemple : « Seigneur, fais que je sois plus blanc que neige, restaure en moi un esprit ferme… »

Je suis fasciné par les Psaumes. J'arrête tout et je m'y plonge. La prière de contemplation se pratique sans paroles, sans mots. Vous êtes branché directement sur Dieu. Ce n'est pas donné à tout le monde. À chacun son trip.

À genoux ou debout, c'est comme tu voudras

Sainte Thérèse d'Avila raconte une anecdote charmante. Elle était sur son trône pour un besoin naturel, et priait Dieu dans cette position. Soudain le démon lui apparut et lui dit : « N'as-tu pas honte de faire une prière dans les toilettes ? » Sainte Thérèse lui répondit avec élégance : « Mon âme monte vers Dieu et ma crotte est pour toi ! »

Si Dieu se moque bien du lieu ou de la « posture » de votre prière – Il passe au-dessus de tout ça –, il y a bien sûr des lieux et des attitudes plus appropriées. Nous pouvons prier les mains étendues. J'aime voir les mains des priants levées pour réciter le Notre Père. À genoux ou debout, c'est comme tu voudras. Je sais simplement que l'on ne prie pas dans une attitude ramollie. J'aime bien le geste des mains des musulmans. Il est le signe de la grandeur de Dieu. Tout ton corps doit être prière. J'ai remarqué que les musulmans se lavent les mains et le visage avant une prière.

Avant l'eucharistie, je le fais aussi en signe de purification.

Dis à Dieu que tu L'aimes

« Votre Père sait de quoi vous avez besoin, avant que vous le Lui demandiez... » Cela signifie que vous sollicitez quelque chose, mais que Dieu sait d'avance ce dont vous avez besoin... Alors, êtes-vous stupide ? Pas du tout ! Le Seigneur a besoin que nous le Lui demandions.

Et la réponse Lui appartient. On appelle sans cesse Dieu à notre secours : « Aie pitié de moi ! » « Guéris-moi ! » « Sauve-moi ! » « Pardonne-moi, pauvre pécheur ! », etc. Je ne dis pas qu'il faut se taire, mais plutôt ne pas uniquement se plaindre, sinon le Dieu que vous priez vous réduira à être de perpétuels assistés et quémandeurs. Ce Dieu-là risque de s'emparer de votre liberté, alors que la merveille de Dieu est qu'Il nous a faits libres.

Supplier sans cesse Dieu tue la joie. Si, le malheur arrivant, on se dit : « Mais qu'est-ce que j'ai fait à Dieu pour mériter ça ? », on arrive à une conception d'un Dieu qui se vengerait de Ses créatures. Ce Dieu-là n'existe pas.

Pourriez-vous aimer d'un grand et véritable amour un homme ou une femme qui vous demanderait systématiquement quelque chose, toujours plus de signes, sans jamais vous déclarer sa flamme ? Il faut dire : « Je t'aime ! » si l'on veut être aimé. Personne ne résiste à ces mots. Dieu pas plus que nous. La vraie prière purifie notre image de Dieu, elle nous délivre de l'image d'un Dieu pervers. La vraie prière est une prière de louanges et d'amour.

Le « demandez et vous recevrez » du Christ est implacable. Toute prière est exaucée. Toutes ! Mais prier n'est pas toujours facile. Si certains jours c'est un régal, d'autres fois c'est un peu galère. Une fois, une bonne vieille dame me dit : « Monsieur l'abbé, vous savez, je ne sais pas prier. Je récite le chapelet, mais je ne pense pas à mon chapelet. Je récite le Notre Père, mais je ne pense pas bien à ce que je dis. Qu'est-ce que je dois dire au Seigneur dans le secret de mon cœur ? »

Alors je lui réponds : « Dis-Lui : "Seigneur, je T'aime." » Elle me répond qu'elle n'osera jamais le tutoyer. « OK, dis-Lui : "Seigneur, je Vous aime !" »

J'appelle souvent Dieu dans la journée, en Lui disant simplement que je L'aime : ce n'est pas une prière fatigante. On peut le dire mille fois par jour. Et Lui ne s'en lassera pas. Pour prier, il suffit d'avoir un cœur simple, un cœur pauvre. Plus on se fait petit, plus on a conscience de sa pauvreté, et plus la prière jaillit. « C'est par l'Esprit saint qu'on prie, disait frère Roger, on fait silence et l'Esprit saint entre en nous. » J'aime aussi cette formule étonnante de saint Antoine : « Le moine n'est jamais aussi près de la prière que lorsqu'il ne sait pas qu'il prie. »

Prie pour ceux que tu n'aimes pas

Nous sommes faits pour aimer et être aimés. Mais il y a tant de façons d'aimer. Le plus grand, le divin et le plus difficile, est l'*agapè* : l'amour désintéressé, celui qui peut mener à aimer... des ennemis. Aimer surtout « ceux que l'on n'aime pas » est l'amour le plus parfait possible.

Cet amour-là est spirituel : il n'est pas ressenti. Le Seigneur nous le demande, ce n'est pas facile, mais Sa grâce nous motive. Cet amour-là se reconnaît justement parce qu'il ne dépend pas de nous. Si Dieu n'est pas derrière nous pour nous élever, nous resterons à terre. C'est Lui qui nous donne la possibilité de le réaliser. On ne peut pas « supporter » très longtemps sans conflit les membres de sa famille (parfois invivables), mais on peut les « porter ». Sainte Thérèse nous demande non de supporter, mais de porter et enfin de transcender l'amour de nos semblables. Dieu est aussi dans l'autre que vous n'aimez pas. Vous n'avez pas le droit de dire que vous aimez Dieu si vous n'aimez pas votre frère ou votre sœur.

Si vous avez la conscience de cette prière-là, alors vous serez de vrais croyants, vous sèmerez l'amour et vous annoncerez la civilisation de l'amour. En pratique, comment faire ? Dès demain, allez vous acheter un petit carnet. Inscrivez en priorité les noms de ceux que vous n'aimez pas. Priez pour eux, d'abord. N'ayez pas peur, le Seigneur vous donnera cette volonté.

Renouveler l'amour et la compassion est un travail de chaque jour, quelle que soit sa religion. Nous, chrétiens, avons une phrase incontournable dans le Notre Père : « Pardonne-nous nos offenses comme nous pardonnons aussi à ceux qui nous ont offensés. » Demandons chaque jour à Dieu qu'Il change notre cœur quand nous détestons l'autre, et Il le fera. Je me souviens de cette dame toute courbée, grise comme la cendre, qui me rendit visite, un jour, à la Bergerie. Elle m'avait confié qu'elle en voulait à mort à une personne qui lui avait fait un terrible mal. Elle disait qu'elle ne pourrait jamais lui pardonner. Cette haine la rongeait.

« Essaie de lui trouver quelque chose de bien ! lui disais-je.

– À cette… Impossible !

– Essaie juste un peu. »

Non, elle ne trouvait vraiment rien. « Écoute, lui dis-je. Ce que tu ne peux pas faire, Dieu le fera pour toi. Demande-Lui. » Quelques mois plus tard, elle revint me voir, toute rassérénée. Et toute droite. Envolé, son mal de dos ! Elle me dit qu'elle avait prié longtemps, comme je le lui avais conseillé. Et elle s'était réconciliée. Avec l'autre. Avec elle-même.

Renonce à toi-même

C'est la première consigne du Christ, et cela veut dire : ne flambe pas pour en foutre plein la vue aux autres, crois que l'autre est toujours plus grand que toi, va toujours du côté des plus faibles, sois toujours du côté des perdants, ne juge jamais l'autre, ne sois pas empoisonné par la rancune et la haine ; pardonne toujours, n'aime pas par calcul mais gratuitement, aime l'étranger de façon prioritaire, accepte que l'autre soit différent, sois doux et humble.

C'est cela, « renoncer à soi-même », et beaucoup d'autres choses encore. Supporter tout ce qui nous est pénible est la meilleure façon de suivre le Christ. Si nous lui portons un invincible amour, il nous répondra toujours par les merveilles que nous ferons en son nom. On se retrouve toujours en renonçant à soi. Le chrétien a un secret invincible, c'est l'amour. Pour cela il faut qu'il déblaie dans sa vie tout ce qui n'est pas essentiel : dur chemin, combat de tous les jours. La croix lumineuse est au bout de la route.

Des chemins les plus escarpés, le Christ fera des autoroutes fluides. C'est ainsi que j'entends sa parole : « Mon joug est facile à porter et mon fardeau léger. » Alors, porter sa croix chaque jour est une grande joie pour celui qui renonce à lui-même. La prière peut nous y aider. Elle n'est jamais perdue ni gaspillée.

J'aime bien cette phrase de saint Paul : « Jetez en Lui tous vos soucis, Il prendra soin de vous. » Dans mes journées lourdes de cris d'angoisse, combien de fois ai-je jeté en vrac au Seigneur les soucis des autres : « Seigneur, donne Ta force de vie à Jean qui m'écrit de sa cellule qu'il pense souvent au suicide » ; « Suscite l'espérance pour ce couple qui vient de perdre son premier enfant et qui, meurtri, n'en veut plus d'autre » ; « Accompagne dans la paix cette vieille amie qui s'en va vers Toi dans de grandes souffrances. » Et surtout : « Donne-moi la force de porter tant d'êtres, moi si limité et si fragile. »

À toi, frère ou sœur, qui cherches à bien prier, aie l'humilité du petit enfant, celle de demander au Seigneur de t'apprendre à Lui parler, à Lui confier à la fois tes peines et les souffrances des autres. Il t'écoutera et t'exaucera doublement.

Il faut toujours prier comme si l'action était inutile et agir comme si la prière était insuffisante.

Sainte Thérèse de Lisieux

Prie pour tenir debout

Si notre priorité ne va pas vers les plus pauvres, notre spiritualité sera bancale, fade et sans consistance. Vie et spiritualité sont liées de façon indissociable. Cette carmélite, écrivant du fond de sa cellule à un taulard qui en a pris pour vingt ans, garde, dans sa vie où tout est prière, cet équilibre. Ce dialogue d'amour de cellule à cellule la fera rejoindre le plus pauvre parmi les pauvres. Nous devons être des combattants de l'amour et de la justice. Notamment par la non-violence. Condamner la violence par la parole est important. Par ses actes, infiniment plus.

Parmi les mille et un moyens qui s'offrent aux croyants de dire non, il y a la prière. Cette plainte adressée au Seigneur nous fait garder notre dignité d'interlocuteurs de Dieu. Elle permet d'exprimer notre protestation contre le mal, contre l'injustice et contre l'oppresseur. Elle nous permet surtout de nous mettre en marche.

C'est bon, le matin, de se mettre à genoux et de dire : « Seigneur, ce combat va être dur encore aujourd'hui, ce sera dur de voir l'injustice en face, ce sera dur d'entendre le cri de misère et de révolte des jeunes qui vont frapper à ma porte. Mais donne-moi le caractère rebelle que tu as eu sur la terre. »

La prière nous permet de ne pas nous résigner face à l'injustice. La prière nous tient debout devant l'oppresseur. La prière nous donne l'audace auprès des opprimés. Elle nous pousse à passer à l'acte.

Bûche ta foi

La prière du cœur des chrétiens, « De profundis », dit : « Seigneur, je crie vers Toi de toutes mes entrailles. »

Évagre le Pontique, un Père de l'Église du IVe siècle, disait : « Ta prière est fille de douceur, fruit de joie et de gratitude. » Il ajoutait : « Si tu veux prier, tu as besoin de Dieu qui donne la prière à celui qui prie. » La prière et la théologie sont inséparables. La théologie est la science de Dieu. Bûche ta foi. Elle n'appartient pas aux grands émirs du pétrole de l'Église catholique et romaine. La théologie est la lumière : elle est à toi. Le plus petit des chrétiens peut se l'approprier.

> *Une simple pensée de gratitude dirigée vers le ciel est la plus parfaite des prières.*
>
> Gotthold Ephraim Lessing

Écoute Dieu à travers les autres

Tout être est un ostensoir. Si nous regardons chaque personne avec le regard de Dieu, nous ne connaîtrons ni péril ni peur. En cherchant en chaque être sur cette terre la transparence mystérieuse de Dieu, nous n'avons absolument rien à redouter. Pour cette raison, nous pouvons dire que toute rencontre est une prière. Toute rencontre avec un être humain est une forme de prière. Tout regard doit faire jaillir la prière en nous. Rien n'est plus simple ni plus profond que cette contemplation. Nous sommes entourés d'humains.

Que chacune de vos rencontres soit une prière.

Si l'on zappe vite les autres, rien ne se produit entre les êtres. Rencontrer vraiment l'autre, c'est rencontrer Dieu profondément. Ce regard du chrétien vis-à-vis de l'autre est une prière illimitée.

Au fond, nous prions comme nous vivons. Si nous prenons de l'espace pour Dieu, alors notre prière sera belle. Nous transparaîtrons Dieu naturellement parce que nous serons dans un dialogue ininterrompu avec Lui. Nous serons avec Lui à travers les autres et dans tous les espaces-temps et espaces-silence que nous Lui donnerons.

> *Dans le vrai rapport de la prière, ce n'est pas Dieu qui entend ce qu'on Lui demande, mais celui qui prie, qui continue de prier jusqu'à être lui-même, celui qui entend ce que Dieu veut.*
>
> Sören Kierkegaard

L'Évangile par la prière

On me demande parfois comment relire de façon nouvelle l'Évangile. Je réponds : « Par la prière. »

Pour lire l'Évangile, la première « technique » est de déterminer un lieu et une durée de la prière, peu importe lesquels du moment qu'ils permettent le silence. On peut les signifier par un signe de croix, en allumant une bougie, en écoutant de la musique ou en contemplant une belle peinture. Voilà comment on bâtit le rendez-vous avec la parole.

Il faut ensuite adopter une position physique : détendue, respectueuse, et amicale.

Alors vous ouvrez votre Évangile au passage qui vous inspire au présent. Imaginons que vous ayez choisi le passage où Jésus marche sur l'eau. Transportez-vous en imagination sur les lieux de la scène. Imaginez concrètement ce passage, les couleurs, le ton des dialogues, les attitudes, jusqu'aux tissus des vêtements des personnages…

Visualisez Jésus marchant sur l'eau. Imaginez le regard des disciples qui le voient marcher, s'exclament : « C'est un fantôme ! » et qui poussent des cris.

Entendez leurs cris.

Et entendez la voix de Jésus qui tente de les rassurer : « C'est moi, n'ayez pas peur ! »

Regardez Pierre, et entendez-le lui dire apeuré : « Seigneur, si c'est toi, ordonne que j'aille vers toi sur les eaux. »

Auriez-vous fait cette demande à Jésus ?

Et Jésus qui lui dit de venir… Imaginez le geste qu'il fait vers lui… Et Pierre qui sort de la barque, comment s'y prend-il ? Voyez, il pose un pied sur l'eau et, prenant peur, manque de se noyer. Imaginez comment vous auriez réagi…

« Seigneur, sauve-moi ! »

Aussitôt Jésus lui tend la main, et le saisit. Comment le sort-il de l'eau ?

« Homme de peu de foi, pourquoi as-tu douté ? »

Imaginez l'état physique et mental de Pierre…

À la fin, dites le Notre Père, puis parlez personnellement, tranquillement avec le Seigneur comme à un ami. Dites-Lui ce que cette scène vous a inspiré sur vous-même. Dites-Lui pourquoi vous avez choisi ce passage. Confiez-Lui ce que vous en avez retiré.

Juste une minute

Je me souviens : j'avais quatre ans. Maman parfois m'emmenait faire un tour au magasin, près de l'église. Et puis elle me prenait par la main et me disait :

« Entrons… Juste une minute… »

Quand j'ai commencé d'aller à l'école, c'était toujours elle qui m'y emmenait, encore par la main ; mais avant, nous montions les marches de l'église :

« Entrons… Juste une minute… »

Maintenant, je suis devenu grand : onze ans. Alors je m'en vais tout seul à l'école, mais elle me dit toujours, maman : « Quand tu passes devant l'église, n'oublie jamais de faire une petite visite au Bon Dieu, pour lui parler de ton travail, de tes leçons et de tout » :

« Juste une minute… »

Alors quelquefois je cours sur le chemin de l'école ou bien je rencontre de vieux amis et je m'arrête. Mais je réussis toujours à avoir assez de temps pour entrer à l'église, tout suant et soufflant :

« Juste une minute… »

Parfois je vois un grand gars qui ricane alors je deviens un peu hésitant. Je passe devant la porte de l'église. Mais il me semble entendre une voix qui me dit : « Alors, tu n'entres pas aujourd'hui ? »

« Juste une minute… »

Il y a en moi bien des choses mauvaises et bonnes, que personne ne connaît, que personne ne devine, sauf Notre Seigneur. Et je suis content qu'Il le sache et qu'Il m'aide, lorsque je viens Lui rendre une visite :

« Juste une minute… »

Je sais bien ce qui arrive lorsque les gens meurent, mais ça ne m'inquiète pas et voici pourquoi : lorsque Notre Seigneur jugera mon âme, Il se souviendra de toutes les fois où je suis venu m'agenouiller devant Lui :
« Juste une minute… »

Poème néo-zélandais

34

La foi

Comment vient-elle ?

La foi n'est pas une autoroute, ni une nationale ! La foi est un chemin escarpé, un chemin de montagne. La foi est un risque : on ne connaît pas les cartes, on ne les retourne pas avant de jouer.

Hasard ou création de Dieu ?

Nous butons sans cesse sur cette interrogation, je le perçois à travers les multiples interpellations des gens qui de plus en plus souvent nient la création de Dieu, de l'homme et de la nature.

L'homme contemporain nie, mais son inquiétude est déjà une réponse. L'astrophysicien Hubert Reeves, athée, répondait à la question qui lui était posée sur l'origine de la création par cette phrase : « Lorsque j'écoute Mozart, je ne peux pas imaginer que cette musique soit le fruit du hasard. »

Et que dire de l'Amour ? Dieu a créé l'amour avant toute chose puisque pour nous, chrétiens, le principe premier tient dans ces trois mots de saint Jean : « Dieu est Amour. »

Ces trois mots, découverts à treize ans au séminaire, m'ont vrillé le cœur. Parce que je les ai crus.

Vraiment.

Ils m'ont fait marcher et courir inlassablement, ces trois mots, depuis soixante-cinq ans. Sans eux, j'aurais tout quitté depuis longtemps. C'est une force d'amour expérimentée, méditée et que j'ai tenté de pratiquer jour après jour. C'est la jeunesse de tous mes matins. C'est la paix du soir avant de dormir que de dire : « Seigneur, je T'aime. » Quand je fais des conférences devant une salle pleine, je me souviens toujours du galopin que j'étais, courant dans la forêt, qui criait aux arbres que « Dieu est amour », comme s'il s'adressait à des humains. Merveilleuse prescience.

Chacun chante la création à sa façon

Chaque croyant, du moins monothéiste, donne à Dieu le titre de créateur du ciel et de la terre. C'est absolument évident pour nous, chrétiens. Nous nous émerveillons de toutes les saisons : de la beauté du printemps, renaissance de la vie ; de l'été somptueux, puissance de la nature qui éclate partout ; de l'automne qui nous offre ses superbes couleurs ; et de l'hiver aride qui masque et fige les végétaux. Les quatre saisons sont un enchantement. Un des plus grands moments de méditation est de contempler la nature.

Je vais dans la forêt de Fontainebleau et je vois naître les bruyères, voler les oiseaux. Un jour, en entendant le coucou, je me disais : « J'aimerais tellement le voir ! » Et par un hasard ou un signe de Dieu, le coucou s'est perché juste sur l'arbre au pied duquel j'étais assis. Et sa femelle l'a rejoint. C'était tout à fait étonnant. J'entendais cet hymne extraordinaire à la création chanté par le coucou. C'est un des oiseaux que j'aime le plus.

L'athée s'émerveillant devant un coucher de soleil ou un paysage splendide se révèle un immense croyant, mais aborde quelque chose qu'il ne peut pas nommer. J'estime que la prière d'un athée, cette contemplation devant la nature, est aussi forte que la prière d'un croyant. Le croyant montera directement vers Dieu alors que l'athée reste simplement fasciné par le spectacle. Mais sa prière est aussi authentique que la mienne. La nature nous amène à une indicible transcendance.

> *C'est le cœur qui sent Dieu, et non la raison.*
>
> Blaise Pascal

Un accro de Dieu

Il m'a demandé un rendez-vous urgent, alors j'imagine qu'il est dans la merde : besoin d'argent, couple en déroute, affaires avec la justice... Dès l'apparition subite d'un vieux loubard, ma longue expérience me programme plutôt pour une demande pressante, de fric ou d'un service.

Il entre dans mon bureau. Et il attaque : « Guy, parle-moi de l'Amour de Dieu. » C'était une première. Tellement inattendue que j'ai failli avaler mes deux dentiers. Sublime moment.

Jean-Marc est un accro de Dieu. Après une vie de déroute remontant à la prime enfance, il a rencontré Dieu à travers des couples chrétiens et un prêtre.

Saisi, il n'a de cesse de vivre cet Amour qui lui est tombé sur la gueule. Loubard, il l'est resté dans le meilleur. Taxi, il a emmené combien de fois gratuitement des jeunes, prêts à n'importe quel mauvais coup, dans les banlieues lointaines. Par contre, quand des Américains, pleins aux as et soûls, lui demandaient de visiter Paris, il leur faisait faire quatre fois le tour du périphérique. Bonjour la facture!

Par cette rencontre il m'a appris, Jean-Marc, que si je n'ai pas, chevillé à l'âme et au corps, l'Amour de Dieu à respirer, à méditer, à vivre, mes journées ne sont faites que de rendez-vous utiles, de dialogues fructueux, de rencontres intéressantes, de sauvetages indispensables... sans plus.

Combien de nos prêches, de nos liturgies, de nos pastorales, de nos catéchèses sont loin de l'Amour de Dieu !

Hommes de Dieu, on brasse vite, sans s'en rendre compte, de multiples affaires d'Église, avec jargon et phraséologie, où l'Amour de Dieu n'a qu'une place d'accessoire. Alors qu'il est l'essentiel de chaque seconde à vivre. Il m'est pratiquement impossible de parler à mes jeunes de l'Amour de Dieu. Ce serait placage et prosélytisme. Voire agression.

En revanche, cette chaleur de l'Amour qui m'envahit à mon réveil, si elle est demande urgente à Dieu de révéler par ma vie cet Amour qui me brûle, alors je peux foncer dans la mêlée.

Le Cœur de Dieu ne me quittera pas. Je le Lui ai demandé.

Le doute

Est-ce qu'on peut perdre la foi ? Oui. Regardez les grands saints : ces contradictions, ces doutes, ils les ont vécus. Souvenez-vous du reniement de saint Pierre, dans les dernières heures de sa vie ; de saint Augustin torturé par la concupiscence ; des longues heures de doute de sainte Thérèse de l'Enfant-Jésus, de sainte Thérèse d'Avila, de Charles de Foucauld, de sœur Emmanuelle...

Regardez saint Paul de la Croix, fondateur des passionnistes. Il disait que, parfois, il n'avait plus la foi, mais qu'il savait que ce qu'il prêchait était vrai en voyant la paix sur les visages autour de lui.

Regardez Mère Teresa, qui a étonné le monde entier. En contraste avec l'étendue immense et rayonnante de son action, ses carnets révèlent une terrible nuit de la foi... Une nuit de cinquante ans !

Je n'ai pas connu moi-même cette terrible nuit, mais j'ai ressenti l'angoisse devant chaque visage des jeunes que j'ai enterrés ; me disant parfois que tout n'était que violence.

À la limite, vivre avec des pauvres est peut-être plus facile que de vivre avec des loubards. Ces derniers sont des pauvres, mais à cette détresse s'ajoute une violence dingue. Une mission comme la mienne nécessite une proximité de Dieu très forte. Il m'a gardé cette présence jusqu'ici. Je peux en témoigner.

Le doute n'est pas un obstacle à la sainteté. Les mystiques sont les évangélisateurs idéaux dans notre monde postmoderne où l'on vit comme si Dieu n'existait pas. Ils travaillent avec amour. Ils aiment dans l'obscurité et la souffrance, et ce qu'ils ressentent au plus intime d'eux-mêmes les rapproche de Dieu.

Merci, Thomas, d'avoir douté

Merci à toi, vieux compagnon Thomas,
Vieux compagnon de mes chemins d'incertitude.
Thomas qui n'a pas cru de suite.
Merci de cette joie ensuite envahissante que tu as connue.
Merci à toi, sourire froncé, regard méfiant, air renfrogné,
Qui voulais voir avec tes yeux et bien toucher avec tes doigts
Dans les plaies du crucifié.
Merci à toi, si près de moi dans notre monde de télé,
Où l'on voit la guerre en direct :
La guerre de Syrie, les incidents graves au Mali
Et partout dans le monde.
Merci à toi, si près de moi.
Où l'on voit le mal en direct, dans nos fauteuils bien enfoncés,
Où l'on ne croit plus en personne.
Tout en gobant n'importe quoi.
Merci à toi, Thomas, le grand sceptique,
Quand tu as vu le Christ.
Merci d'avoir pleuré et merci d'avoir dit ces mots de ta nouvelle foi :
« Jésus, mon Seigneur et mon Dieu. »
Cette phrase, de toi, Thomas, me fait grand bien, vieux compagnon.
Vieux compagnon de mes chemins d'incertitude.

Ton incroyance qui a cru.
Merci, Thomas, d'avoir douté.

Anonyme

Après cette prière, je dis à tous ceux qui doutent : « C'est bon signe ! Ce n'est pas possible d'avoir une foi impossible à changer. Nous ne sommes pas faits comme ça. Nous passons tour à tour d'une joie immense de connaître le Christ à l'incertitude et au voile noir. C'est ma vie ! » Souvent, les gens me disent : « Vous avez une foi extraordinaire. » J'ai une foi très profonde, mais ne vous inquiétez pas, les doutes peuvent m'envahir. C'est quelque chose que l'on travaille.

La correction fraternelle

Disons-nous mutuellement nos faiblesses. Parlons-nous de nos manques. Disons-nous notre solitude dans notre foi. Et invoquons Dieu. La foi s'entretient quand elle se communique.

Tant de chrétiens sont bloqués, paumés, enfermés sur eux-mêmes. C'est quelque chose qui me frappe beaucoup. Alors que la foi doit être libératrice… Nous devons en parler entre personnes qui ont le même Livre. L'espérance réchauffe.

Et lorsque nous aimons Dieu, n'ayons pas peur de nous le dire entre nous. Enrichissons notre foi de la foi de l'autre. Parlons-en ensemble, l'espérance nous envahira et nous dynamisera.

Rendez-vous avec le Seigneur

Parlez-Lui, dites-Lui : « Seigneur, je T'aime. Évidemment je ne Te vois pas, mais je sais que Tu m'aimes aussi. » Le Seigneur agit après le baptême. Il entre comme un torrent dans l'enfant. Mais n'oubliez pas que la foi sans la charité, c'est une foi bidon. Dieu nous aime, même si nous ne le voyons pas. Quand nous avons la certitude de cela, nous récitons le Credo en le méditant.

L'ami qui est toujours là

La Terre est l'antichambre de l'amour. Je n'ai pas perdu une miette de cette pensée depuis mon enfance. Si je la perdais, je perdrais tout. Je sais que Dieu nous aime et nous pousse à aimer, de façon extraordinaire. Mais nous devons faire silence devant Dieu et l'interroger.

Dieu est toujours là. C'est l'ami qui est toujours là, il ne se barre pas. C'est le mystère d'aimer sans voir. Un ami, un amour, vous pouvez l'appeler sans cesse. Appelez le Seigneur comme l'ami, l'amant, l'amour que vous n'avez peut-être jamais eu. Il vous répondra. La foi, on peut la perdre, mais justement, c'est là qu'il faut appeler Dieu et dire que nous L'aimons. Alors, Sa réponse sera fulgurante.

Chaque jour, quand je fais l'eucharistie dans des mains de pauvre, je me dis : « Seigneur, Tu es là. » Quand je vois ce pain dans mes mains d'argile, je ressens pleinement la présence du Seigneur et je me dis qu'Il est là pour les milliards d'humains sur terre.

Je crois au Soleil, même quand il ne brille pas.

Prière d'un prisonnier juif à Cologne

Un des signes de la foi, c'est le regard de l'autre. Je me souviendrai toujours du regard de Jean-Paul II, que j'ai rencontré deux fois. La façon dont il me regardait, comme si plus rien d'autre au monde ne comptait, m'a marqué de façon indélébile. Il possédait Dieu en profondeur, à tel point qu'il éclairait le visage des autres.

Je ne supporte pas de voir des prêtres donner l'eucharistie sans regarder le fidèle. Je suis toujours interpellé par le regard de la personne qui reçoit la communion. Sinon, nous sommes des mécaniciens, nous donnons à toute vitesse comme un distributeur. Ce n'est pas n'importe quoi, ce que tu reçois, c'est le Christ. J'ai la grâce de te le donner et tu as la grâce de le recevoir !

La contestation de la foi

Combien de parents ne baptisent pas leur enfant en disant : « Il choisira lui-même quand il sera grand. » Je leur réponds qu'ils sont des menteurs et des hypocrites. Dès que l'enfant se tient mal, les parents le grondent, le corrigent. Pour l'école, par exemple, ils choisissent à la place de l'enfant et c'est normal. C'est leur devoir d'assistance. Mais au niveau de la foi, s'ils ne le guident pas il ne choisira rien, parce que face à la mort et à la souffrance le jeune est paumé.

Je vois dans plusieurs familles des gens qui me disent : « Mon enfant a un sens de l'eucharistie étonnant. Il ne la comprend pas mais il la sent. » Mais oui ! Ce qu'on ignore, c'est que l'enfant a une capacité de réception de Dieu fabuleux. Le Seigneur disait d'ailleurs : « Laissez venir à moi les petits enfants. » Les enfants sont purs, clairs, francs.

Passez aux actes !

Par l'amour que l'on donne aux autres, on découvre la foi qui conduit obligatoirement à l'acte de charité. Nous pouvons toujours prier Dieu, mais l'acte qui doit aller avec ? Combien de fois on nous le reproche : « Vous êtes des bouffons, des baltringues. Vous êtes aussi méchants que les autres.

– N'attaquez pas tous les gens qui vont à la messe », je leur réponds.

Mais je retiens leur réflexion parce qu'ils sentent que notre foi devrait être accompagnée d'amour, de partage. Nous sommes tous capables de le faire. À partir du moment où l'on dit du bien de l'autre, où l'on essaie de l'aimer sans cesse, c'est la grâce de Dieu.

Garde-moi un cœur d'enfant

Sainte Marie, mère de Dieu, garde-moi un cœur d'enfant,
Pur et transparent comme une source.
Obtiens-moi un cœur simple qui ne savoure pas les tristesses,
Un cœur magnifique à se donner,
Tendre à la compassion.
Un cœur fidèle et généreux, qui n'oublie aucun bien, ne tient rancune d'aucun mal.
Fais-moi un cœur doux et humble,
Aimant sans demander de retour,
Joyeux de s'effacer dans un autre cœur devant votre divin fils,
Un cœur grand et indomptable,
Qu'aucune ingratitude ne ferme,
Qu'aucune indifférence ne lasse,
Un cœur tourmenté de la gloire de Jésus-Christ.
Blessé de son amour et dont la plaie ne guérisse qu'au Ciel.

D'après une prière du père Léonce de Grandmaison

L'amour par l'amour

Quand je me trouve devant un cas « impossible », je ne baisse jamais les bras. Je me sens comme un aventurier cherchant un trésor avec ses mains. Je creuse sans me lasser. Mes mains parfois s'écorchent, elles sont à vif, mais je continue, l'espoir au bout de mes doigts. C'est toujours à ces moments-là que le bulldozer de la foi agit, venant du côté où je ne l'attendais pas.

La foi consiste d'abord à se dire que Dieu m'aime avant que je ne L'aime moi-même. C'est merveilleux de pouvoir se dire cela et de le croire. Seul un cœur pur nous fait voir Dieu.

Nous devons nous débarrasser de tout ce qui nous encombre.

La foi, c'est se savoir aimé, et se purifier sans cesse.

La foi, c'est se savoir aimé inconditionnellement, de façon totale et absolue par Celui qui ne nous trahira jamais. Il s'appelle Dieu-Amour.

La réponse à la foi est l'amour par l'amour.

35

Revivons le Credo

Pour mieux l'imprimer dans nos cœurs

Le Symbole des Apôtres, résumé fidèle de leur foi, est aussi connu sous le nom de Credo. Le réciter a un sens, et l'expliciter est essentiel. Lorsque je donne une messe, je récite toujours le Credo, mais je donne chaque fois une phrase expliquant ce qui vient d'être dit. Car à force de réciter par cœur, on ne met plus de sens dans ce que l'on dit. C'est important de revaloriser le Credo, de le méditer. La foi n'est pas simplement une démarche affective et un rabâchage.

Je crois en un seul Dieu,

« La première de toutes les vérités que doivent croire les fidèles est celle-ci : il existe un seul Dieu », disait saint Thomas d'Aquin dans son commentaire.

La façon de penser cette vérité est différente selon les religions. Pour nous, c'est Dieu mais en trois personnes. Ce qui est sûr, c'est que nous croyons en un seul Dieu, selon les religions, sous des formes différentes. À nous de respecter l'autre.

le Père tout-puissant,

Il est source de vie, force de vie, protection de cette vie mais il a un cœur de mère. Il est une présence qui nous accompagne toujours sur le chemin de vie. « Je crois en Dieu le Père tout-puissant » signifie : « Je crois que l'amour infini peut embraser le monde. »

créateur du ciel et de la terre,

« Créer, c'est faire quelque chose de rien, mais faire, c'est fabriquer ou produire quelque chose à partir d'une matière préexistante. Si donc Dieu a tout fait de rien, nous devons croire qu'il pourrait de nouveau tout créer, si tout était détruit ; c'est pourquoi il peut rendre la vue à un aveugle, ressusciter un mort et opérer d'autres œuvres miraculeuses », commentait saint Thomas.

Dieu a créé l'univers mais qui a créé Dieu ? Bonne question. Dieu s'est créé Lui-même. C'est mystérieux. Qui a créé cette notion de l'absolu, de la transcendance, qu'on a retrouvé chez les peuples les plus lointains ?

Vous vous rendez compte, dans un mètre cube de terre, il y a trois milliards de particules. Qui a fait ça ? La création reste un mystère. Simplement, le Credo nous invite à croire que Dieu est à l'origine de la vie. Nous devons remercier le Ciel pour tant de beauté et transmettre à nos enfants une Terre intacte et respirable.

Je crois que l'amour peut me créer un peu plus chaque jour.

... et en Jésus-Christ,
Son Fils unique, notre Seigneur,
qui a été conçu du Saint-Esprit,
est né de la Vierge Marie...

Nous disons que nous croyons que Jésus est le fils de Dieu. C'est la différence que nous avons avec les musulmans, les juifs... Pour connaître Dieu, les chrétiens font confiance à Jésus, qui s'est fait homme. C'est le mystère de l'incarnation, mystère prodigieux.

Il faut croire en l'incarnation et c'est difficile. Notre religion a davantage de mystères que les autres.

… a souffert sous Ponce Pilate,
a été crucifié,
est mort et a été enseveli,
est descendu aux Enfers,
le troisième jour est ressuscité des morts,

C'est une conviction extraordinaire. Nous sommes certains que nous ressusciterons parce que le Christ est ressuscité. C'est là que réside toute la foi chrétienne. Des hommes et des femmes ont rencontré Jésus, ils ont été transformés par sa présence, jusqu'à donner leur propre vie pour lui.

Le génie du christianisme, c'est que Dieu est présent par Son fils. Grâce aux Évangiles, nous comprenons pourquoi Dieu l'a envoyé et pourquoi il a vécu. C'est extraordinaire parce que nous pouvons dire que le Christ, comme homme, a vécu comme nous, avec des joies, des peines.

Ce qui est fabuleux dans le christianisme, c'est que Dieu a envoyé Son fils pendant trente-trois ans parmi nous. Il a vécu la faim, la soif, la souffrance. Dire de Jésus qu'il est passé aux Enfers, c'est dire qu'il est passé par tous les chemins des hommes, les plus obscurs, et jusqu'au bout. Il est la non-puissance. Naître dans un crèche et mourir sur une croix infamante, c'est le signe absolu de la non-puissance du Christ, fait homme et fils de Dieu.

est monté aux cieux,
est assis à la droite de Dieu le Père tout-puissant,

En ressuscitant Jésus, le Père glorifie le fils, Il chante sa beauté.

Pour la bénédiction du corps de celui qui est parti pendant les funérailles, je dis : « Son âme est au-dessus » et je lui parle directement. Le Seigneur nous jugera sur l'amour que nous avons donné, et nous pardonnera à la mesure du pardon que nous avons eu sur terre.

d'où il viendra juger les vivants et les morts.

Le fils aimé ne juge pas. Si quelqu'un veut nous jeter la première pierre, le Christ ne nous abandonne pas. Il sera toujours là. Il invite chacun à se regarder avant de juger les autres.

Je crois en l'Esprit saint,

Jésus a dit à ses amis : « Je demanderai à mon Père de vous envoyer quelqu'un d'autre afin qu'Il soit toujours là, avec vous. » Nous n'avons pas trois dieux. Nous avons un seul Dieu dans le Père, le Fils et l'Esprit saint : bouffée de vie, de tendresse et d'amour qui nous aide quotidiennement.

à la sainte Église catholique,

Là, je vois des lèvres se pincer. Rendez-vous compte : les affaires de pédophilie, d'argent et tout ça !... Et l'Église qui n'a rien dit pendant des années avant les paroles fortes de Benoît XVI et de François... Quand je vois des personnes faire la grimace, je leur rappelle que l'Église a des faiblesses parfois extrêmes mais qu'elle a aussi des forces incroyables.

L'Église catholique n'est pas que le pape et les cardinaux. L'Église catholique, c'est le dernier chauffeur de taxi, c'est le dernier clochard dans la rue. L'Église catholique rassemble un peuple immense. Alors ne regardons pas seulement ceux qui sont placés en haut de la hiérarchie. Regardons tout l'ensemble. L'Église est faite d'hommes et de femmes emplis de faiblesses et de manques. Le premier pape, saint Pierre, a trahi Jésus. Il est tombé dans une erreur extrême en niant Jésus mais il a donné sa vie pour lui.

à la communion des saints,

Communion signifie « union avec ». Nous devons avoir le désir vrai et profond de marcher avec une communauté universelle. La communion des saints concerne tous ceux qui sont dans l'église pour la messe à ce moment précis. La communion des saints, c'est aussi l'âme des morts qui est toujours présente dans l'Église, c'est la communion entre les vivants et les morts. C'est encore le prisonnier qui est dans sa cellule avec la télévision allumée jour et nuit et qui peut faire trente minutes de méditation par jour. C'est chacun d'entre nous, qui faisons partie de l'Église.

La communion des saints, c'est tous les vivants et les morts présents dans l'Église, aujourd'hui et maintenant. Je demande aux gens de citer leurs morts. C'est ça la communion des saints.

La communion des saints, c'est aussi penser à tous ceux qui souffrent.

à la rémission des péchés,

La rémission des péchés, c'est la bonne nouvelle : il n'y a pas de péché qui ne soit pardonné. Nous avons reçu la première grâce du baptême. Nous disons notre désir profond de recevoir ce souffle de vie. Dans notre vie nous péchons, nous chutons. C'est là qu'intervient le deuxième sacrement : la confession. Tout ce que vous avez lié sur la Terre, vous l'aurez lié dans le Ciel et tout ce que vous avez délié sur la Terre, vous l'aurez délié dans le Ciel. N'oubliez pas ce magnifique sacrement de réconciliation qui dit notre désir de repartir sur le chemin de communion.

à la résurrection de la chair,

Nous ressuscitons. J'ai célébré l'enterrement de deux jeunes de quinze ans dans le même mois. Lors du premier enterrement, la mère s'était agrippée au cercueil jusqu'au dernier moment. Lors du second, la famille pleurait et chantait en même temps des chants d'espérance.

La vie éternelle, c'est tous les gestes d'amour, de partage, d'entraide. Si nous avons la foi mais pas les actes, notre foi est du pipi de chat.

à la vie éternelle,

Je dis toujours aux fidèles : « Ne croyez pas que la vie éternelle, c'est quand vous aurez avalé votre bulletin de naissance. La vie éternelle c'est maintenant. Vous sortez de cette église, vous avez pris la force du Seigneur, ensemble, dans la communion. » L'eucharistie, c'est vivre ensemble notre foi et la vivre dès le portail de l'église franchi.

Nous pouvons commencer à vivre la vie éternelle dès la sortie de l'église, en accueillant l'amour, en pardonnant, en vivant ce pardon et cet amour.

Amen.

Ainsi apparaît avec évidence la différence entre les bonnes et les mauvaises actions. Les premières nous mènent à la vie et les secondes à la mort. C'est pourquoi les hommes devraient fréquemment se remettre en mémoire ces vérités ; ils seraient par là excités à faire le bien et à se détourner du mal.

C'est pour que cette vérité se grave toujours plus profondément dans notre mémoire qu'il est expressément dit à la fin du Credo : « Je crois à la Vie éternelle. »

Saint Thomas d'Aquin

36

Renaître après l'épreuve

Ces larmes qui préparent les yeux à voir le Seigneur

« Vous voyez, parfois, dans notre vie, les lunettes pour voir Jésus, ce sont les larmes, dit bellement le pape François. Il y a des moments où seules les larmes nous préparent à voir Jésus. Dans notre vie, nous avons tous traversé des moments de joie, de douleur ou de tristesse ! Nous sommes tous passés par là. Mais je vous pose la question : avons-nous pleuré ? Dans les moments les plus sombres, avons-nous pleuré, avons-nous eu ce don des larmes qui prépare les yeux à voir le Seigneur ? »

L'arrivée d'un drame pour soi-même ou pour un proche provoque un sentiment d'amoindrissement, d'impuissance et parfois de colère. On peut renaître.

Pas de blessure qui ne puisse être cicatrisée

Je pense à cette mère dont les cinq enfants sont morts dans un incendie ; je pense à Olivier dont la femme se barre avec ses enfants qu'il adorait, dont la nouvelle femme vide son compte en banque avant de partir, elle aussi, puis qui apprend la mort de ses deux mômes…

Comment, dans ces conditions, développer en soi la capacité à rebondir ? Comment, psychologiquement, humainement, sortir du gouffre ? Rétablir l'équilibre n'est pas donné à tout le monde. Parmi les jeunes malmenés, meurtris que je connais, certains ont un élan de vie incroyable ; d'autres restent enfermés dans leur enfance et leur adolescence martyrisées.

Au cœur des forces de la mort, certains réagissent. Nicole a réussi à vaincre ses deux leucémies ; Isabelle est sortie de vingt ans d'alcoolisme. Alors que cet homme subitement handicapé se suicide, cet autre décide de créer un mouvement pour sensibiliser le plus grand nombre à la détresse psychologique des handicapés. Je peux également parler de Stéphanie Fugain qui, à la mort de sa fille, crée une association – « Laurette Fugain » – afin d'encourager les dons de sang ou de moelle osseuse. « J'ai des bouffées de manque au quotidien, et il en sera ainsi jusqu'à mon dernier souffle, confiait-elle. Mais je suis devenue une lionne pour cette cause. »

Je pourrais citer tant d'autres cas.

Tim Guénard avait été battu par son père, qui lui avait brisé les deux jambes. Il est allé en institution, où il a subi des violences sexuelles. Aujourd'hui, il témoigne qu'il n'y a pas de blessure qui ne puisse être lentement cicatrisée par l'amour.

La dépression, maladie du siècle

Combien d'entre nous subissent cette « maladie du siècle », la dépression ? Ils tournent en rond dans leur salon, dans leur jardin, dans leur travail, dans leurs relations, la mort dans l'âme. Leur vie est une salle des pas perdus où ils ne voient aucune issue.

Cette maladie est aussi appelée « maladie de la volonté » : on n'a plus envie de rien, on ne croit plus à rien, la moindre démarche, le moindre pas à effectuer paraissent un effort immense, insurmontable. Alors on reste là, on végète chez soi, on se laisse dériver.

La dépression est très difficile à soigner, puisque souvent le malade n'a même pas envie de guérir. Pour les proches c'est un calvaire, car la déprime est drôlement contagieuse… Que faire ? Il faut beaucoup de patience, d'encouragements répétés, ne jamais baisser les bras devant cette maladie qui mine tant de monde, nous détruit de l'intérieur. Il faut attendre que le déclic vienne, en soi-même ou de l'extérieur, qui aidera à la reconstruction, il faut beaucoup d'abandon. Philippe Labro, qui est passé par plusieurs années de dépression grave, a dit que c'était une maladie qui rendait plus fort lorsqu'on arrivait à s'en sortir.

Tenons bon si nous sommes atteints nous-mêmes, faisons confiance à la vie pour nous réparer. Si vous êtes dans l'entourage d'un dépressif, soyez proches, humains, patients. C'est difficile, parfois on en a marre de cette attitude molle et défaitiste, mais n'oublions pas que seuls un bon suivi médical, et puis l'amour et l'attention le sortiront de là.

> *L'esprit oublie toutes les souffrances quand le chagrin a des compagnons et que l'amitié le console.*
>
> William Shakespeare

Solitudes

Il y a un autre mal : la solitude. Personnes âgées, jeunes divorcés, célibataires vivant mal leur condition, chômeurs, SDF, marginaux de toutes sortes que notre société normative rejette…

À cette solitude, personne n'échappe à un moment ou un autre de sa vie. Même pas moi. Je ne dirais pas comme un enfant : « Même pas mal ! » À ceux qui souffrent de se sentir seuls, je dirais que moi aussi, la solitude, je l'ai ressentie. Sinon je serais un être inhumain.

Mener une vie sans amour humain privilégié n'est pas évident. De nombreux hommes et femmes en font l'expérience. C'est une lutte que mènent plus d'un million de consacrés dans le monde. Ce chemin difficile, au moins je l'ai choisi. Et au cours des ans, il s'est révélé un enchantement.

J'ai été appelé à donner l'intégralité de mon temps à chacun, dans un même amour, de même que ma mère aimait chacun de ses quinze enfants comme un enfant unique. Finalement, j'ai appris à aimer ma solitude.

C'est la grâce que je vous souhaite.

Ma solitude est peuplée d'êtres innombrables. Et ça, c'est une joie qui me porte très haut, tous les jours.

Frère Roger de Taizé disait : « En tout homme et femme se trouve une part de solitude, qu'aucune intimité humaine ne peut combler. Pas même l'amour le plus fort entre deux êtres. Qui ne consent pas à ce lieu de solitude connaît la révolte contre les humains, contre Dieu, contre lui-même. »

Emplir sa vie de solitude, de méditation, de temps pour soi renforce la personnalité et permet de solidifier ses certitudes. Travaillez votre solitude, vivez-la comme une attente. Sachez qu'elle n'est jamais stérile si vous pouvez la remplir positivement.

« Le bonheur, c'est les autres ! » J'en suis convaincu.

Alors aime les autres et élimine égoïsme, orgueil, possession.

C'est une lutte permanente, mais vitale pour être heureux.

Des projets plein d'avenir

« Il n'y a plus rien à faire. C'est foutu pour moi ! » Combien de fois ai-je entendu cette phrase dans des parloirs de prison. Combien de fois des mecs ou des filles plongés dans la drogue, dans l'alcool, m'ont dit : « Je ne m'en sortirai pas ! » Et combien de fois de la bouche même des parents : « Il n'en sortira jamais. » C'est une façon de tuer quelqu'un que de dire ça.

Quand quelqu'un est au fond de l'abîme, il suffit qu'une main se tende, qu'une bouche dise : « Allez, tu vas t'en sortir ! », et c'est une réussite totale. Je souhaite que ceux et celles qui sont dans le gouffre puissent trouver quelqu'un qui reste auprès d'eux.

Il y a aussi ceux qui me disent, à treize, quatorze ans : « J'ai envie de rien. » Je les revois après deux mois passés dans un des centres que je fréquente : « Eh Guy! Je veux être... » Pas curé... non! ni professeur... mais qu'importe, du moment qu'ils revivent.

C'est si beau la résurrection!

Je dis souvent à la messe : « Si tu existes, guéris-moi » en tendant les mains. Une minute de silence est nécessaire pour se représenter la présence du Christ. Quand on a une foi chrétienne sûre, on ne reçoit certes pas ce qu'on demande tout de suite, mais on a toujours quelque chose en retour de sa prière.

En pleine souffrance, on a souvent le sentiment de ne rien avoir à donner aux pauvres. Or seul l'amour peut nous sortir de l'épreuve. Il faut aller vers les autres et prier. La prière reste le plus important moyen de renaissance.

Cette prière en forme de témoignage, écrite par une femme abandonnée, m'a beaucoup touché.

« Marche, marche encore! »

C'était un vendredi, un vendredi lourd de vécu mal vécu quand il m'a dit : « Je ne t'aime plus. Je t'ai trompée, je le ferai encore, tout est fini... »
Coup de tonnerre en mon cœur, chaos des joies et des peines : le vertige, la peur.
Seigneur, tu nous connais : un couple normal, construit jour après jour, enfant après enfant... Tout bascule, tout s'écroule.
Seigneur, ta croix est lourde. Les yeux embués de larmes, aveuglée, épuisée, je me suis répété instinctivement, comme en randonnée de montagne : marche, marche, c'est la seule solution. Alors j'ai fui, fui dans le divorce, pensant que c'était la seule route possible.
J'ai voulu fuir la haine qui m'envahissait, qui gagnait toute la maison. En plus de ma déchirure, de ma peine, de celle de mes enfants, j'ai

découvert l'échec, la honte, et puis la solitude. Seigneur, explique-moi : quel crime ai-je commis ?
Par réflexe, j'ai regardé ta croix, mais je n'y comprenais plus rien. Une voix me disait : « Marche, marche encore ! »
Petit à petit mes yeux ont séché, puis un jour de Pâques j'ai été éblouie : Seigneur, ta croix n'a de sens que suivie de ta Résurrection. D'un seul coup, j'ai aperçu comme un lumignon à l'horizon, encore faible et éloigné : une espérance à creuser, à prier, peut-être un nouveau départ.
Et puis j'ai découvert l'amitié, la vraie amitié, j'ai regardé d'une autre façon cette croix, j'ai pu essayer de comprendre cet échec, oser le regarder en face.
J'ai entendu crier les autres. Restons ensemble. Plus tard on pourra leur dire que tu as une tendresse particulière pour ces blessés de l'âme que nous sommes.
Seigneur, tu ne nous as jamais abandonnés. Tu nous as laissé la faim de ta Parole, celle qui interpelle, qui éveille, qui rend à soi-même et qui reconstruit dans la dignité. Maintenant, j'ai envie d'adoucir mon cœur de pierre. Ta croix a été lourde, mais ta présence m'a permis de ne pas désespérer. Aide-moi à marcher droit, seule avec les autres. Aide-moi encore, car je sais bien que plus tard, si je voulais passer par la porte étroite en m'appuyant au bras d'un homme, je rencontrerais la dure loi de l'Église. Seigneur, cela je ne l'ai encore ni compris, ni accepté. Seigneur, marche avec moi. »

Prière d'une divorcée (extrait)

Tout peut ressusciter

Tout peut ressusciter : la joie quand je suis abattu, l'amour quand je n'arrive plus à aimer, l'espérance quand je ne vois plus comment m'en sortir, la force de vivre quand tout m'apparaît noir, l'audace quand tout paraît perdu, la reconstruction quand on a été brisé. Tout peut ressusciter, et pas seulement par la force de notre pensée, mais par la force de Dieu.

La foi en la résurrection donne une énergie formidable à notre façon de vivre. Vous avez en vous une puissance, des compétences, des dons. Puissiez-vous avoir ces yeux d'amour et de tendresse qui vous remettront sur la route après tous les malheurs et aideront les autres à s'en sortir.

Alors brisé, OK!

Mais vaincu, jamais!

37

Le sens du chemin de croix

Vivre avec amour nos propres souffrances

De nombreux croyants m'envoient des lettres et des e-mails pour me dire qu'ils sont dans les ténèbres. Certains m'expliquent qu'ils souffrent tant qu'ils n'ont plus envie de prier. Pourtant, c'est justement dans ces moments qu'il faut prier le plus. Vous devez dire au Seigneur que vous souffrez et que vous Lui offrez votre maladie.

C'est une prière superbe.

Qui ne connaît pas l'angoisse et le désespoir ? Le Christ lui-même n'a-t-il pas dit à son Père sur la Croix : « Mon Dieu, pourquoi m'as-Tu abandonné ? » Le Fils de Dieu a dit cela. Alors, *a fortiori*, nous pouvons l'exprimer aussi. Mais tout de suite nous nous reprenons : « Non, c'est un mauvais moment, Tu es là, même dans le brouillard. »

Notre grand problème, c'est de buter sur la souffrance. Dieu n'est pas méchant. Si Dieu créait la souffrance, Il serait un pourri. L'origine de la souffrance est un mystère, mais la vie est souvent faite de souffrances. Il faut partir de la souffrance pour aller vers Dieu. Nous élever par rapport à la souffrance. Je sais que Jésus est mort sur la Croix. Il avait trente-trois ans. Il a souffert atrocement.

Nous disons qu'il a souffert pour nos péchés, qu'il souffert pour nous racheter et qu'il nous mène à la résurrection parce que, après la Croix, il est monté au Ciel directement. Alors, il nous appelle sans cesse à nous dépasser face à la souffrance, pour monter avec lui.

Toute souffrance sert à quelque chose. Il faut que tu l'acceptes, que tu la portes. Et Dieu, mystérieusement, te donnera les réponses. On me dira : « Putain, mais t'es curé, donne-nous une réponse ! » Comme je ne peux pas te donner de réponse, simplement, je m'accroche à la Croix.

Ce qui manque à la souffrance du Christ, c'est la nôtre. Dieu nous aime et c'est par la Passion que nous connaissons son amour. Faisons ensemble ce chemin de croix. Un chrétien doit trouver dans la souffrance et l'épreuve des motifs d'aller plus loin. Car la Croix est l'emblème du chrétien.

On ne comprendra qu'au paradis

Ce monde est fait de cris innombrables de frères et sœurs, et pourtant je n'ai jamais désespéré une minute parce que Dieu est confiance, Dieu est amour, Dieu est miséricorde, Dieu est bon, Dieu est tolérance, Dieu est respect, Dieu est partage. Et dans la mesure où j'essaye de vivre à fond la tolérance, le respect, le partage, l'amour, la tendresse humaine, la miséricorde, je m'élève vers Dieu. La souffrance, je ne la supporte pas, je la porte et je la sublime. Je sais en même temps qu'elle est riche de grâces.

Nous disons, nous chrétiens, que si nous acceptons la souffrance, elle est offerte pour les autres et que cela allégera leurs souffrances. Cela s'appelle la « communion des saints ». Des malades prient souvent pour moi en disant : « Je prie pour toi, Guy, et j'offre ma souffrance pour tes jeunes. » Cela m'aide énormément.

On ne comprendra cela qu'au paradis.

Vivre avec amour notre propre croix

Les franciscains, au XIVe siècle, prirent l'initiative d'inviter les chrétiens en pèlerinage à Jérusalem pour y revivre la passion du Christ : du tribunal de Pilate au Calvaire. Ceux qui ne pouvaient pas s'y rendre physiquement suivaient le cheminement grâce aux quatorze tableaux accrochés dans les églises. Sur ces quatorze stations, onze sont puisées dans l'Évangile.

Lorsque nous méditons le chemin de croix, nous méditons l'Évangile. Au-delà de notre lien avec le Christ, cette cérémonie nous fait vivre avec amour notre propre croix. Certains mystiques, comme saint François qui a reçu les stigmates, ont participé d'une manière très intense au chemin de croix.

Le chemin de croix est un moyen de méditation où le corps est associé à l'esprit. Quand vous êtes devant chaque station, en lecture dans votre plumard ou à l'église, vous revivez le parcours du Christ.

Je vais développer trois stations qui me tiennent à cœur.

Jésus est condamné à mort

Première station : Jésus est innocent, tout le monde le sait. Les puissances maléfiques lui ont reproché d'être fils de Dieu. Le Christ se fiche de l'apparence, de la mode vestimentaire… Il prêche l'humilité, il a tout donné, tout offert. Il valorise toujours le plus petit – Bienheureux les pauvres, les exclus, les oubliés, les rejetés de la terre parce qu'ils seront les premiers dans le Royaume de Dieu. Évidemment, ceux et celles qui possédaient le pouvoir, la puissance et l'argent trouvaient ces propos scandaleux.

En plus, il fait ce qu'il dit ! Et ça, c'est intolérable. Alors on l'a accusé de toutes les saloperies. « On va te faire passer l'envie de dire que le plus petit de tous les humains est le plus grand aux yeux de ton Père ! »

Souvenez-vous du pécheur dans son coin qui apostrophe Jésus en lui disant : « Je suis rien du tout, je suis de la merde, du pipi de chat, etc. » Le pharisien à côté disait : « Moi, je ne suis pas comme ce mec-là. » Et il se met en avant.

Jésus a pourtant loué le pauvre type.

Jésus est condamné à mort pour tout cela.

On peut prier pour tous ceux et celles qui ont été agressés, violés, volés, traumatisés à vie. On peut prier pour tous ceux et celles qui sont condamnés à mort dans le monde et qui attendent des jours, des mois, des années dans des cellules la piqûre ou la balle qui mettra fin à leur calvaire. Attendre ainsi son supplice est inhumain. Je suis absolument contre la peine de mort. Le pire des criminels, quoi qu'il ait fait, est fils ou fille aimé(e) de Dieu.

Mais prions aussi pour ceux qui, dans nos prisons françaises, sont condamnés à des peines très lourdes. Je suis beaucoup allé dans les prisons, j'ai serré la main à des criminels pédophiles. Les autres prisonniers disaient : « Ce mec-là, nous on le fréquente pas. » Et moi, je leur répondais : « Tu vois, je serre la main de cet homme parce que personne ne le fait, parce que vous le condamnez entre prisonniers. »

La main me brûle quand je les salue, mais je me dis que c'est la main du Christ.

Jésus est chargé de sa Croix

Il y a la deuxième station : Jésus chargé de sa Croix. Imaginez ce lourd instrument qu'il porte, et ces épines d'Orient particulièrement longues enfoncées dans sa tête. Il porte lui-même l'instrument de son supplice.

J'aime énormément cette phrase qui m'a toujours donné une force pas possible : « Déchargez-vous sur Lui de tous vos soucis. Il prendra soin de vous» (1 Pierre 5, 7). Des emmerdes, on en a plein nos malles. Nos croix sont multiples. Oui, déchargeons-nous sur Lui.

Dites au Christ : « Aide-moi, je t'en supplie. »

La Croix pesait plus de trente kilos, Jésus avait déjà subi des sévices et des douleurs atroces. Simon de Cyrène revenait des champs, les soldats romains l'interpelèrent : « Aide-le, prends la croix ! »

Portons les soucis les uns des autres !

Je me souviens de cet éducateur nommé Berton, qui devait porter des colis. Ce n'était pas très lourd et pourtant il avait demandé au jeune à côté de lui de l'aider. Je lui avais dit : « Mais enfin, Berton, tu peux pas le faire tout seul ?

– Bien sûr, m'avait-il répondu, mais ce gars était là à ne rien faire. Je n'avais pas besoin de lui mais je voulais lui donner l'impression d'être utile. »

Ce petit fait m'a aidé à réfléchir.

Il est dépouillé de ses vêtements

La dixième station, où Jésus est dépouillé de ses vêtements, me touche particulièrement. Tous les prisonniers que je connais ont été blessés intérieurement quand, au commissariat comme en entrant en prison, et à l'occasion des fouilles, ils doivent se dépouiller de tout ce qu'ils ont.

Je me souviens de l'une de mes visites dans une prison belge. Chaque fois, j'étais fouillé. Quant à mon blouson truffé de pins, il pétait le détecteur de métal ! Le surveillant voulut ce jour-là s'assurer que je ne détenais pas une « bombe vaticane » ou je ne sais quoi. Il me demanda de me déshabiller. J'enlevai ma veste. Il me demanda d'enlever mon pantalon. Je me retrouvai quasi à poil.

À ce moment, le directeur arrive : « Mais enfin, vous vous rendez compte, c'est le père Guy Gilbert ! »

Le surveillant voulait sans doute se payer un curé. Évidemment, j'ai eu un sentiment d'humiliation très pénible. Depuis, je pense à tous ceux qui doivent se déshabiller à chaque fouille, à chaque parloir. C'est difficile à endurer.

Combien de mecs sont dépouillés de leur travail par des actionnaires sans scrupules ? Combien de chômeurs ? Vous menez une vie dorée, et d'un coup plus rien. La vieillesse aussi, c'est le dépouillement.

Priez pour demander que Dieu vous recouvre du manteau de l'amour. Jamais aucun être humain ne pourra vous enlever ce manteau-là.

Si tu souffres

Si tu souffres,
Si tu es dans les ennuis,
Si tout va mal pour toi,
Si ton amour s'est barré,
Si ton meilleur ami t'a trahi,
Si tu es malade,
Si tu es handicapé,
Si tu es seul,
Si…
Alors, ensemble, on va faire ce Chemin de Croix!

Si tout va bien pour toi,
Si tu as un amour et un travail,
Si ta forme est superbe,
Si l'horizon s'éclaire pour toi,
Si ta vie est un conte de fées,
Je t'en prie, faisons ensemble le Chemin de Croix!
Tu n'es pas bête, tu sais bien que la souffrance peut

T'atteindre n'importe quand et n'importe où.
Vis ce Chemin de Croix avec tous ceux et celles qui n'ont pas ta chance.
Le Chemin de Croix n'a pas d'autre but que de suivre le Christ dans son Calvaire et d'aller au-delà de cette souffrance insupportable.
Allons au-delà ensemble et tu verras au bout la lumière qui te transfigurera.

Soyez des passionnés de la vie, faites votre chemin de croix avec amour. Interrogez-vous sur une station qui vous marque. Interrogez-vous sur cette Passion où le Christ a souffert terriblement pour nos péchés et pour nous-mêmes.

Et vivez de telle façon qu'à vous voir on pense qu'il est impossible que Dieu n'existe pas.

38

La Résurrection, tu y crois vraiment ?

L'Amour nous guidera vers une vie nouvelle

La Résurrection est un fait essentiel pour la foi du chrétien. Elle n'est pas une « carotte » pour l'au-delà. C'est une manière d'envisager la vie ici-bas et dès maintenant. La Résurrection, pour ceux qui croient, y a pas de lézard.

Une vie nouvelle

La Résurrection est un événement dont personne n'a été témoin. Le Christ n'est pas ressuscité sur la Croix. C'est trois jours plus tard, devant le tombeau vide, qu'il annonce à Marie-Madeleine qu'il est ressuscité. C'est une réalité, pour nous chrétiens, qui nous donne une force incomparable.

La résurrection de Jésus n'est pas la réanimation d'un cadavre. Elle n'est pas non plus une désincarnation : comme si le fils de Dieu fait homme, dégoûté de la condition humaine, nous avait abandonnés et était reparti au Ciel. Non, c'est l'entrée de l'homme Jésus dans une vie nouvelle.

Notre monde médiatique ne parle que de tombeaux pleins de cadavres. La télévision et certains journaux exhibent des catastrophes, des accidents, des génocides, des guerres, des attentats, des épidémies, des incendies, des famines… Le cadavre est omniprésent. Le morbide se vend bien.

La résurrection du Christ, bien au contraire, tourne le dos à la mort. « Avoir foi en la Résurrection, disait le cardinal Lustiger, c'est d'abord arracher de son cœur la complicité avec la mort et cela, c'est déjà un miracle. » Le christianisme, c'est la religion du « tombeau vide ». Nous croyons à la résurrection.

> *Notre foi est fondée sur la mort et la Résurrection du Christ, exactement comme une maison est posée sur ses fondations : si celles-ci cèdent, toute la maison s'écroule. Sur la Croix, Jésus s'est offert lui-même en prenant sur lui nos péchés et en descendant dans l'abîme de la mort, et il les a vaincus dans sa Résurrection, il les a effacés et il nous ouvre la route pour renaître à une vie nouvelle.*
>
> Pape François

Être soi-même

Sous quelle forme existerai-je après ma mort ? C'est une question que l'on se pose souvent. Dites-vous que vous continuerez à être vous-mêmes. Jean-Paul II disait que chaque personne est unique, irremplaçable et aimée de Dieu. Vous aurez un corps transfiguré.

Regardez le Christ ressuscité. Il apparaît où il veut et quand il veut. Il n'est plus soumis aux lois de l'espace et du temps. Il est changé mais apparaît aux disciples. Il mange même du poisson avec eux… Le Christ nous fait partager sa résurrection. Ce n'est pas seulement celle de la chair, c'est la transfiguration de toute la personne. La résurrection du Christ n'est pas un tour de magie, c'est l'amour qui nous guide.

Et souvenez-vous que vous êtes déjà ressuscités par le baptême, qui vous a donné une semence de vie extraordinaire.

Réincarnation et résurrection

On me demande souvent la différence qui existe entre la réincarnation et la résurrection. Elles expriment chacune à leur façon la conviction que tout ne s'arrête pas avec la mort. Ceux qui croient en la réincarnation tentent ainsi d'expliquer la souffrance et les épreuves de la vie. Chacun paie pour une vie précédente et est invité à préparer au mieux la vie suivante. Cela peut se poursuivre indéfiniment. Un pauvre peut se réincarner dans un riche, dans n'importe qui.

Nous, chrétiens, non… Nous n'avons pas une croyance cyclique en la vie. Nous connaissons un début et une fin tout en restant nous-mêmes.

De nos jours, où les gens refusent à tout prix la vieillesse et la mort, nombreux sont ceux (notamment les jeunes) qui croient en la réincarnation. On n'est plus soi-même mais on devient un autre, une autre, un animal…

Peur de mourir

Parler de la mort n'est jamais chose facile. Parler de la nôtre encore moins. Lire dans l'Évangile des phrases du Seigneur telles que : « Je viendrai comme un voleur » – c'est-à-dire que le Seigneur vient au moment où on ne l'attend pas – n'est pas rassurant pour le pauvre pécheur.

Je me souviens qu'au séminaire on nous parlait de la mort de façon alarmiste. On nous menaçait toujours de l'enfer, de châtiments terribles, images à l'appui. Cette peur n'engendrait pas une espérance belle.

L'enfer, Jean-Paul II en a parlé dans son livre *Entrez dans l'espérance* : « La possibilité de la damnation éternelle est affirmée dans l'Évangile sans ambiguïté. Mais dans quelle mesure cela s'accomplit-il réellement dans l'au-delà ? C'est finalement un grand mystère. »

Et il ajoutait : « Comment peut-on concevoir l'enfer quand on sait que la miséricorde de Dieu est infinie ? »

L'enfer, c'est de ne pas connaître et de ne pas désirer l'amour de Dieu.

Paradis

L'espérance, c'est découvrir la part de cristal, l'être de lumière qui se trouve dans le pire d'entre nous, comme en nous-même.

L'homme de bonne volonté ne craint pas la mort.

Une femme demandait à son mari très malade :

« Sincèrement, as-tu peur de mourir ?

– Je suis tellement curieux qu'il me tarde de voir enfin l'au-delà », lui répondit-il avec un sourire.

Sa femme lui répliqua en larmes, mais non sans humour : « Tu es un veinard, Jacques. Tu vas savoir avant moi. »

Purgatoire

On croit à la Résurrection, tout est OK. Mais après ? Nous savons que le purgatoire existe. C'est un sas de purification. L'enveloppe pourrit, mais l'âme monte. À chaque enterrement, je dis bien que le corps est là mais que l'âme est au-dessus et que nous la retrouverons. Je le répète chaque fois, et avec conviction. Dire ce que l'on croit est très fort, surtout face à un public de plus en plus souvent sceptique.

L'amour ici-bas est couvert de déchirures, de souffrances. Durant le purgatoire, nous serons privés un temps de l'amour de Dieu et il nous manquera intensément.

Je crois que le purgatoire est une purification éprouvante mais il est un état, une attente. Le purgatoire est une vérité de foi.

Compter sur la miséricorde de Dieu

Un homme meurt et monte au Ciel. Saint Pierre l'accueille et lui dit :
« Voilà le règlement, tu as besoin de cent points pour rentrer au Ciel. Racontez-moi tout ce que tu as fait de bon dans votre vie et je t'accorderai un certain nombre de points pour chacune de tes actions. Dès que tu atteins cent points, tu es reçu au Ciel. »
L'homme répond alors :
« J'ai été marié avec la même femme pendant cinquante ans, je ne l'ai jamais trompée.
– Fantastique ! répond saint Pierre. Cela vaut bien deux points.
– Seulement deux points ? J'ai aussi été à la messe tous les dimanches, j'ai été très actif dans ma paroisse et j'ai régulièrement payé le denier du culte.
– Génial ! Cela vaut un point.
– Oh… J'ai créé une soupe populaire dans ma ville.
– Un point !
– J'ai œuvré auprès des plus pauvres.
– Formidable ! Un point en plus ! Cherche encore…
– Mais à ce compte-là, j'arriverai jamais au paradis ! Mon seul espoir repose sur la grâce et la miséricorde de Dieu.
– Viens, lui répond saint Pierre. Sois le bienvenu au paradis. La miséricorde de Dieu, voilà les quatre-vingt-quinze points qui te manquaient.

Vivre toujours et aujourd'hui

Donner un sens, une espérance à sa vie est le lot du chrétien. C'est dire que le Christ est là. Oui, il est là. Oui, notre vie brisée, nos blessures sont transformées en une vie nouvelle et inattendue. Il est nécessaire d'entretenir un regard humble pour lier le passé au présent et regarder l'avenir avec espérance.

La résurrection commence sur terre. Au-delà de nos limites naturelles, c'est l'affaire du Seigneur.

Le Seigneur nous appelle à vivre toujours et à vivre aujourd'hui. La vie éternelle, c'est maintenant! Jésus nous dit dans l'Évangile que ceux qui ressuscitent sont fils de Dieu. Or, en nous conduisant bien, nous sommes déjà ici enfants de Dieu. Ne cherchons pas, comme les Sadducéens, à savoir ce qu'il y a après la mort. Nous vivons aujourd'hui de cette vie, avec les ressuscités. Le Seigneur nous appelle à choisir son chemin, le chemin de la vérité et de la vie. « La vie est une aventure, osez-la! » disait Mère Teresa.

C'est l'amour qui nous guide

Jésus dit qu'il monte au Ciel nous préparer une place. Mais il ne faut pas passer à côté de la résurrection quand on est au bord de mourir, c'est-à-dire au bord de vivre. Comment faire? En vivant chaque jour avec le Christ et avec cette certitude qu'il est vivant.

Tout petit, quand on me parlait de la mort, je tremblais dans ma culotte! Mais peu à peu j'ai appris la complicité avec la mort, j'ai appris que la résurrection est au bout, j'ai appris que ce sera le moment rêvé. On reconnaîtra l'Amour, on vivra l'Amour, on sera l'Amour avec le Christ.

Nous verrons Dieu et nous sentirons l'amour de Dieu... Dans mon métier d'éducateur, je vois combien l'amour humain est fragile et je sens en moi combien l'amour du Seigneur, lui, est extraordinaire. Je pense que j'atteindrai cet amour à ce moment-là. J'aurai une réponse à chaque question d'amour que je me pose. Alors j'attends impatiemment le plus beau jour de ma vie. J'ai hâte de me plonger dans l'Amour absolu que j'ai toujours cherché.

> *Tu me reverras donc, transfiguré dans l'extase et le bonheur, non plus attendant la mort, mais avançant d'instant en instant avec toi dans les sentiers nouveaux de la lumière et de la vie. Essuie tes larmes, et ne pleure plus si tu m'aimes.*
>
> Saint Augustin

Comprendre cela, c'est refuser une vie close sur elle-même, c'est s'ouvrir, pendant son séjour sur terre, au mystère de l'Au-delà.

Nous sommes des vivants appelés à une autre vie.

Le Ciel n'est pas un lieu. C'est la plénitude de l'amour de Dieu qui nous emmènera. C'est un état où le Seigneur sera visible pour nous et pourra nous faire vivre le véritable amour.

Lorsque ce moment de vérité arrivera, je souhaiterais être dans la disposition joyeuse qui est la mienne aujourd'hui. Je suis persuadé que Marie sera présente à l'instant du passage. Tant de fois je lui ai demandé de prier pour moi, pauvre pécheur, maintenant et à l'heure de ma mort. J'aimerais surtout que l'on célèbre avec moi ma rencontre avec Dieu, que ce soit une belle fête pleine d'espérance ; sinon je redescendrai sur terre en gueulant : « Pourquoi pleurez-vous ? Je suis très bien, je suis heureux là-haut maintenant. C'est le sens de ma vie. »

À ceux que j'aime… à ceux qui m'aiment

Quand je ne serai plus là,
Relâchez-moi, laissez-moi partir,
J'ai tellement de choses à faire et à voir.

Ne pleurez pas en pensant à moi,
Soyez reconnaissants pour les belles années,
Je vous ai donné mon amitié ; vous pouvez seulement

deviner le bonheur que vous m'avez apporté.
Je vous remercie de l'amour que chacun de vous m'a démontré.

Maintenant, il est temps de voyager seul.
Pour un court moment vous pouvez avoir de la peine,
La foi vous apportera réconfort et consolation.
Nous serons séparés pour quelque temps.
Laissez les souvenirs apaiser votre douleur.

Je ne suis pas loin, et la vie continue…
Si vous avez besoin, appelez-moi et je viendrai.
Même si vous ne pouvez me voir ou me toucher, je serai là.
Et si vous écoutez votre cœur, vous éprouverez
clairement la douceur de l'amour que j'apporterai.

Et quand il sera temps pour vous de partir,
Je serai là pour vous accueillir
Avec mon corps présent avec Dieu.

N'allez pas sur ma tombe pour pleurer,
Je ne suis pas là, je ne dors pas.
Je suis les mille vents qui soufflent,
Je suis le scintillement des cristaux de neige,
Je suis la lumière qui traverse les champs de blé,
Je suis la douce pluie d'automne,
Je suis l'éveil des oiseaux dans le calme du matin,
Je suis l'étoile qui brille la nuit.

N'allez pas sur ma tombe pour pleurer,
Je ne suis pas là, je ne suis pas mort.

Prière amérindienne

Comme le Christ à Gethsémani

Quand on a la conviction de la résurrection, on s'y prépare. L'un des grands combats que nous devons mener consiste à lutter contre le découragement. Je connais moi-même des phases de crise, de fatigue de la vie, mais je sais que c'est une traversée. Regardez le Christ à Gethsémani, il déclare : « Père, je remets mon esprit entre tes mains. » Au bord du désespoir, Jésus choisit de s'abandonner totalement dans sa chair, avec une confiance absolue.

Quand je reçois des appels de personnes qui souffrent, alors je m'adresse à Dieu en priant : « Seigneur aide-le, aide-le dans cette difficile traversée. Il va vers la résurrection. »

La résurrection, ceux qui y croient recommencent chaque jour sans se décourager, ils posent un pas et puis un autre, ils mettent un pas après l'autre. Croire en la résurrection, c'est porter sa croix avec allégresse.

Non, je ne regrette rien

Il est arrivé que des personnes me demandent : « Et si, après la mort, il n'y avait rien, votre vie consacrée, votre don total aux loubards, les regretteriez-vous ? » Je réponds toujours : « Absolument pas !

« L'amour à offrir et à recevoir a été tellement beau jusqu'à ce jour que je ne pourrais rien regretter…

« Mais j'ai la certitude que cet amour mystérieux qui me hante vient d'une force prodigieuse que j'appelle "Dieu-Amour". Sur terre, il n'y a rien de plus grand que l'amour. Je ne veux vivre que pour ça. Et la source, c'est Dieu. Alors, il m'est impossible de croire que ce Dieu m'ait trompé. »

Je ne peux pas, quoi que je fasse, ne pas croire au Christ ressuscité. Tout me l'indique, me le fait toucher du doigt. Dieu nous fait des signes. Il se cache souvent. Il se dévoile parfois. Ainsi va notre foi.

Si nous avions la sensation absolue que Dieu existe, à tout moment de notre vie, on n'aurait plus besoin de Le chercher. Dieu a besoin de notre amour, et c'est ce qui est extraordinaire.

Quand on a cette conviction, alors on éprouve le besoin insatiable de lui rendre cet amour.

Dialogue d'amour, vital, sans fin.

Regarde l'amour humain. L'amour sur terre est combat. Sinon, tout serait si facile, si évident, que l'amour n'aurait plus besoin d'être. Il ne serait plus l'amour. Pour bâtir du vrai, du solide, du fidèle, de l'éternel, il faut s'accrocher.

Seule la Résurrection te permet de t'accrocher à l'invincibilité de l'amour.

Lui seul est fidèle

Au temps du passage de Jésus parmi ses disciples, ces derniers ont vu des choses extraordinaires (ils l'ont vu ressusciter des morts), des choses simples (ils ont mangé et bu avec lui). Mais ils ne comprenaient pas le sens de sa vie. Sa mort, enfin, l'éclaire. Ils ressentent un manque terrible du Christ et, enfin, ils savent combien il les a aimés. Leur ami, leur compagnon de route est parti. Et de la façon la plus terrible qui soit. Un vide immense les emplit : « Qui était-il ? On roupillait pendant que la peur de la mort lui faisait suer des gouttes de sang. On l'a laissé crever tout seul. On a été de beaux salauds. Qu'est-ce qu'il nous manque ! »

Seuls Jean et les femmes, restés là jusqu'au bout, savent, eux.

Si tu as dans ta vie quelqu'un qui te reste fidèle, alors tu tiens le trésor de ton existence. Si une personne, une seule, te montre que l'amour et l'amitié peuvent être solides, sans faille, alors tu sauras que Dieu est là. Il est toujours au cœur de toute fidélité. Parce que « Lui seul est fidèle », dit l'Évangile.

À travers une extraordinaire fidélité humaine, il y a quelque chose qui nous dépasse.

C'est le Christ ressuscité qui est la seule réponse. Il a tout vaincu par la Croix : nos faiblesses, nos peurs, nos angoisses, nos souffrances, nos infidélités. Il ne pouvait pas être autre que Fils de Dieu pour donner un sens à notre existence. En ressuscitant.

Tu es dans le cœur de Dieu, maintenant

Il faut multiplier sur terre les parcelles de paradis. Elles donnent soif de Dieu. Chaque famille aimante est l'antichambre du paradis. En vivant avec des jeunes qu'on dit perdus, irrécupérables, j'ai compris que Dieu m'a donné une place de choix : être l'homme de la Passion et de la Résurrection.

En fermant les yeux de dizaines de jeunes, morts souvent violemment, ma seule et dernière prière est toujours celle-ci : « Tu es dans l'Amour, maintenant. Tu es dans le cœur de Dieu. Tu cherchais l'amour sur terre.

« Tu n'as connu que trahisons et violences. Que Dieu-Amour t'accueille. Seul, Il saura te baigner pour l'éternité dans cet amour que tu as désespérément cherché sur terre. »

> *Si Dieu ne pardonnait pas, son paradis resterait vide.*
>
> Proverbe arabe

C'est ma seule réponse, elle découle de la Passion du Christ, mais surtout de la lumière de la Résurrection qui est là et qui brille au milieu des échecs nombreux.

Après tant de combats à leurs côtés, voir un certain nombre de mes jeunes heureux, bien dans leur tête et leur cœur, est une grande espérance. Surtout, surtout, baigner mon regard dans celui de leurs gosses, c'est toujours y lire la Résurrection.

Non, jamais rien ni personne n'est perdu.
Seul le Christ ressuscité m'en donne la conviction.

Espérance d'une vie éternelle

À méditer, la réflexion de ce jeune homme à qui le médecin venait d'apprendre qu'il était condamné : « Et me voilà devant cette évidence, la mort, maintenant, en face de moi. Après le premier choc passé, les premières larmes versées dans le secret de ma chambre, parce que l'on est humain et que l'on reste un humain, ces mots de la Bible se sont insinués dans ma tête et ne me quittent plus : "Pour Dieu, mille ans sont comme un jour et un jour comme mille ans." Cette phrase va me permettre de prendre la vraie dimension de ce qui m'arrive. »

Nous sommes voués à la vie éternelle, sans pour cela avoir de mépris pour la vie terrestre. N'oublions pas que, si le Christ s'est incarné pendant trente-trois ans, c'est qu'il aimait la terre, mais pour nous conduire au Ciel. N'oublions pas que chaque vie est unique au monde : je suis unique, tu es unique, nous sommes tous uniques.

> *La mort n'est pas autre chose que de rentrer chez soi, dans la maison de Dieu.*
>
> Mère Teresa

« Les morts sont à la fois dans la tombe et au Ciel ? demandait un enfant à sa mère.

– Oui, en quelque sorte », lui répondit-elle.

Je me souviens de ma sœur morte subitement dans un accident de voiture. Quand j'ai retrouvé ses enfants, mes neveux et nièces, quelques heures après, ils étaient en train de faire des avions de papier, qu'ils lançaient dans le ciel pour qu'ils la rejoignent.

> *Notre mort, c'est comme une goutte d'eau pompée par le soleil de Dieu.*
>
> Sainte Thérèse de Lisieux

Allons ! Chacun de nous mourra, on le sait bien, il faut s'y préparer, et on partira seul, même si on est entouré. Certains auront une survie immédiate, nous le savons. Lorsque le « gangster » qui était à côté de la Croix du Seigneur lui demande pardon, le Seigneur lui dit : « Aujourd'hui, tu seras auprès de moi dans le Paradis. »

La résurrection finale verra la survie collective…

Mon Dieu ! Quelle joyeuse rencontre ce sera !

Table

Introduction 7

I

AU JOUR LE JOUR

1. Cultivons la joie 11
2. Le sacrement de l'amitié 18
3. Le travail, parlons-en.. 24
4. Comment les jeunes vivent-ils la famille? 34
5. Devoirs de vacances.. 45
6. Téléphone portable et nouvelles technologies....... 53
7. Les voisins.. 59
8. Une pastorale forte pour les homosexuels 68
9. Comment vivre avec la maladie?................ 75

II
Parlons politique

10. Engagez-vous! 87
11. Aimons l'écologie 96
12. La paix du monde naît de la famille 105
13. Écouter et aimer vos enfants 111
14. L'Europe de l'Esprit 117

III
Église de toujours et de demain

15. Les ouvertures du pape François 127
16. La place de la femme dans l'Église 135
17. La vocation 141
18. Être prêtre aujourd'hui 149
19. La liturgie 159
20. La piété populaire 167
21. *Priez pour l'église d'Algérie* 173
22. Quel est votre saint préféré? 182
23. Saints Jean XXIII et Jean-Paul II 194

IV

JOURS DE FÊTES

24. La fête des anges gardiens 205
25. L'Avent 212
26. Contes de Noël 220
27. Évangéliser la Saint-Valentin 228
28. Le carême 236
29. Convertissons-nous à l'espérance 243
30. Un pont entre Ciel et Terre 254
31. Quand l'Esprit saint souffle dans nos voiles 260
32. C'est la Fête des mères 265

V

CROIRE

33. Apprendre à prier 273
34. La foi 290
35. Revivons le Credo 300
36. Renaître après l'épreuve 306
37. Le sens du chemin de croix 313
38. La Résurrection, tu y crois vraiment? 320

Cet ouvrage a été achevé d'imprimer
en octobre 2014 dans les ateliers de
CPI Firmin Didot à Mesnil-sur-l'Estrée

N° d'imprimeur : 124821
Dépôt légal : octobre 2014
ISBN 978-2-84876-433-7
Imprimé en France